职业教育测绘类专业系列教材

地籍与房产测量

主 编 邓 军
副主编 周宏达 刘兆煌
参 编 费 奎 吕德成 葛山运

机械工业出版社

本书分为9个部分，包括绪论，土地权属调查，土地利用现状调查，地籍测量，地籍内业成图、面积量算与检查验收，日常地籍测量，房产调查与测量，房产面积测算，房产变更测量与房产测绘管理。本书依据地籍测量项目和房产测量项目工作流程安排内容，内容全面，涵盖了当前地籍管理和房产管理中所涉及的所有测绘工作；依据最新国家标准，内容先进、实用。

本书可作为职业院校地籍测绘与土地管理信息技术专业的教材，也可作为工程测量技术、地理信息系统与地图制图技术、摄影测量与遥感技术、国土资源调查及其他成人高校相应专业的教材，也可作为业内相关人士的专业参考书。

为方便教学，本书配有电子课件，凡选用本书作为授课教材的教师均可登录 www.cmpedu.com，以教师身份免费注册下载。编辑咨询电话：010-88379934。

图书在版编目（CIP）数据

地籍与房产测量/邓军主编. —北京：机械工业出版社，2013.6（2024.2 重印）
职业教育测绘类专业系列教材
　ISBN 978-7-111-42901-2

Ⅰ.①地…　Ⅱ.①邓…　Ⅲ.①地籍测量-高等职业教育-教材②房地产-测量学-高等职业教育-教材　Ⅳ.①P271②F293.3

中国版本图书馆 CIP 数据核字（2013）第 131223 号

机械工业出版社（北京市百万庄大街22号　邮政编码100037）
策划编辑：刘思海　责任编辑：刘思海
版式设计：霍永明　责任校对：赵　蕊
封面设计：鞠　杨　责任印制：单爱军
北京虎彩文化传播有限公司印刷
2024年2月第1版·第10次印刷
184mm×260mm·15.75 印张·450 千字
标准书号：ISBN 978-7-111-42901-2
定价：49.80元

电话服务　　　　　　　　　　网络服务
客服电话：010-88361066　　　机　工　官　网：www.cmpbook.com
　　　　　010-88379833　　　机　工　官　博：weibo.com/cmp1952
　　　　　010-68326294　　　金　书　网：www.golden-book.com
封底无防伪标均为盗版　　　机工教育服务网：www.cmpedu.com

前　言

　　本书编写团队根据职业院校教学的要求，以培养高端技能型人才为根本任务，以培养技术应用能力为主线，根据地籍与房产测量的发展现状，对本书的编写原则、选材的范围及其深度和广度、学时要求等问题，进行了探讨，并在广泛调研和征求专家意见的基础上，本着科学性、实用性、先进性的编写指导思想，编写了《地籍与房产测量》。

　　本书在编写过程中突出了以下几个特点：①依据地籍测量项目和房产测量项目工作流程来安排内容，全书分为8个单元，前5个单元介绍地籍调查与测量，后3个单元介绍房产调查与测量。②内容全面，涵盖了当前地籍管理和房产管理中所涉及的所有测绘工作。③以国家最新颁布的国家标准和行业标准、技术规程为依据，以目前广泛应用的技术手段为主要内容，体现教材的实用性，同时对一些新技术作了介绍，体现教材的先进性。

　　本书由邓军担任主编，周宏达、刘兆煌任副主编。编写人员及分工为：绪论、单元2、单元5由邓军编写；单元1由吕德成编写；单元3由葛山运编写；单元4由周宏达编写；单元6由刘兆煌编写；单元7和单元8由费奎编写。全书由邓军统稿。

　　本书在编写过程中，得到重庆工程职业技术学院地质与测绘工程学院领导的大力支持，在此表示衷心感谢！编写过程中参考了大量文献资料，借鉴和吸纳了国内外众多专家、学者的研究成果，在此，对他们的辛勤劳动深表敬意和衷心感谢！

　　由于土地和房产科学的不断发展以及测绘新技术和手段的不断涌现，同时由于编者理论水平与实践经验有限，书中难免有不妥和错误之处，恳请专家、学者和同行批评指正。

编　者

目 录

前言

绪论 ··· 1
    课题1　地籍概述 ··· 1
    课题2　地籍调查 ··· 5
    课题3　地籍测量 ··· 7
    课题4　房地产产权产籍管理概述 ·· 8
    课题5　房地产测量 ··· 9
    复习与思考题 ··· 15

单元1　土地权属调查 ·· 16
    课题1　土地权属确认 ·· 16
    课题2　地籍调查单元的划分与编号 ··· 19
    课题3　土地权属调查与地籍调查表的填写 ···································· 25
    单元小结 ·· 46
    复习与思考题 ··· 46

单元2　土地利用现状调查 ·· 47
    课题1　土地利用现状调查概述 ·· 47
    课题2　土地利用现状分类及地类认定 ·· 50
    课题3　土地利用现状调查实施 ·· 60
    课题4　耕地坡度分级 ·· 68
    课题5　田坎系数测算 ·· 69
    单元小结 ·· 73
    复习与思考题 ··· 73

单元3　地籍测量 …… 74

课题1　地籍控制测量 …… 74
课题2　地籍细部测量 …… 86
课题3　地籍图的测绘 …… 90
课题4　土地利用现状图和农村居民地地籍图测绘 …… 100
单元小结 …… 104
复习与思考题 …… 104

单元4　地籍内业成图、面积量算与检查验收 …… 106

课题1　数字地籍成图软件 …… 106
课题2　地籍数据库与地籍管理信息系统 …… 108
课题3　土地面积量算 …… 113
课题4　地籍调查与测量成果检查验收 …… 120
单元小结 …… 126
复习与思考题 …… 126

单元5　日常地籍测量 …… 127

课题1　变更地籍调查与测量 …… 127
课题2　土地勘测定界 …… 139
单元小结 …… 152
复习与思考题 …… 152

单元6　房地产调查与房产测量 …… 153

课题1　房地产调查与房屋勘丈 …… 153
课题2　房产测量 …… 165
单元小结 …… 172
复习与思考题 …… 172

单元7　房产面积测算 …… 174

课题1　房屋面积计算规则 …… 175
课题2　公用建筑面积的确定与分摊 …… 189
单元小结 …… 225
复习与思考题 …… 225

单元8　房产变更测量与房产测绘管理 …… 226

课题1　房产变更测量 …… 227
课题2　房产测绘管理 …… 231
单元小结 …… 242
复习与思考题 …… 242

参考文献 …… 244

绪 论

【学习目标】

1. 了解地籍的概念、分类以及地籍在土地管理中的作用。
2. 了解地籍调查的目的、类型和基本内容。
3. 掌握地籍测量的定义、地籍测量的内容及特点。
4. 了解我国房地产产权产籍管理的目的、原则和任务。
5. 掌握房地产测量的定义、内容以及房地产测量与地籍测量的区别。

课题1 地 籍 概 述

0.1.1 地籍的概念

"地籍"简单地说就是土地的户口。地籍一词在我国古代就已沿用，是中国历代王朝（或政府）登记田亩地产作为征收赋税的根据。随着社会、经济和科学技术的发展，测绘、地籍管理、土地管理、城市管理等各个学科之间相互渗透、相互配合，地籍的内涵和外延更加丰富，使得单一的地籍产生了飞跃，发展成为多用途地籍，也可称为现代地籍。其目的不仅为税收和产权服务，而且为城市规划、土地利用、住房改革、交通、管线建设等多方面提供信息和基础资料，为广泛的现代化经济建设服务。目前对**地籍的主流解释**是指由国家监管的、以土地的权属为核心、以地块为基础的土地及其附着物的权属、位置、数量、质量和利用现状等，并用数据、表册、文字和图等各种形式表示出来的土地信息系统。对地籍的理解应该包括以下几点：

1）地籍是由国家建立和管理的。地籍自出现至今，都是国家为解决土地税收或保护土地产权的目的而建立的。尤其是19世纪以来，地籍更明显地带有国家权力性。在国外，各国对地籍的测绘也称为官方测绘。在我国的漫长历史中，地籍的建立都是由朝廷或政府下令进行的，其目的是为了保证政府对土地税收的收取并兼有保护个人土地产权的作用。现阶段我国进行的地籍工作，其根本目的是保护土地，合理利用土地，以及保护土地所有者和土地使用者的合法权益。

2）地籍的核心是土地权属。地籍的定义中强调了"以土地权属为核心"，即地籍是以土地权属为核心对土地各要素隶属关系的综合表达，这种表述毫无遗漏地针对国家的每一块土地及其附着物。不管是所有权还是使用权，是合法还是违法的，是农村的还是城镇的，是企事业单位、机关、个人使用的还是国家和公众使用的（如道路、水域），是正在进行利用的还是尚未利用的或不能利用的土地及其附着物，地籍都是以土地权属为核心进行记载的，都应有地籍档案。

3）地籍是以地块为基础建立的。土地在空间上是连续的，一个区域的空间连续土地根据被占有、使用等原因而分割成边界明确、位置固定、具有不同权属的许多地块。地籍的内涵之一就是以土地的空间位置为依托，对每一块土地所具有的自然属性和社会经济属性进行准确的描述和记录，由此所得到的信息称为**地籍信息**。

4）地籍在记载地块的状况时，还要记载地块内附着物（建筑物、构筑物等）的状况。地面上的附着物和土地是人类生存与发展的物质基础，是促进经济发展、维护社会稳定的重要保障，是社会经济发展的重要基础资源和保障条件，可以说人类的一切生产、开发、经营、工作、生活等社会活动都离不开地面上的附着物和土地。地面上附着物根植于土地上，土地是地面附着物的载体；土地的价值是通过附着在地面上的建筑物内所进行的各种活动来实现的，建筑物和构筑物的用途是对土地用途进行分类的重要标志。土地和附着物是不可分离的，它们各自的权利和价值相互作用，相互影响。历史上早期的地籍只对土地进行描述和记载，并没有涉及地面上的建筑物和构筑物，但随着社会和经济的发展，尤其是产生房地产交易市场后，由于房、地所具有的内在联系，地籍必须对土地上的建筑物和构筑物进行记载和描述。图0-1表达了土地、地块、附着物与地籍的关系。

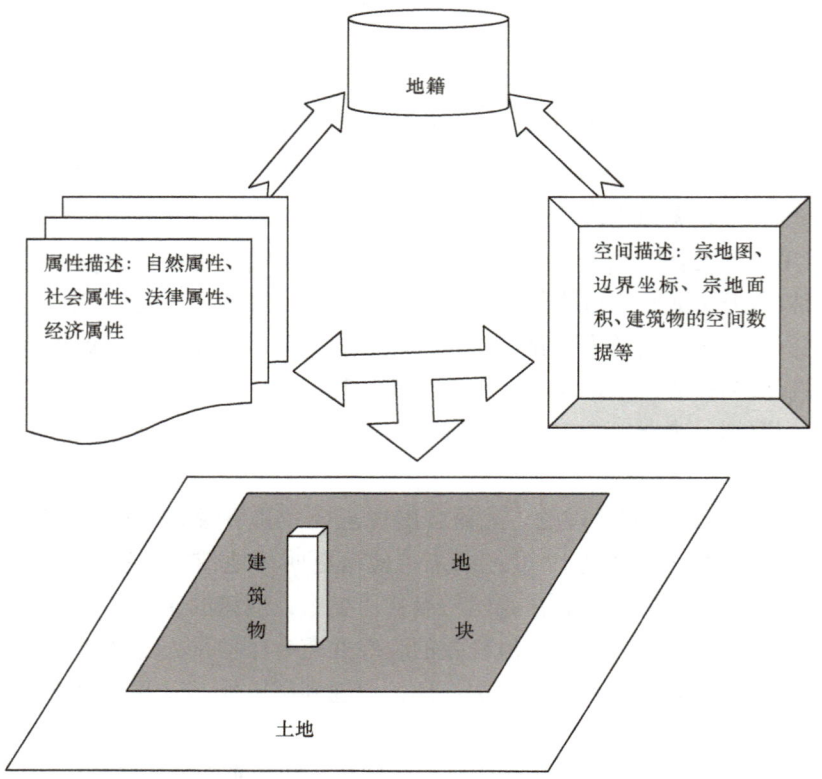

图0-1　土地、地块、附着物与地籍的关系

5）地籍是土地基本信息的集合。它包括土地调查册、土地登记册和土地统计册，用图、数、表的形式描述了土地及其附着物的权属、位置、数量和利用状况。图、数、表之间通过特殊的标示符（关键字）相互连接，这个标示符就是我们经常所说的地块号（宗地号或地号）。

0.1.2　地籍的种类

随着地籍使用范围的不断扩大，其内容也越来越充实，类别划分也更趋合理。地籍按其发展阶段、对象、目的和内容的不同，可以划分为不同的类别体系。

1）按地籍的用途划分，地籍可分为税收地籍、产权地籍和多用途地籍。

① **税收地籍**是指仅为税收服务的地籍，即专门为土地课税服务的土地清册。所以，税收地籍的主要内容是纳税人的姓名、地址和纳税人的土地面积以及土地等级等。建立税收地籍所需要的主要工作是测量地块的面积和按土壤质量、土地的产出及收益等因素来评定土地等级。

② **产权地籍也称法律地籍**。随着经济的发展和社会结构的复杂化，土地交易日益频繁和公开化，促使地籍不但要用于税收，还要用于产权保护。**产权地籍**是国家为维护土地所有制度、鼓励土地交易、防止土地投机、保护土地买卖双方的权益而建立的土地清册。凡经登记的土地，其产权证明具有法律效力。产权地籍最重要的任务是保障土地所有者、使用者的合法权益和防止土地投机。因此，产权地籍必须以反映宗地的界线和界址点的精确位置以及准确的土地面积等为主要内容。

③ **多用途地籍也称现代地籍**，是税收地籍和产权地籍的进一步发展，其目的不仅是为课税或保护产权服务，更重要的是为土地利用、保护和科学管理土地提供基础资料。经济的快速发展和社会结构复杂化的加剧为地籍的应用领域扩张提供了动力，而科学技术的发展，则为地籍内容的深化和扩张提供了强有力的技术支撑，从而使地籍突破税收地籍和产权地籍的局限，具有多用途的功能，与此同时，建立、维护和管理地籍的手段也逐步被信息技术、现代测量技术等新技术所代替。

2）按地籍的特点和任务划分，可分为初始地籍和日常地籍。

① **初始地籍**是指在某一时期内，对其行政辖区内全部土地进行全面调查后，最初建立的地籍簿册，而不是指历史上第一本地籍簿册。

② **日常地籍**是指针对土地数量、质量、权属和利用、使用情况的变化，并以初始地籍为基础进行修正、补充和更正的地籍。

初始地籍和日常地籍是不可分割的完整体系。初始地籍是基础，日常地籍是对初始地籍的补充、修正和更新。如果只有初始地籍而没有日常地籍，地籍则逐步陈旧，缺乏现势性，失去其实用价值。相反，如果没有初始地籍，日常地籍就没有依据和基础。

3）按城乡土地的不同特点划分，地籍可分为城镇地籍和农村地籍。

城镇土地和农村土地具有不同的利用特点和权利特点。**城镇地籍**的对象是城镇的建城区的土地，以及独立于城镇以外的工矿企业、铁路、交通等用地。

农村地籍的对象是城镇郊区及农村集体所有土地，国有农场使用的国有土地和农村居民点用地等。

由于城镇土地利用率、集约化程度高，建（构）筑物密集，土地价值高，位置和交通条件形成的级差收益悬殊，城镇地籍的图、数通常具有大比例尺和高精度的特征，而农村地籍则相反。在地籍的内容，土地权属处理，地籍的技术和方法及成果整理、编制等方面，城镇地籍比农村地籍有更高、更复杂的要求。在实践中，由于农村居民地（村镇）与城镇有许多相同的地方，农村地籍的居民地部分可以按照城镇地籍的相近要求建立，并统称为城镇村庄地籍。随着技术的进步和社会经济的发展，将逐步建立城乡一体化地籍系统。

4）按地籍手段和成果形式划分，地籍可分为常规地籍和数字地籍。

① **常规地籍**一般以过去常用的手段和形式来完成地籍信息的收集、调查、记载、整理，然后通过建图、表、卡、册、簿等方式来表达地籍资料。常规地籍费工费时，成果累赘，应用管理不便，差错防范困难。

② **数字地籍**是指地籍测量、管理、应用全过程的数字化。数字地籍是地籍管理的一种形式，也是地籍管理的重要阶段。数字地籍从基础调查资料起，用数字形式存储于体积小、重现度高的介质中，通过规范的程序实现整理、分类、汇总及建库。无论图形资料还是数据资料，都转为数字形态。

0.1.3 地籍的特点

地籍具有空间性、法律性、精确性和动态性的特点。

1. 地籍的空间性

地籍的空间性是由土地的空间特点所决定的。在一定的空间范围内，地界的变动，必然带来土地使用面积的改变，各种地类界线的变动，也一定带来各地类面积的增减变化。所以，地籍的内容不仅需要记载在地籍簿册上，同时还应标绘在地籍图上，并力求做到图册与簿册一致。

2. 地籍的法律性

地籍的法律性是指地籍图上界址点、界址线的位置和地籍簿册上的权属记载及其面积的登记，要有严格的法律程序并由充足的法律依据，有关凭证作为地籍的必要组成部分。地籍的法律性体现了地籍图册资料的可靠性。

3. 地籍的精确性

地籍的精确性是指地籍资料的获取一般要通过实地调查获得，同时还要应用先进的测绘技术和手段，否则就会使地籍数据失真。

4. 地籍的动态性

一方面地籍的内容在随着自然条件和社会经济条件的变化而变化，比如面积、等级、权属等，为反映地籍资料的现势性，必须对地籍资料经常变更，否则过时的地籍资料就会失去应用的使用价值；另一方面地籍的服务范围也在随着社会的发展、技术的进步，在逐步扩大，内容也在不断丰富，地籍始终处在一个发展变化的过程中。

0.1.4 地籍的功能

建立地籍的目的，一般应由国家根据生产和建设的发展需要，以及科技发展的水平来确定。目前，我国的地籍也以由课税地籍为目的，扩大为产权登记、土地利用服务的多用途地籍（现代地籍）。现代地籍的作用归纳起来有以下几个方面。

1. 为土地管理服务

地籍是土地管理的基础，提供有关土地的数量、质量和法律状况的基本资料，是调整土地关系、合理组织土地利用的基本依据；土地使用状况及其境界位置的资料，是进行土地分配和再分配，征拨土地的重要依据；土地的数量、质量及其分布和变化规律是组织土地利用和编制土地利用总体规划的基础资料；地籍资料的完整及其现势程度是科学管好和用好土地的基本条件。

2. 为保障土地权属服务

地籍的核心是权属。地籍是记载土地权属界址线、界址点位置，以及土地权源及其变更的基本依据等的图簿册。所以，它是调处土地争执、恢复界址、确认地权的依据；是维护社会主义土地公有制，保护土地所有者和使用者合法权益的基础资料。

3. 为国家的生产和建设服务

完整的地籍图册和统计簿册，是国家编制国民经济计划和制定各项规划的基本依据，是组织工农业生产和进行各项建设的基础。地籍是提供土地资源的自然状况、社会经济状况，以及土地数量、质量及其分布状况的基本资料，掌握和科学地应用这一资料，不仅可以指导生产和建设，而且可以进行各项效益分析，避免失误。

4. 为改革土地使用制度服务

我国土地使用制度改革的主要内容是，改变过去不合理的土地无偿、无限期使用为有偿、有限期使用。实行土地有偿使用制度，需要制定土地使用费和各项土地课税额的标准，开辟土地使用权的出让、转让市场。反映每宗地的面积大小、用途、等级和土地所有权、使用权的地籍，是开展土地使用制度改革、开征各项土地课税和进行土地使用权出让、转让活动的基本依据。

5. 为城镇房地产交易服务

城镇房地产交易是以房产的买卖和租赁为主。土地及其地上房屋建筑物都属于不动产。地籍对房产的认定、买卖、租赁及其他形式的转让活动，都是不可缺少的依据。同时，地籍还为建立和健全房产档案，解决房产争执和处理房产交易过程中出现的某些不公现象等，提供参考资料。

课题2 地籍调查

地籍调查是指针对每宗地的权属、界址、位置、面积、用途等而进行的土地调查，包括土地权属调查和地籍测量。它既是一项政策性、法律性和社会性很强的基础工作，又是一项集科学性、实践性、统一性、严密性于一体的技术工作。

0.2.1 地籍调查的目的

随着人口的增加和经济的发展,土地的需求量越来越大,而土地的面积是有限的,位置是固定的,必须合理地利用好每一寸土地。为了做好土地管理和利用工作,必须掌握土地的基本信息:土地的权属状况和空间分布、土地的数量、土地的质量及利用状况。因此必须依据科学的地籍制度,全面进行地籍调查,收集上述地籍信息。其首要目的是服务于土地登记、土地统计、土地利用规划等土地管理工作,进而满足城市规划、房地产管理以及其他部门的需要。

0.2.2 地籍调查的类型

地籍调查可分为地籍总调查和日常地籍调查。**地籍总调查**是指在一定时间内,对辖区内或者特定区域内土地进行的全面地籍调查。**日常地籍调查**是指因宗地设立、灭失、界址调整及权利人变更等开展的日常性地籍调查。

0.2.3 地籍调查的内容

地籍调查包括土地权属调查和地籍测量等。**土地权属调查**包括调查土地权属状况、设定界标、填写地籍调查表、绘制宗地草图和签定土地权属界线协议书或土地权属争议原由书等。**地籍测量**包括地籍控制测量、界址点测量、地籍图测制、面积测算与统计汇总等。

0.2.4 地籍调查的要求

地籍调查是一项政策性和技术性很强的工作,开展这项工作必须满足以下基本要求:

1)必须以《中华人民共和国土地管理法》有关规定制定的《地籍调查规程》(TD/T 1001—2012)为依据。各地方制定的补充规定,其内容和技术要求不能与全国统一的规程相矛盾。

2)地籍调查工作必须在市(县)人民政府的领导下,由市(县)土地行政主管部门负责组织实施。尤其是土地权属调查工作必须由市(县)土地行政主管部门组织开展。对涉及土地权源、权属、地界等方面的调查,必须以政府确认的权属证明文件为依据。

3)开展地籍调查的市(县)必须具备一定的技术力量、基础资料、调查经费等条件。

为了确保地籍调查工作的质量,维护法律尊严、政府威望,对地籍调查工作的质量又作出如下要求:

① 法律程序完备。即地籍调查不仅严格按《地籍调查规程》(TD/T 1001—2012)进行,而且其成果要能够反映整个过程,做到有凭有据。

② 表图填制齐全。即要求地籍调查中涉及的一切表格的项目题写齐全,做到不重不漏。

③ 调查记录正规。即要求严格按地籍调查要求进行记录,防止乱涂乱改、随意记录或事后追记等。

④ 数字准确可靠。即要求调查结果与实际使用面积一致。

0.2.5 地籍调查的程序

地籍调查可分为地籍总调查和日常地籍调查，两种调查虽各有各自的特点，但工作程序和方法是基本相同的。地籍总调查包括准备工作、权属调查、地籍测量、检查验收、成果资料整理与归档、数据库与地籍信息系统建设等工作。日常地籍调查是日常地籍管理过程中进行的地籍调查，主要工作包括接受任务、准备工作、权属调查、地籍测量、成果的检查与数据库更新、成果资料整理与归档等工作。

课题3 地 籍 测 量

0.3.1 地籍测量的概念

地籍测量是指在权属调查的基础上，利用测绘仪器，以科学的方法，在调查区域内，建立地籍控制网，测量每宗土地的地籍要素及必要的地形要素，绘制地籍图及宗地图，进行面积量算及统计汇总，为土地登记提供依据。

0.3.2 地籍测量的特点

地籍测量与基础测绘和专业测量有明显的不同，专业测量一般只注重技术手段和测量精度，而地籍测量则是测量技术与土地法学的综合应用，即涉及土地及附着物权利的测量。地籍测量的具体特点如下：

1）地籍测量是测定地籍要素和必要的地形要素的平面位置，如有需要，也应对高程进行测定。

2）地籍图的比例尺一般比较大，主要取决于土地的价值和质量。发达城市一般测图比例尺较大，城市中的繁华地区测图比例尺则更大。

3）地籍测量的成果具有明显的法律效力。因此，测定地籍要素必须由土地管理人员与权属主密切配合，指界后方可测量。

4）由于土地的法律性和经济性，地籍图必须保持其准确性和现势性。

0.3.3 地籍测量的内容

地籍测量应有以下五个方面的内容：

1）进行地籍控制测量、测定地籍基本控制点和地籍图根控制点。

2）测定行政区划界线、土地权属界线及界址点坐标。

3）测绘地籍图、测算地块和宗地面积。

4）进行土地信息的动态监测、进行地籍变更测量，包括地籍图的修测、重测和地籍簿册的修编，以保证地籍成果的现势性与正确性。

5）根据土地调整整治、开发与规划的要求，进行有关地籍测量工作。

课题4　房地产产权产籍管理概述

房地产产籍管理随着产权管理而产生，但又服务于产权管理，也是国家对房地产进行管理的重要内容。产权是产籍组成的核心内容，产籍又是产权管理的依据和凭证。产权管理是房地产行政管理的基本工作，是国家房地产行政机关的职能，是房地产行政主管部门为保障产权人合法权益而对产权的取得、灭失及合法变动行为的确认以及以此为目的而进行的一系列管理活动。

房地产产籍管理与产权管理不同，前者是一种内部行政性管理工作，后者是一种政府的行政行为。

0.4.1　产权产籍管理的原则

1. 房屋所有权与土地使用权实行权利主体一致的原则

房屋与土地是一个有机的不可分割的统一体。在进行房屋产权登记时，房屋的所有权人与该房屋所占有的土地使用权人必须一致，除法律、法规另有规定的以外。在办理产权登记时，如发现房屋所有权人与土地使用权人不一致，应查明原因，一时查不清的，暂时不予受理登记手续。

2. 房地产产权产籍管理的属地化管理原则

房地产是具有一地空间位置的不动产。房地产产权产籍的管理坚持属地化管理的原则，区（县）房产管理部门负责管理辖区内的房产产权产籍管理。

0.4.2　产权产籍管理的目的

1. 房地产权利人的合法权益得到保护

产权产籍管理的根本目的和出发点是保护房地产权利人的合法权益。产权产籍管理工作的主要内容就是及时、准确地对房地产权属进行登记、审查、确权、发放房地产权属证书。

2. 房地产产权产籍管理是房地产管理的基础

房地产产权产籍资料是房地产管理的基础资料。房地产开发和住宅建设，所需要的建设区域内的土地和原有房屋的各种资料都可以从产权产籍管理部门获取，以此为依据，合理地规划建设用地，妥善安置原有住户，并依法按有关规定对拆迁的房屋给予合理补偿。房屋竣工验收后，房屋的买卖、土地使用权的转让、房地产租赁、抵押等房地产交易活动，由于涉及房地产权属和房屋的自然状况，这些资料都需要从房地产产权产籍部门得到，以此为基础，为房地产的各种交易提供保障。房地产服务，如小区的物业管理、房屋的管理和修缮服务，需要产权产籍管理部门提供房地产权属性质及房地产的有关资料以便根据不同的产权性质、不同的地段、面积、结构、用途等具体情况，确定修缮范围和收取的费用，保证房地产的正常管理和服务。产权产籍管理贯穿房地产开发、建设和使用的全过程。

0.4.3　产权产籍管理的任务

房地产产权产籍管理的任务主要有以下三个方面：

1）做好房地产权属登记、确权、发证工作。权属登记、确权、发证工作是房地产日常产权产籍管理的主要工作。在初始房产调查结束以后，日常的任务就是做好初始取得的土地使用权，新建房屋所有权，房地产产权的转让、变更、他项权利等的登记、核实、确权和发证工作，以及房地产灭失、土地使用权年限届满、他项权利终止等的注销工作。

2）做好房地产测绘工作。房地产测绘是根据房地产产权产籍管理的需要，应用现代测绘技术测绘出各种房产图。用于房屋权属登记的房产图必须经房地产行政管理部门审核后，方具有法律效力。审核后的房地产图纳入房地产档案统一管理。房地产测绘应严格执行最新的房产测量规范。房地产的权属关系、自然状况发生变化时，应及时、准确地进行房产变更调查与测量，使产权产籍资料与实际情况保持一致。

3）做好房地产产权产籍管理工作。首先要做好现有产籍资料的管理，要针对资料的收集、整理、鉴定、立卷、归档、制定目录索引和保管等各个环节建立一整套制度，以便档案的科学管理和方便查阅利用，在有条件的地区，应该建立产权产籍管理信息系统，以便提高查询、管理的效率；其次是在初始产籍的基础上，根据产权管理提供的权属转移、变更、房地产的变化情况，对产籍资料进行不断修正、补充和增籍、灭籍工作，以保护产籍资料的完整、准确，使图、档、卡、册与实际情况保持一致，使其具有现势性。

除了以上三种任务外，产权产籍管理工作还要为征地、拆迁房屋、落实私房政策的房产审查和处理权属纠纷提供必要的基础资料。

课题 5　房地产测量

0.5.1　房地产测量的定义

房地产测量就是采取测绘科学技术，按照房地产业的要求和需要，对房屋及房屋用地的权属、权界、位置、数量、质量、及利用现状进行表述的一门学科，是测绘技术与产籍管理业务相结合的专业测量，具有较强的技术性和鲜明的政策性及法律效力。房地产测量的特征是：以权属为核心，以权界为基础，以房屋的平面位置和面积为重点。房地产测绘对房屋及其用地必须测定位置（定位），调查其所有权或使用权的性质（定性），测定其范围和界限（定界），更重要的是测算其面积（定量），调查测定评估其质量（定质），和他所在级差土地上的价值（定价）。

房地产测量又分为房地产基础测量和房地产项目测量两种。

房地产基础测量是指在一个城市或一个地域内，大范围、整体地建立房地产的平面控制网，并测绘房地产的基础图纸——房地产分幅平面图。

房地产项目测量是指在房地产权属管理、经营管理、开发管理以及其他房地产管理过程中需要测绘房地产分丘平面图、房地产分层分户平面图、各产权单元的套内建筑面积、共有分摊面积、建筑面积等及相关的图、表、薄、册等各种图表开展的测绘活动。房地产项目测量与房地产权属管理、交易、开发拆迁等房地产活动紧密相关，工作量大。

根据目前我国的法律、法规规定，没有取得房地产测绘资格的队伍不能从事房地产测量。在世界上的一些国家只有官方机构经过审查和特别认可，并取得测量工程师执业资格的机构和个人才能从事这一神圣而具有法律效力的工作。

0.5.2 房地产测量的目的和任务

房屋是人民生产和生活的场所，房屋和房屋用地是人民生产和生活的物质要素，这一要素信息的采集和表达，必须经过房地产测量。所以房地产测量是房地产管理的重要基础性工作，它为房屋权属登记，产权产籍管理提供准确有效的房地产测量数据，准确、完整的房地产测绘成果是审查确认房屋的产权、产籍、保障产权人合法权益的重要依据。

房地产测量的目的和任务：

1) 主要是通过调查和测绘工作来确定房屋及其房屋用地的坐落、权属、权界、权源、数量、质量和利用现状等，并以文字、数据及图集的方式表达出来。

2) 为房地产管理，尤其是房屋的产权、产籍管理提供准确可靠的成果资料。

3) 同时，它也是国家基础空间数据库的重要组成部分，为城市规划、土地利用规划、城镇建设、市政工程、房地产开发、房地产交易、房地产评估、拆迁、征收税费、金融、保险等提供基础资料。

0.5.3 房地产测量的作用

房地产测量成果是房地产管理工作必不可少的基础资料和数据。房地产测量成果提供了房地产商品量的量度依据，为企业决策、销售、核算提供了数量方面的参考依据，也为房地产消费者选择、购置房地产提供了必要的信息。当买卖双方以合同形式约定以产权登记面积作为销售面积且销售价格按单位面积售价来核定时，房地产面积就与房地产价值挂上了钩，房地产面积就成了房地产权属信息中重要的属性信息，直接体现房地产价值量的大小。同时房地产测量的成果具有法律效力，为房产产权、产籍管理、房地产开发利用、交易征收税费，以及为城镇规划建设、权属纠纷提供数据和资料。因此具有地理、法律、经济、社会服务、司法鉴定等功能。主要归纳为以下几个方面：

1. 地理方面的作用

房产测绘为房屋和房屋用地及有关信息提供准确的、具有统一坐标系统的地理位置数据资料，包括各种图形、图件。

2. 法律方面的作用

房地产测量为房地产的产权产籍管理、房地产开发提供房屋和房屋用地的权属界址、产权面积、权源及产权纠纷等信息资料，这些信息资料经房地产行政主管部门审核验收确认后就具有法律效力。是进行产权登记、产权转移和处理产权纠纷的依据，是加强房地产管理、审查确权、颁发权证，保障房地产所有者和使用者的合法权益，加强社会主义法制管理的重要依据。

绪 论

3. 经济方面的作用

房地产测量提供的大量准确的房产簿册、房产数据、房产图集等资料，为及时正确掌握城镇房屋和土地的现状及其变化，清理公私占有的房地产数量和面积，建立产权、产籍和产业管理档案，统计各类房屋的数量和比例等提供了可靠的依据，也为开展房地产经济理论研究奠定了坚实的基础。

房地产测量成果包括房地产测量的数量、质量、利用现状等资料，是为进行房地产评估、征收房地产税、房地产开发、房地产交易、房地产抵押，以及保险业务方面提供数据和成果。

4. 社会服务方面的作用

房地产测量提供房屋及其用地的地理位置、权属、数量、质量、及利用现状等资料，同时利用产权产籍管理信息系统可以有效地查清国有、集体、个人等各种性质房屋的数量，查清整个城市或某一区域的商品房、经济适用房、房改房、限价房、廉租房等各种类型房屋的种类和数量，可以很好地为房地产管理部门和规划部门全面了解和掌握城镇房屋和土地的总数量、总质量、人均数量、发展速度等指标，更好地配置土地资源，有计划地向市场出让土地面积，保障土地和房屋供需平衡，以保持房价健康增长而服务；还可以为有计划地城区改造和新区的规划、开发服务提供依据。总之，房地产测量资料是开展城镇房地产管理理论研究的重要基础资料。

5. 在建筑工程施工招标中的作用

在建筑工程施工招标过程中，建设单位与施工方签订房地产施工合同时，经常以房屋建筑面积为施工款结算的面积依据，一旦定下单价后，最重要的就是房屋建筑面积的多少。房屋建筑面积的确定需要根据《房产测量规范》（GB/T 17986—2000）的规定进行外业房产测量，从而得到较准确的房屋建筑面积。

6. 在司法鉴定中的作用

近几年，房屋权属纠纷、面积纠纷经常发生，随着百姓的法制观念的不断提高，国家法制建设的不断完善，现在很多省、自治区、直辖市等都成立了仲裁委员会，仲裁委员会可以对房屋权属纠纷、面积纠纷等进行仲裁，但仲裁委员会由于缺乏相应的执行力，对仲裁的结果难以执行。现实生活中房屋权属纠纷、面积纠纷又屡见不鲜，业主需要强有力的诉讼途径来解决此类纷争。近几年各地高级人民法院司法鉴定中心承担了解决此类纠纷的责任，为房产纠纷提供了一条司法诉讼的渠道。

7. 城市规划中计算建筑容积率的作用

城市控制性详细规划是建筑项目和房地产开发商实施项目建设的最重要的控制依据，在整个规划建设活动中起着承上启下的作用，它是规划工作的重点所在，也是规划工作的中心，规划审批的根本。这一环节也是建设单位和房地产开发商获取最大利益的重点环节。容积率是指在建设用地范围内，地上总建设面积与可建设用地面积的比率。地上的建筑体量越大，对开发商来说，可获得的利益越大；反之，容积率越小，建筑物居住的舒适程度越好，对用户来说就越值。而改变容积率，则导致其他技术指标的改变，造成绿化面积减少、房屋间距缩小、楼层增高、密度加大等。所以容积率必须严格控制，以达到一个符合规范及各方利益的平衡点。

0.5.4　房地产测量的特点

房地产测量具有鲜明的特色，为了更好地开展房地产测绘工作，必须准确把握房地产测量的独特之处，清楚地认识房地产测量与普通测量之间的区别。以下从几个方面对二者的区别进行分析。

1. 测绘内容的区别

地形测量是指依据一定比例对地物地貌平面位置及其高程进行表述。地形测绘不仅要详尽测量测区内的各种地物、地貌，而且对高程测量要求也较高。

房地产测绘主要是指房屋、房屋用地及其与附属设施有关的房产要素测量，对高程一般不做要求。房产图不仅表示房产要素空间位置信息，还要表示房产要素属性信息。根据房产调查，标注房产编号，其中包括房产分区号、丘号、丘支号、幢号、房产权号，同时说明房屋产别、结构、层数、建成年份、房屋用途、权属、权源、权界以及用地分类等社会属性信息。即房地产测绘对房屋及其用地必须测定位置（定位），调查其所有权或使用权的性质（定性），测定其范围和界线（定界），更重要的是测算其面积（定量），调查测定评估其质量（定质）和它所在级差土地上的价值（定价）。而地形测量除定位特性外，不具备上述的其他特性。

2. 成果产品的区别

地形测量主要提供各种比例尺的分幅地形图。房地产测量不仅提供分幅图、分丘图、分层分户图、房产证附图等多种房产图集，提供房屋测绘数据调查表、房屋用地调查表、有关产权状况的调查资料及协议文件等房产簿册，同时提供房产平面控制点成果、界址点成果、房角点成果、房屋面积计算书、房屋分套建筑面积计算成果等房产数据集。房地产测量成果产品无论是在种类上，还是在数量上都比地形测量多。

3. 测图比例尺的区别

普通地形测量包括各种不同比例尺的地形图测绘，有 1∶5000、1∶2000、1∶1000、1∶500等。图幅规格可为 40cm×50cm 或 50cm×50cm。

房地产测量包括分幅图、分丘图、分层分户图、房产证附图等多种图件测量，其比例尺各有不同。**分幅图**，是全面反映房屋及其用地的位置和权属等状况的基本图。对建筑物较为密集的城市地区采用 1∶500 比例尺，其他地区采用 1∶1000 比例尺，图幅规格只允许使用 50cm×50cm。**分丘图**，是分幅图的局部图，是绘制房屋产权证附图的基本图，多与分幅图比例一致，按图幅大小可采用 1∶1000 或 1∶500。**分层分户图**是在分丘图的基础上绘制的细部图，以一户产权人为单位，表示房屋权属范围的细部，以明确异产毗连房屋的权力界线，供核发房屋所有权证的附图使用。要标注分层分户权界线及楼梯间等共有部分尺寸，比例尺一般较大。初始登记，根据图幅大小，一般为 1∶1000、1∶500 或 1∶200。在房地产管理中，房地产的合法证明为房地产产权证书。房地产是以面积为量化标准进行管理的，在权证附图中也应表示房屋的平面形状、尺寸、坐落、面积、四至（宗地四个方位与相邻土地的交接界线）关系等一系列产权要素。房地产分丘图、分层分户图在经过房地产管理机构的审查后，方可用作权证附图。房产证附图比例尺较大，一般为1:200。

4. 成果效用的区别

地形测量成果在社会服务方面具有重要作用，为城市规划、管理、各种工程建设等提供基础图件，多为社会性公益事业服务，一般不具备法律作用。房地产测量成果不仅在财经方面和社会服务方面具有重要作用，而且直接面对产权人，关系到千家万户，涉及百姓的切身利益。测绘成果一经房产管理部门确权发证即具有法律效力，是处理产权纠纷的依据，责任重大。

5. 测量精度的区别

地形测量，图根点相对应起算点的点位中误差不超过图上的0.1mm。以最大比例尺1:500地形图为例，即图根点相对于起算点的点位中误差不超过0.05m，如果是1:1000比例尺地形图，则图根点相对于起算点的点位中误差不超过0.10m。而对相邻控制点的相对中误差没有限制。

房地产测量，不仅在平面控制测量方面特别强调保证相邻控制点之间的相对精度，还要求末级相邻基本控制点的相对中误差不超过0.025m，即末级基本控制点的点位中误差不超过0.018m，同时要求房地产要素点和地物点，相对于邻近控制点的中误差不超过0.05m。房产界址点和房角点相对于邻近控制点的点位中误差和相邻界址点（房角点）点间距中误差分别不超过：一等为±0.02m；二等为±0.05m；三等为±0.10m。并对房屋面积测量限差要求为，一级：$0.02\sqrt{S}+0.0006S$；二级：$0.04\sqrt{S}+0.002S$；三级：$0.08\sqrt{S}+0.006S$，其中S为房产面积，单位为m^2。

由此可见房地产测量精度要求明显高于地形测量精度要求，而且对房产要素（界址点、房角点）间的相对精度要求更高。

6. 测量周期的区别

地形测量的周期较长，根据各国国情，一般为5~10年不等。

房地产测量包括初始测量和变更测量两种。如果房屋要先进行预售，初始测量又包括预售测量和竣工测量。由于城市的扩大及老区的拆迁，需对新建房屋进行初始测量。同时由于城市现状的不断变更以及房屋和房屋用地的经常转移，如产权初始登记后，发生房屋买卖、交换、继承、分割等房产交易活动以及法院裁决引起产权转移和变更，需要进行变更测量。为了保证产权产籍的动态管理，保持图的现势性和房产档案的真实性，变更测量必须及时。及时的程度不能用周期来确定，只能按需要随时随地变更周期测量。

7. 检查与验收标准的区别

地形测量检查与验收执行《测绘产品检查验收规定》（CH 1002—1995）。验收工作由任务的委托单位组织实施，或由该单位委托具有检查资格的验收机构验收。

房地产测量审查工作由房地产行政管理部门实施，实行审核制度。房地产行政主管部门应当对施测单位的资格，测绘成果的实用性，界址点准确性，面积测算依据和方法是否符合《房产测量规范》（GB/T 17986—2000），能否满足房地产行政（如房屋权属登记）的需要，能否与房地产行政主管部门原有的房产图、数据库对接等进行审核。

8. 对从业人员素质要求的区别

房地产测量是一门边缘学科，房测工作者既是测绘学科的技术人员，也应是房地产管理人员，既应熟悉房地产政策、法律法规，也应熟练操作各种先进测量仪器；不但要懂得建筑识图、产权产籍、拆迁、交易、估价、典当、地籍测量等方面的知识，也要做到公平、公正，能协调各方以及解决好业主、官方与开发商的关系，从而保证各方当事人的合法权益。

房地产测量与地形测量有很大区别，地形测量对地物、地貌的平面位置及高程等自然属性反映比较全面，对其社会属性反映较简单。而房产测量对地物的自然属性反映不是很全面，但对其社会属性反映比较丰富，且精度要求高。

0.5.5　房地产测量的内容

房地产测量的内容主要包括以下几个方面：

1. 已有资料的收集、分析与利用

其主要工作内容有：收集测区内已有的大比例尺地形图、地籍图、影像平面图及近期的航摄像片等图件，并对这些图件和可利用价值进行分析；收集测区内已有的控制点成果资料，包括控制点的成果数据及一切与控制点有关的文字说明资料，并对控制点成果精度进行分析；收集测区内最新的与行政区划有关的资料、房屋普查资料等；收集测区内的标准化地名资料等。

2. 测区踏勘和技术设计

在收集、分析已有资料的基础上，首先对测区进行实地的踏勘，其主要工作内容有：标注工作底图，将测区范围线，主、次要街道，已有控制点及房产控制点的选点位置标绘在适当比例尺的地形图上；了解测区的自然、交通、人文等方面的情况；了解和掌握测区有关房产要素和必要地形要素的基本情况；实地调查已有控制点的完好情况和房产控制点点位的情况等。在测区踏勘的基础上，根据《房产测量规范》（GB/T 17986—2000）及有关的技术标准编写技术设计书，制定出具体的技术要求、实施方案及经费预算等。

3. 房产平面控制测量

房产测量的第一步是在测区建立一个高精度，具有一定密度，可以长期使用且覆盖全区的平面控制网，这是保证房产测量的基础。平面控制点可以利用已有的符合房产测量规范要求的现有成果，必要时则可自行布设房产平面控制网。

4. 房地产调查

房地产调查的目的是通过实地详细调查，查清测区内所有房屋及用地的位置、权属、权界、数量、质量和利用现状等基本情况以及地理名称、行政境界、行政机构名称和大的企事业单位名称的调查，获得真实可靠的第一手资料。这些资料既是测绘与编制房地产图件必不可少的基础资料，也是房地产档案的重要组成部分。

5. 房产图测绘

房产图测绘主要规定了分幅图、分丘图、分层分户图三件图件的规格和标准，同时也提出了这些房产图的绘制方法和要求，全国各地要求也并不一致，按各市登记发证中心监制规格和标准测绘。

6. 房产勘测与分摊计算

房产勘测是对房屋及其附属设施边长进行测量，如有必要，可用房角点反算边长代替实测边长。计算指边长误差的配赋、平差后进行房屋面积的计算。

房屋面积的测算包括房屋建筑面积的测算、房屋使用面积测算、房屋套内面积测算、房屋共有建筑面积计算与分摊、房屋公有建筑面积测算等。

7. 变更测量

由于城市现状的不断变更，以及房屋用地的产权经常转移，变更测量将成为房地产测绘部门的一项经常性的工作，为了保证产权产籍的动态管理，保持图的现势性和房产档案的真实性，必须根据需要及时进行变更测量。

8. 检查、验收、审核

房产测量成果在测绘部门内部"二检一验"合格后，由房地产行政管理部门实施最终审核，即实行审核制度。

0.5.6　房地产测量与地籍测量

所谓"房地产"就是指房产、地产、房地合产的统称。它具有实物性、经济性、不动性等特点。在国际上，房地产测量是一种政府行为的官方测量。

在我国，由于机构设置关系把房地产测量划分为房地产测量和地籍测量，这两门学科具有一定的交叉和重叠。房地产测量偏重于房屋，地籍测量偏重于土地。图上的要素也是这样，一个是房屋要素多，一个是土地要素多。二者合二为一，即称为不动产测量与管理。

复习与思考题

0-1　现代地籍的含义是什么？

0-2　试述地籍的分类。

0-3　试述现代地籍的功能。

0-4　地籍调查的目的与内容有哪些？

0-5　地籍测量的含义和内容是什么？

0-6　房地产产权产籍管理的目的是什么？

0-7　房地产产权产籍管理的任务是什么？

0-8　房地产测量的含义有哪些？

0-9　房地产测量的目的和任务有哪些？

0-10　房地产测量的作用是什么？

0-11　试述房地产测量的内容。

0-12　试述房地产测量的特点。

0-13　试述房地产测量与地籍测量的区别。

单元 1　土地权属调查

【单元概述】

地籍的概念明确了地籍管理的核心就是土地的权属，要建立地籍首要的工作就是弄清楚每个地块的权属。本单元阐述了土地权属的概念与确认、土地的划分与编号、宗地的划分、地籍编号以及土地权属界址的含义；土地权属调查的内容、程序、原则；城镇土地使用权调查的内容、程序、宗地草图的绘制及地籍调查表的填写。

【学习目标】

1. 掌握土地权属的概念以及权属确认的方法。
2. 掌握宗地的划分与编号，熟练掌握宗地草图的绘制及地籍调查表的填写。

课题 1　土地权属确认

1.1.1　土地权属的概念

土地权属是指土地产权的归属，是存在于土地之中的排他性完全权利。它包括土地所有权、土地使用权、土地租赁权、土地抵押权、土地继承权、地役权和他项权利。土地权属与劳动人民的生产、生活及社会活动、思想意识等密切相关，是国家经济结构和社会安定的基础。

按照《中华人民共和国土地管理法》规定：**土地权属**是指土地所有权和土地使用权的归属。在我国，具体来说是指单位和个人对国有土地或集体土地的所有权或使用权的归属。确定土地权属的目的是为了更好的巩固和发展我国的土地公有制。

1.1.2　土地权属的确认

所谓**土地权属的确认**是指依照法律对土地权属状况的认定，包括土地所有权和土地使用权的性质、类别、权属主及其身份、土地位置等的认定。

土地权属的确认是权属管理的重要基础，土地权属管理又是地籍管理的核心。新中国成立以来，由于地籍管理制度不健全，地籍管理十分薄弱，不能提供准确的地籍资料，更突出的问题是土地权属不清、纠纷不断。实践证明，只有依法对土地权属进行确认，加强土地权属管理，建立土地登记制度，才能维护土地的社会主义公有制，保障土地使用者和所有者的合法权益；才能将有限的土地资源最大限度地满足人民生活和建设发展的需要，更好地为国民经济持续、稳定、协调发展服务。

1. 土地所有权和使用权

我国的土地权属性质分为：国有土地所有权、国有土地使用权、集体土地所有权、集体土地使用权及土地他项权利等。土地权属性质是土地登记的一项重要内容。我国的土地除集体所有的以外，均为国家所有，所以在对所有权性质登记时，我国只对集体土地所有权登记，而不对国有土地所有权进行登记。另外，对土地他项权利的登记，在土地登记簿上一般把它记载在"登记的其他内容及变更登记事项"栏，而不记载在"土地权属性质"栏。因此，城镇地籍调查时土地权属性质调查分三种：国有土地使用权、集体土地所有权及集体土地使用权。集体土地使用权又分为：集体农用土地使用权、集体土地建设用地使用权、集体土地未利用地使用权。集体农用土地使用权主要是指对农业用地的承包经营权，也包括依法取得的"四荒地"使用权。集体土地建设用地使用权可进一步分为农村居民宅基地使用权和乡村企事业建设用地使用权。

2. 他项权利

土地他项权利是指其他土地使用者在本宗地拥有的权利。他项权利又分为用益物权和担保物权。

用益物权是指以物的使用收益为标的的他物权，主要包括：通行权、地上权、地下权等。其中**通行权**是指民事权利人以他人土地供自己土地通行之用的权利；**地上权（地下权）**是指在他人土地指定的地表上（下）有建筑物、其他构筑物，或以种植竹木为目的而使用其土地的独立物权。

担保物权是指以确保债务清偿为目的而在债务人的特定物或权利上设定的定限物权，主要包括：抵押权、质权、留置权等。**土地抵押权**是指债务人或第三人（抵押人）将其土地作为债权的担保，在债务人不履行债务时，债权人（抵押权人）享有依法从该土地处理后所得的价款中优先受偿的权利。

3. 土地权属主

所谓**土地权属主**（以下简称权属主，或权利人）是指具有土地所有权的单位和土地使用权的单位或个人。在我国，根据土地法律的规定，国家机关、企事业单位、社会团体、"三资"企业、农村集体经济组织和个人，经有关部门的批准，可以有偿或无偿使用国有土地，土地使用者依法享有一定的权利和承担一定的义务。依照法律规定的农村集体经济组织可构成土地所有权单位。乡、镇企事业单位和农民个人等可以使用集体所有的土地。

4. 土地权属确认的方式

土地权属调查的主要工作是对土地权属的确认。所谓**土地权属的确认（简称确权）**是指依照法律，由当地政府授权，在土地管理部门的支持下，由权属主（或授权指界人）、相邻土地权属主、地籍调查人员共同对土地权属的认定。土地权属的认定是一项复杂的工作，地籍调查人员要细心完成这项工作，具体的确认方式如下：

1）文件确认。它是根据权属主所出示并被现行法律所认可的文件来确定土地使用权或所有权的归属，这是一种较规范的土地权属认定手段，城镇土地使用权的确认大多用此方法。

2）惯用确认。这是基于新中国成立后长期未进行地籍调查，而根据若干年以来没有争议的惯用土地边界进行认定的一种方法，是一种非规范化的权属认定手段，主要适用于农村和城市郊区。在使用这种认定方法时，为防止错误发生，要注意以下几点：一是尊重历史，实事求是；二是注意四邻认可，指界签字；三是不违背现行法规政策。

3）协商确认。当确权所需文件不详或认识不一致时，本着团结、互谅的精神，由各方协商，对土地权属进行认定。

4）仲裁确认。在有争议而达不成协议，双方都能出示有关文件而又互不相让的情况下，应充分听取土地权属各方的申述，实事求是地、合理地进行裁决，不服从裁决者，可以向法院申诉，通过法律程序解决。

5. 土地权属确认

（1）农村地区（含城市郊区）土地权属的确认　农村土地所有权和使用权的确认涉及村与村、乡与乡、乡村与城市、村与独立工矿及事业单位的边界等。它不但形式复杂，而且往往用地手续不齐全。因此，应将文件确认、惯用确认、协商确认或仲裁确认几种方式结合起来确认农村土地所有权和使用权。对完成了土地利用现状调查的地区，其调查成果的表册和图件是很有说服力的确权文件的，应予承认。

铁路、公路及军队各权属单元所使用的土地，其所有权属国家，使用权归各系统。由于铁路、公路的分布范围广，管理分散，且与各农用集体土地、城市、村庄接壤，权属界比较复杂。军队担负着为改革开放保驾护航的光荣任务，因此要充分保证军队建设使用土地的需要。在进行土地权属调查时，应按照土地使用原则和征地或拨地文件确认土地的使用权和所有权。

（2）城市土地使用权的确认　城市的土地所有权为国家所有，因此城市权属主只有土地使用权，而无土地所有权（郊区集体土地除外）。城市土地使用权主要按下述文件确认：

1）单位用地红线图。**红线图**是指在大比例尺的地形图上标绘用地单位的用地红线，并注有用地单位名称、用地批文的文件名、批文时间、用地面积、征地时间、经办人和经办单位印章等信息的一种图件。红线图的形成经过建设立项、上级机关批准、用地所在市县审批、城市规划部门审核选址、地籍管理部门和建设用地部门审定和办理征（拨）地手续、再由城市勘测部门划定红线等一系列法定手续。红线图是审核土地权属的权威性文件。在进行地籍调查时，可根据该红线图来判定土地权属，并到实地勘定用地范围的边界。

2）房地产使用证。新中国成立后的几十年中，有的城市曾经核发过地产使用证。改革开放（1978年）以后，在土地管理法公布以前（1986年），城市房地产管理部门组织过地籍测量，绘制过房产图，并发放过房地产使用证和房产所有权证，这些都可作为确权的依据。

3）土地使用合同书、协议书、换地书等。新中国成立后一直到土地管理法出台的几十年中，随着社会经济的发展，各用地单位变化很大，有各系统之间的调整、变更，有各企事业单位之间的合并、分割、兼并、转产等情况，他们所签定的各种形式的土地使用合同书、协议书、换地书等，本着尊重历史、注重现实的原则，可作为确权文件。

4）征（拨）地批准书和合同书。在新中国成立之后直至国有土地有偿使用制度出台前，企事业单位建设用地采取征（拨）地制度。权属主所出示的征（拨）地批准书和合同书，可作为确权文件。

5）有偿使用合同书（协议书）和国有土地使用权证书。改革开放以来，特别是土地管理法颁布实施之后，进一步明确了土地所有权与使用权分离的制度，改无偿使用土地为有偿使用土地。政府土地管理部门为国有土地管理人，以一定的使用期限和审批手续，对土地使用权进行出让、转让或拍卖。所签定的有偿使用合同书（或协议书）和发放国有土地使用权证是土地使用权确认的文件。因此，有偿使用合同书（协议书）和国有土地使用证是土地使用权确认的文件。

6）城市住宅用地确权的文件。现阶段我国的城市住宅有三种所有制，即全民所有制住宅、集体所有制住宅和个人所有制住宅。一般情况下，住宅的权属主同时是该住宅所坐落的土地的权属主。单位住宅用地根据其征（拨）地红线图和有关文件确权；个人住宅用地（含购商品房住宅）根据房产证、契约等文件确权；奖励、赠予的房屋用地应根据奖励证书、赠予证书和有关文件（如房产证）确认土地使用权。

课题 2　地籍调查单元的划分与编号

要达到科学管理土地的要求，地籍工作中必须建立起土地管理范围划分与编号系统，实行统一的编号规则。这不仅有利于土地利用规划、计划、统计与管理，而且便于搜集整理资料以及利用计算机管理地籍的图形、数据和表册，达到便于检索、修改、存储、利用与保管的目的。

1.2.1　地籍调查单元的划分

1. 城镇地区街道、街坊的划分

根据确定的范围大小，为了便于开展调查工作，可将整个调查区逐级细划分成若干个小区域，即采用：街道—街坊—宗地三级划分。街道是行政区内行政界线、主干道路、河流、沟渠等现状地物封闭的地块，是城镇地籍调查首级划分的区域。划分时应尽量与城镇行政管理的街道界线一致，即利用街道办事处的管辖界线作为地籍调查的街道界线。在准备好的初始地籍调查工作用图上，勾绘出划分街道的界线，再根据划分的街道，进行街坊的划分。

街坊是由互通道路、河流、沟渠等线状地物封闭起来的地块。当自然街坊面积较小时，可将几个自然街坊划为一个地籍街坊；如果一个自然街坊面积较大、宗地数量较多时，也可将一个自然街坊分成多个地籍街坊。地籍街坊划分后，应编街坊号，同时街坊号的编制应考虑其统一性。

2. 农村地区地籍调查单元划分

按我国目前农村行政管辖系统，末级行政区是乡（镇）。按城镇模式，完整的土地划分应是××省××县（县级市）××乡（镇）××行政村××宗地××地块（图斑）。

1.2.2 地块与宗地划分

根据宗地权属性质、土地使用者、土地利用现状及地籍调查的要求进行宗地的划分。无论是集体土地所有权宗地，还是集体土地使用权宗地，或者是国有土地使用权宗地，一般可按照如下方法划分宗地。

（1）基本原则

1）一个使用者有完整的权属界线封闭的地块，可单独编宗。

2）同一个土地使用者，使用不连接的若干地块，则每一块编一宗。

3）如果一个地块由几个权属单位使用，实地又难以划分土地的权属界线，可划为一宗地，称组合宗或共用宗。

（2）宗地的再划分　在城镇，对于一个权属主拥有的相连成片的用地范围，遇到下列情况之一可划分成多个宗地。

1）原宗地范围过大。

2）土地使用权的来源不同，且能在实地划清界线的。

3）依土地用途不同自然分成若干宗地。

4）以规划红线划出部分给其他单位或个人使用的。

5）宗地中部分房地产转让给其他单位或个人使用的，且能在实地划清界线的。

6）由于楼层数相差太大，且能在实地划清界线的。

7）建成区与未建成区（如住宅小区）之间能在实地划清界线的。

8）用地价款不同，且能在实地划清界线的。

9）使用年期不同，且能够在实地划清界线的。

10）认为有必要分割成多宗地的其他情况。

（3）集体非农建设用地使用权宗地划分　在农村和城市郊区，依据宗地划分的基本原则，农村居民地内村民建房用地（宅基地）和其他建设用地，可按集体土地的使用权单位的用地范围划分为宗地，一般反映在农村居民地地籍图（岛图）上。

（4）集体土地所有权宗地的划分　依照《中华人民共和国土地管理法》规定，农村可根据集体土地所有权单位（如村民委员会、农业集体经济组织、村民小组、乡（镇）农民集体经济组织等）的土地范围划分土地所有权宗地。

一个地块由几个集体土地所有者共同所有，其间难以划清权属界线的，为共有宗。共有宗不存在国家和集体共同所有的情况。

（5）城镇以外的国有土地使用权宗地的划分　城镇以外，铁路、公路、工矿企业、军队等用地，都是国有土地，这些国有土地使用权界线大多与集体土地的所有权界线重合，其宗地的划分方法与前述相同。

（6）争议地、间隙地和飞地　**争议地**是指有争议的地块，即两个或两个以上土地权属主都不能提供有效的确权文件,却同时提出拥有所有权或使用权的地块。**间隙地**是指无土地使用权属主的空置土地。**飞地**是指镶嵌在另一个土地所有权地块之中的土地所有权地块。这些地块均实行单独分宗。

1.2.3 地籍的编号

1. 城镇地籍的编号

通常以行政区划的街道和宗地两级进行编号,如果街道下划分有街坊(地籍子区)就采用街道、街坊和宗地三级编号。城镇地籍调查中,在划分街坊时一般以主要道路、河流等线状地物中心线(或一侧)围成的地籍管理单元来划分,街坊划分不宜过大,如图1-1所示。一般情况下,地籍编号统一自西向东,从北到南且从"0001"开始顺序编号。如004—007—0113,表示××省××市××区第4街道,第7街坊,第113宗地。地籍图上采用不同的字体和不同的字号加以区分;而宗地号在图上宗地内以分数形式表示,分子为宗地编号,分母为地类号。通常省、市、区、街道、街坊的编号在调查前已经编好,调查时只编宗地号,宗地号在街坊内统一自左到右,由"0001"号开始编号,如图1-2所示。

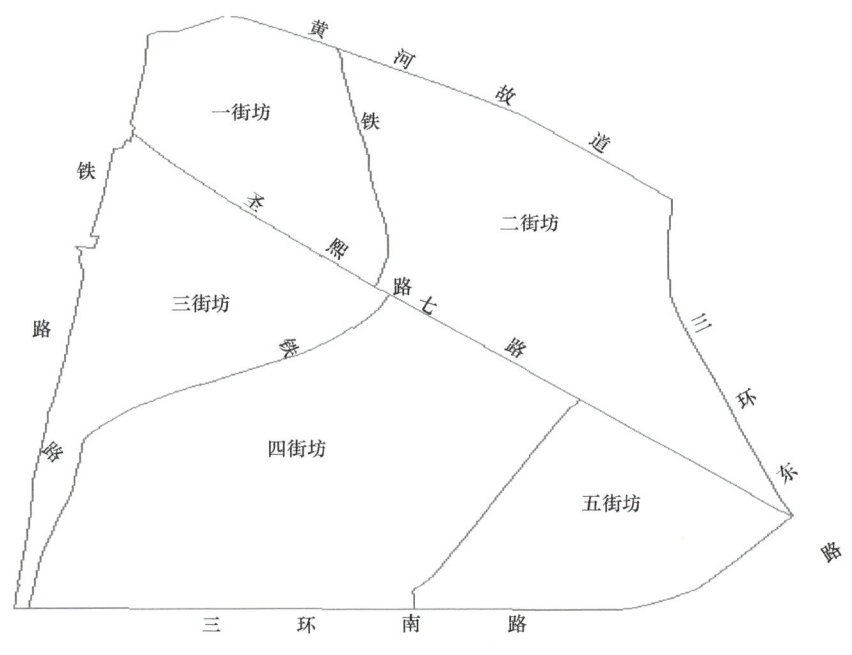

图1-1 街坊划分示意图

2. 农村地籍的编号

农村应以乡(镇)、宗地和地块三级组成编号。其原则同上,如003—0005—013表示××省××县(县级市)××乡(镇)第3行政村,第5宗地,第13地块(图斑)。通常省、县(县级市)、乡(镇)、行政村的编号在调查前已经编好,调查时只编宗地号和地块号,并及时填写在相应的表册中。

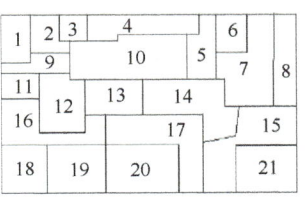

图1-2 宗地编号顺序

3. 其他的编号方法

我国 2007 年 7 月 1 日起开展了第二次全国土地调查,并制定了相应的《第二次全国土地调查技术规程》(TD/T 1014—2007)、《城镇地籍数据库标准》(TD/T 1015—2007)、《土地利用现状分类》(GB/T 21010—2007)等。根据宗地的划分情况,依据《城镇地籍数据库标准》(TD/T 1015—2007)地籍号命名规则,按 19 位编码设定,即地籍号由"行政区划代码 6 位+街道号 3 位+街坊号 3 位+基本宗地号 4 位+宗地支号 3 位"组成,如图 1-3 所示。外业调查时,地籍调查表上地籍编号的填写按街道(乡、镇)—街坊(村)—宗地三级编号填写即可。

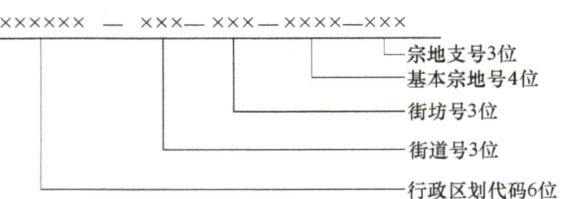

图 1-3 宗地编号规则

其中,编号第 1~12 位为该宗地所属行政区划的代码。其中,前 6 位即省、地市、县/区的代码,可直接采用身份证的前 6 位编号方案,如 510123 代表四川省成都市温江区;第 7~9 位为街道/镇/乡代码;第 10~12 位为街坊/行政村代码。它们是在所属上一级行政区划范围内统一编号的。第 13~16 位为宗地所在街坊/行政村(村民委员会)范围内按"弓"形顺编的序号。第 17~19 位为宗地内部划分,编号方法见表 1-1。

表 1-1 宗地编号方法

在编号中的位置	第 1、2 位	第 3、4 位	第 5、6 位	第 7~9 位	第 10~12 位	第 13~16 位	第 17~19 位
宗地编号	××	××	××	×××	×××	××××	×××
代码数字范围	00~99	00~99	00~99	000~999	000~999	0001~9999	001~999
代码意义	省级代码	市级代码	县、县级市、区代码	街道、镇、乡代码	街坊、行政村代码	宗地序号	支宗地序号或图斑

1.2.4 土地权属界址与界址点编号

1. 土地权属界址

土地权属界址(简称界址)包括界址点、界址线和界标。界址点是土地权属界址线的转折点。**界址线**是指宗地的边界线。有的界址线与明显地物重合,如围墙、墙壁、道路、沟渠等,但要注意实际界线可能是它们的中线、内边线或外边线。

界标是指在界址点上设置的标志。《地籍调查规程》(TD/T 1001—2012)设计了 5 种界标,可根据实地情况酌情选用,图中数值的单位为 mm。

1)混凝土界址界标。在较为空旷地区的界址点和占地面积较大的机关、团体、企业、事业单位的界址点应埋设或现场浇筑混凝土界址界标,如图 1-4 所示。

2)石灰界址界标:用于泥土地面上的界址点,如图 1-5 所示。

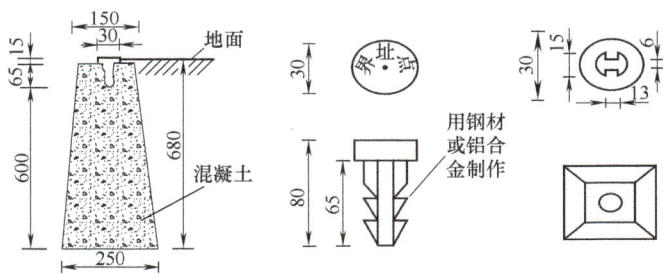

图1-4　混凝土界址界标

3）带铝帽的钢钉界址界标：用于在坚硬的路面或地面上的界址点应钻孔浇筑或钉设带铝帽的钢钉界标，如图1-6所示。

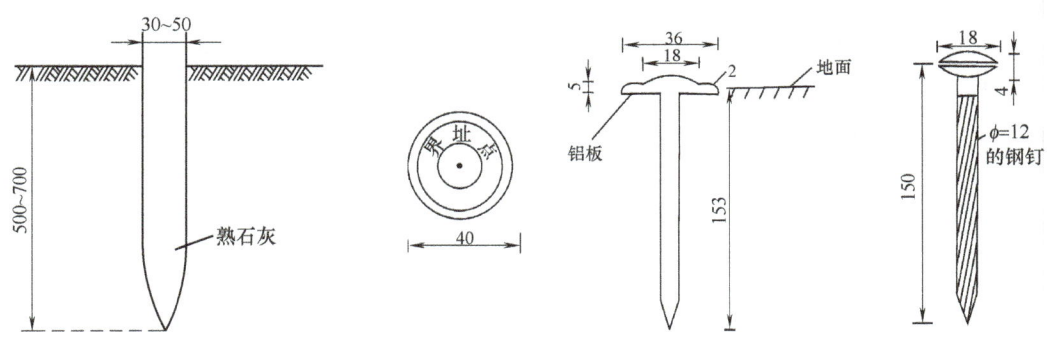

图1-5　石灰界址界标　　　　　图1-6　带铝帽的钢钉界址界标

4）带塑料套的钢棍界址界标：用于宗地与宗地之间界址不明确的分界处，如房屋直线、围墙直线处等的设置，如图1-7所示。

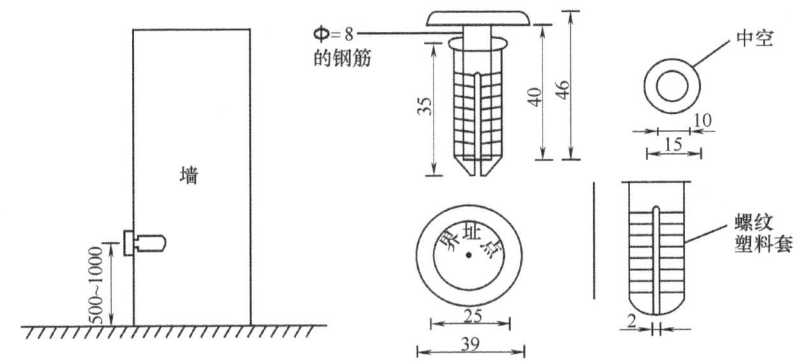

图1-7　带塑料套的钢棍界址界标

5）喷漆界址标志：界址点位落在围墙角或房屋角的，一般用喷涂界标表示，喷涂高度临界面为0.5m左右，其上限为离地面1.2m左右，如图1-8所示。

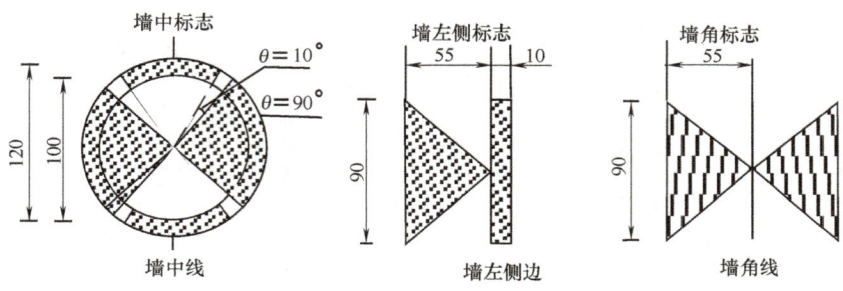

图 1-8 喷漆界址标志

2. 界址点编号方法

为了顺利地进行地籍测量和对地籍调查成果的管理，需要根据各地具有的图件资料及使用的测量方法，选择不同的编号方法。

（1）按宗地编号　当测区内无近期的大比例尺地形图或其他能反映宗地之间关系的图件，且采用图解勘丈法进行地籍测量时，可暂时按宗地进行界址点编号，即每宗地的界址点独立编号，这时共有界址点有多个编号。

（2）按图幅统一编号　当在调查范围内，具有与要测绘的地籍图同比例尺、相同的坐标系统和分幅，而且现势性也比较好的地形图作为工作底图时，可在室内依据权属调查时实地勘丈绘制的宗地草图，将每宗地都勾绘在工作底图上，然后对图幅内所有的界址点统一编号。但在勘丈宗地草图时仍先按宗地编号。

（3）按地籍街坊统一编号　这是最常用的一种编号方法。地籍街坊是由道路及河流等固定地物围成的包括一个或几个自然街坊的地籍管理单元。所以，这种方法既容易操作，也比较实用，有利于管理，并且实际操作的手段也比较多。

1）如果调查范围内有现势性好、能反映宗地相互关系的图件做工作底图时，可在室内依据权属调查时勘丈的宗地草图，将一个街坊内的每个宗地都勾绘到工作底图上，然后按地籍街坊统一编号。但在勘丈宗地草图上仍按宗地编号。

2）在勘丈宗地草图时，先按宗地编号，并要实地注明每个界址点在不同宗地中的编号。在实测界址点坐标时，一个街坊内按测量的先后顺序对界址点统一编号，同时注明每个具有坐标的界址点所属的宗地及按宗地的编号。

3）在勘丈宗地草图时，先按宗地编号。在施测界址点坐标时，对一个地籍街坊内的界址点按测量的先后顺序编号。然后在室内将一个街坊具有坐标的界址点都展绘在图上，绘制一幅界址点统一编号的点号图。

4）在勘丈宗地草图时，对一个地籍街坊内的界址点按先后顺序统一编号。即每勘丈一宗地后，将该宗地界址点、线勾绘到工作底图上。然后再进行下一宗地的勘丈及界址点编号。

从长远的观点来讲，对所有的界址点都应该按街坊统一编号，每个界址点的编号按照宗地号加序号的方式来编，邻宗地与本宗地相同的界址点共用相同的点号，编号方式如图1-9所示。

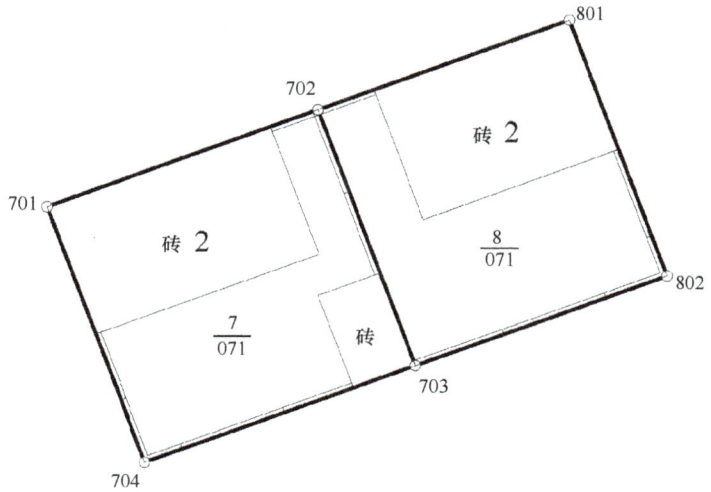

图 1-9　界址点编号示意图

课题 3　土地权属调查与地籍调查表的填写

1.3.1　土地权属调查的内容

土地权属调查是对土地权属单位的土地权属来源及其权利所涉及的位置、界址、数量和用途等基本情况的调查，是针对土地使用者的申请，对土地使用者、宗地位置、界址、用途等情况进行实地核实、调查和记录的过程。土地权属调查的内容主要包括以下几个方面：

（1）土地权利人　核实调查土地权利人姓名或名称、单位性质、行业代码、组织机构代码、法定代表人姓名及身份证明、代理人姓名及身份证明等。

（2）土地权属性质及来源　核实调查土地的权属来源证明材料、土地权属性质、权利类型、取得土地权利的时间、终止土地权利的时间和土地年期。

（3）土地位置　对土地所有权宗地，核实调查宗地四至，所在乡（镇）、村的名称，所在图幅等。对土地使用权宗地，核实调查土地坐落、宗地四至、门牌号、所在图幅等。

（4）土地用途　核实调查土地的批准用途和实际用途。

（5）其他　共有共用情况、土地抵押权、地役权和权利限制等情况。

1.3.2　土地权属调查的步骤

1. 准备工作

（1）技术准备　首先组织员工学习地籍调查的技术设计书，明确调查任务、范围、方法、时间、步骤，然后进行试点。

（2）物质方面的准备　调查中所用到的各种表格，测量所用的仪器工具、交通工具和生活物资的准备。

（3）准备调查工作用图　在进行权属调查时，首先必须有一张调查工作用图。此图不要求有较高的精度，主要是为了按计划正确地指导调查工作，避免调查工作中的重漏现象。可以作为工作用图的图件主要有：大比例尺地形图、大比例尺正射影像图、放大的航片等。对土地所有权调查，调查底图的比例尺在 1∶5000 至 1∶50000 之间；对土地使用权调查，调查底图的比例尺在 1∶500 至 1∶2000 之间。

（4）明确调查范围　在城镇、村庄地籍调查范围应与土地利用现状调查范围相互衔接，不重不漏，所以调查范围要以明显地物为界，并在 1∶2000～1∶10000 比例尺的地形图上标绘出来。若有较新大比例尺航片，也可在航片上勾绘调查范围。

（5）调查工作区划分　在确定了调查范围之后，还要在调查底图上，依据行政区划或自然界线划分成若干街道和街坊，作为调查工作区。对于城市，可在街道办事处管辖区范围内，以路、巷、河流等固定地物为界，将调查范围划分为若干便于地籍调查的街坊；对于县城、建制镇，可直接以街道办事处或居委会范围为调查小区，或在县城范围内，以路、巷为界将调查范围划分为若干街坊；对于村庄和独立工矿区，可将村庄或工矿区的范围作为街坊。

（6）预编宗地代码　根据土地登记申请书及权属来源证明材料，将每一宗地标绘到工作底图上，在地籍调查子区范围内，从西到东、从北到南，统一预编宗地代码，并标注到地籍调查表及登记申请书上。

（7）发放调查通知　在调查人员进入实地调查前，必须提前通知土地使用者及相邻宗地土地使用者按时到现场指界，向被调查的用地者及其四邻发放指界通知书（见图 1-10）。

编号：

指界通知书　（存根）

土地坐落：________________________

指界时间：　　　年　月　日　午　　时

集合地点：________________________

通知日期：　　　年　月　日　　经办人：

指　界　通　知　书

____________________：

兹定于____月____日___午___时对坐落在____________区(县)________________________的宗地权属界线进行调查，需本宗地及四邻现场指界。请指界人携带有效证件到现场共同确认用地界线。

集合地点：________________________

（盖章）

年　月　日

编号：

指　界　通　知　书　回　执

签 收 人 姓 名	单位(个人)盖章
	年　月　日

图 1-10　地籍调查出席指界通知书

对城乡居民个人用地，可采用分区分片公告的通知方式，对单位用地采用书面通知方式。指界通知应明确所调查宗地的位置，土地使用者到现场指界的时间、地点，需携带的证明材料，如地籍调查法人代表身份证明书（见图1-11）、指界委托书（见图1-12），以及指界的法律作用和违约缺席的处理方法等内容。

```
           地籍调查法人代表身份证明书
    _____同志，在我单位任_____职务，系我单位法人代表，特此证明。
    单位地址：
    联系电话：
           居民身份证号码：      单位全称（公章）
                          年   月   日
```

图1-11　地籍调查法人代表身份证明书

```
                指 界 委 托 书
    兹委托_____（性别：____身份证号码_____）
    全权办理我单位(个人)坐落_____县(市、区)_____
    _____（国有土地使用权、集体土地所有权、集体土地使用权）
    现场指界事宜。

                委托单位盖章：

                单位法定代表人(个人)签章：

                委托代理人签章：

                联系地址及电话：
                          委托日期：   年   月   日
```

图1-12　指界委托书

2. 实地调查

地籍调查人员携带准备好的调查工作图（即权属调查底图）、地籍调查表以及测量工具，会同一宗地边界双方委派的指界人员到现场明确土地权属界线。指界、认定界址点及界址线。界址认定后，调查人员会同双方指界人，对认定的界址点现场设置界标，绘制宗地草图，勘丈界址边长及关系边长，并将界标种类、现场界址调查勘丈成果填写到地籍调查表。

1.3.3　土地权属调查应遵循的原则

1）依法确权，维护法律法规的严肃性。

2）尊重历史，面对现实。即要依据土地权属材料和政府有关规定，同时尊重当地历史习惯。

3）严格按照地籍调查规程中的技术要求和细则。要统一标准和要求并严格执行，确保土地权属调查工作的质量，最大限度地减少人为误差；为更好地完成土地权属调查工作，应在结合当地的实际情况并借鉴以往经验的基础上，制定技术设计书作为土地权属调查工作的依据。

1.3.4　土地权属状况调查

1．土地权属来源调查

土地权属来源（简称权源） 是指土地权属主依照国家法律获取土地权利的方式。

（1）集体土地所有权确认的法律依据　《中华人民共和国宪法》第十条规定："农村和城市郊区的土地，除由法律规定属于国家所有的以外，属于集体所有；宅基地和自留地、自留山，也属于集体所有。"《中华人民共和国土地管理法》第八条规定："农村和城市郊区的土地，除由法律规定属于国家所有的以外，属于农民集体所有；宅基地和自留地、自留山属于农民集体所有。"《中华人民共和国民法通则》第七十四条规定："劳动群众集体组织的财产属于劳动群众集体所有。"其中包括法律规定为集体所有的土地和森林、山岭、草原、荒地和滩涂等。按照《中华人民共和国土地改革法》分配给农民个人所有的土地。1956年全国人大《高级农业生产合作社示范章程》第二条规定："农业生产合作社按照社会主义原则，把社员私有的生产资料转为合作社集体所有……"，第十三条规定："入社的农民必须把私有的土地和耕畜，大型农机具等主要生产资料转为合作社集体所有"。农业合作化时期或实行劳力、土地、耕畜、农具"四固定"时，确定给农民集体所有的土地、林地的有关文件等。这些法律规定，是集体土地产生的法律依据，也是集体土地所有权的起源。

（2）国有土地使用权确认的法律依据　《中华人民共和国土地管理法》、《中华人民共和国城市房地产管理法》、《中华人民共和国城镇国有土地使用权出让和转让暂行条例》、《确定土地所有权和使用权的若干规定》等法律法规，对城市规划区内的国有土地和其他国有土地使用权的出让、转让、出租、抵押和划拨等都有明确的规定。对土地使用权出让的含义、出让人、受让人、土地使用权的出让方式、年限、批准权限，转让的含义、条件、转让年限，出租的条件、出租后的权利、义务、归属，抵押的含义、登记，划拨土地使用权的权利、义务等都作了详细的规定。这些国家法律法规及地方制定的有关法律法规和能够出示证明具有国有土地使用权的法律文件等，都是国有土地使用权确认的依据。

（3）土地权属来源调查的注意事项　在调查土地权属来源时，重点注意以下内容：检查权源资料是否为原件，如果为复印件，要与原件核对并加盖印章；审阅权源材料中的图件、数字、文字等有无划改现象；权属材料与申报的名称、宗地坐落、面积、属性、用途等是否一致；权源材料的有效性，印章是否齐全正确，中间手续是否完备；权源材料中是否有权属争议等。发现不一致时，需要对权属单位的历史沿革、使用土地的变化及其法律依据进行细致调查，并在地籍调查表的相应栏目中填写清楚。

2．其他要素的调查

1）权属主名称．**权属主名称**是指土地使用者或土地所有者的全称。有明确权属主的为权属主全称；组合宗地要调查清楚全部权属主全称和份额；无明确权属主的，则为该宗地的地理名称或建筑物的名称，如××水库等。

2）取得土地的时间。**取得土地的时间**是指获得土地权利的起始时间。

3）土地位置。调查核实宗地四至，所在乡（镇）、村的名称以及宗地预编号及编号。

4）土地所有权性质。在我国土地所有权性质有两种，即国有和集体所有。

5）土地利用分类调查。由于集体土地所有权宗地的土地类型较多，其调查方法见单元2；而城镇村庄土地使用权宗地的土地类型比较单一，2002年以前采用《城镇土地利用分类及含义》，2002年至2007年采用《全国土地分类（试行）》，2007年8月10日之后采用《土地利用现状分类》（GB/T 21010—2007），最新的土地分类见表1-2。

表1-2　土地利用现状分类

一级类		二级类		含　义	三大类
类别编码	类别名称	类别编码	类别名称		
01	耕地			指种植农作物的土地，包括熟地、新开发、复垦、整理地，休闲地（轮歇地、轮作地）；以种植农作物（含蔬菜）为主，间有零星果树、桑树或其他树木的土地；平均每年能保证收获一季的已垦滩地和海涂。耕地中还包括南方宽度＜1.0m，北方宽度＜2.0m固定的沟、渠、路和地坎（埂）；临时种植药材、草皮、花卉、苗木等的耕地，以及其他临时改变用途的耕地	农用地
		011	水田	指用于种植水稻、莲藕等水生农作物的耕地。包括实行水生、旱生农作物轮种的耕地	
		012	水浇地	指有水源保证和灌溉设施，在一般年景能正常灌溉，种植旱生农作物的耕地。包括种植蔬菜等的非工厂化的大棚用地	
		013	旱地	指无灌溉设施，主要靠天然降水种植旱生家作物的耕地，包括没有灌溉设施，仅靠引洪淤灌的耕地	
02	园地			指种植以采集果、叶、根、茎、枝、汁等为主的集约经营的多年生木本和草本作物，覆盖度大于50%或每亩株数大于合理株数70%的土地。包括用于育苗的土地	
		021	果园	指种植果树的园地	
		022	茶园	指种植茶树的园地	
		023	其他园地	指种植桑树、橡胶、可可、咖啡、油棕、胡椒、药材等其他多年生作物的园地	
03	林地			指生长乔木、竹类、灌木的土地，及沿海生长红树林的土地。包括迹地，不包括居民点内部的绿化林木用地，以及铁路、公路、征地范围内的林木，以及河流、沟渠的护堤林	
		031	有林地	指树木郁闭度≥0.2的乔木林地，包括红树林地和竹林地	
		032	灌木林地	指灌木覆盖度≥40%的林地	
		033	其他林地	包括疏林地（指树木郁闭度≥0.1、＜0.2的林地）、未成林地、迹地、苗圃等林地	

（续）

一级类		二级类		含 义	三大类
类别编码	类别名称	类别编码	类别名称		
04	草地			指生长草本植物为主的土地	
		041	天然牧草地	指以天然草本植物为主，用于放牧或割草的草地	农用地
		042	人工牧草地	指人工种牧草的草地	
		043	其他草地	指树林郁闭度<0.1，表层为土质，生长草本植物为主，不用于畜牧业的草地	未利用地
05	商服用地			指主要用于商业、服务业的土地	建设用地
		051	批发零售用地	指主要用于商品批发、零售的用地。包括商场、商店、超市、各类批发（零售）市场，加油站等及其附属的小型仓库、车间、工场等的用地	
		052	住宿餐饮用地	指主要用于提供住宿、餐饮服务的用地。包括宾馆、酒店、饭店、旅馆、招待所、度假村、餐厅、酒吧等	
		053	商务金融用地	指企业、服务业等办公用地，以及经营性的办公场所用地。包括写字楼、商业性办公场所、金融活动场所和企业厂区外独立的办公场所等用地	
		054	其他商服用地	指上述用地以外的其他商业、服务业用地。包括洗车场、洗染店、废旧物资回收站、维修网点、照相馆、理发美容店、洗浴场所等用地	
06	工矿仓储用地			指主要用于工业生产、物资存放场所的土地	
		061	工业用地	指工业生产及直接为工业生产服务的附属设施用地	
		062	采矿用地	指采矿、采石、采砂（沙）场，盐田，砖瓦窑等地面生产用地及尾矿堆放地	
		063	仓储用地	指用于物资储备、中转的场所用地	
07	住宅用地			指主要用于人们生活居住的房基地及其附属设施的土地	
		071	城镇住宅用地	指城镇用于居住的各类房屋用地及其附属设施用地。包括普通住宅、公寓、别墅等用地	
		072	农村宅基地	指农村用于生活居住的宅基地	
08	公共管理与公共服务用地			指用于机关团体、新闻出版、科教文卫、风景名胜、公共设施等的土地	
		081	机关团体用地	指用于党政机关、社会团体、群众自治组织等的用地	
		082	新闻出版用地	指用于广播电台、电视台、电影厂、报社、杂志社、通讯社、出版社等的用地	

(续)

一级类		二级类		含义	三大类
类别编码	类别名称	类别编码	类别名称		
08	公共管理与公共服务用地	083	科教用地	指用于各类教育，独立的科研、勘测、设计、技术推广、科普等的用地	建设用地
		084	医卫慈善用地	指用于医疗保健、卫生防疫、急救康复、医检药检、福利救助等的用地	
		085	文体娱乐用地	指用于各类文化、体育、娱乐及公共广场等的用地	
		086	公共设施用地	指用于城乡基础设施的用地。包括给排水、供电、供热、供气、邮政、电信、消防、环卫、公用设施维修等用地	
		087	公园与绿地	指城镇、村庄内部的公园、动物园、植物园、街心花园和用于休憩及美化环境的绿化用地	
		088	风景名胜设施用地	指风景名胜（包括名胜古迹、旅游景点、革命遗址等）景点及管理机构的建筑用地。景区内的其他用地按现状归入相应地类	
09	特殊用地			指用于军事设施、涉外、宗教、监教、殡葬等的土地	
		091	军事设施用地	指直接用于军事目的的设施用地	
		092	使领馆用地	指用于外国政府及国际组织驻华使领馆、办事处等的用地	
		093	监教场所用地	指用于监狱、看守所、劳改场、劳教所、戒毒所等的建筑用地	
		094	宗教用地	指专门用于宗教活动的庙宇、寺院、道观、教堂等宗教自用地	
		095	殡葬用地	指陵园、墓地、殡葬场所用地	
10	交通运输用地			指用于运输通行的地面线路、场站等的土地。包括民用机场、港口、码头、地面运输管道和各种道路用地	
		101	铁路用地	指用于铁道线路、轻轨、场站的用地。包括设计内的路堤、路堑、道沟、桥梁、林木等用地	
		102	公路用地	指用于国道、省道、县道和乡道的用地。包括设计内的路堤、路堑、道沟、桥梁、汽车停靠站、林木及直接为其服务的附属用地	
		103	街巷用地	指用于城镇、村庄内部公用道路（含立交桥）及行道树的用地。包括公共停车场，汽车客货运输站点及停车场等用地	
		104	农村道路	指公路用地以外的南方宽度≥1.0m、北方宽度≥2.0m的村间、田间道路（含机耕道）	农用地
		105	机场用地	指用于民用机场的用地	建设用地
		106	港口码头用地	指用于人工修建的客运、货运、捕捞及工作船舶停靠的场所及其附属建筑物的用地，不包括常水位以下部分	
		107	管道运输用地	指用于运输煤炭、石油、天然气等管道及其相应附属设施的地上部分用地	

（续）

一级类		二级类		含义	三大类
类别编码	类别名称	类别编码	类别名称		
11	水域及水利设施用地			指陆地水域，海涂，沟渠、水工建筑物等用地。不包括滞洪区和已垦滩涂中的耕地、园地、林地、居民点、道路等用地	
		111	河流水面	指天然形成或人工开挖河流常水位岸线之间的水面，不包括被堤坝拦截后形成的水库水面	未利用地
		112	湖泊水面	指天然形成的积水区常水位岸线所围成的水面	未利用地
		113	水库水面	指人工拦截汇积而成的总库容≥10万 m^3 的水库正常蓄水位岸线所围成的水面	建设用地
		114	坑塘水面	指人工开挖或天然形成的蓄水量<10万 m^3 的坑塘常水位岸线所围成的水面	农用地
		115	沿海滩涂	指沿海大潮高潮位与低潮位之间的潮侵地带。包括海岛的沿海滩涂。不包括已利用的滩涂	建设用地
		116	内陆滩涂	指河流、湖泊常水位至洪水位间的滩地；时令湖、河洪水位以下的滩地；水库、坑塘的正常蓄水位与洪水位间的滩地。包括海岛的内陆滩地。不包括已利用的滩地	建设用地
		117	沟渠	指人工修建，南方宽度≥1.0m，北方宽度≥2.0m用于引、排、灌的渠道，包括渠槽、渠堤、取土坑、护堤林	农用地
		118	水工建筑用地	指人工修建的闸、坝、堤路林、水电厂房、扬水站等常水位岸线以上的建筑物用地	建设用地
		119	冰川及永久积雪	指表层被冰雪常年覆盖的土地	未利用地
12	其他土地			指上述地类以外的其他类型的土地	
		121	空闲地	指城镇、村庄、工矿内部尚未利用的土地	建设用地
		122	设施农业用地	指直接用于经营性养殖的畜禽舍、工厂化作物栽培或水产养殖的生产设施用地及其相应附属用地，农村宅基地以外的晾晒场等农业设施用地	农用地
		123	田坎	主要指耕地中南方宽度≥1.0m、北方宽度≥2.0m 的地坎	农用地
		124	盐碱地	指表层盐碱聚集，生长天然耐盐植物的土地	未利用地
		125	沼泽地	指经常积水或渍水，一般生长沼生、湿生植物的土地	未利用地
		126	沙地	指表层为沙覆盖、基本无植被的土地。不包括滩涂中的沙漠	未利用地
		127	裸地	指表层为土质，基本无植被覆盖的土地；或表层为岩石、石砾，其覆盖面积≥70%的土地	未利用地

1.3.5　界址调查

土地权属的界线称为**界址线**，**界址线的转折点**称为**土地权属界址点**。**界址调查**是对土地权属界址点、界址线实地位置的现场指界、设置界标等野外工作。

1. 界址调查的指界

（1）现场指界　现场指界必须由本宗地及相邻宗地指界人亲自到场共同指界。当由单位法人代表指界时，则出示法人代表证明。当法人代表不能亲自出席指界时，应由委托的代理人指界，并出示委托书和身份证。由多个土地所有者和使用者共同使用的宗地，应共同委托代表指界，并出示委托书和身份证。个人使用的土地，须由户主指界，并出示身份证和户口簿。由多个土地使用者共同使用的宗地，应共同委托代表指界，并出示委托书和身份证。

对于违约缺席指界的，根据不同情况按下述办法处理：

1）如一方违约缺席，其界址线以另一方指定的界址线为准。

2）如双方违约缺席，其界址线由调查员依据有关图件和文件，结合实地现状界址和地方习惯确定。

3）将现场调查结果及违约缺席定界通知书（见图1-13）送达违约缺席者。违约缺席者对调查结果如有异议，须在收到调查结果之日起，15日内重新提出划界申请，并负责重新划界的全部费用。如逾期不申请，经公告15日后，则1)、2)两条确定的界线自动生效。

违约缺席定界通知书

现寄去地籍调查表一份（复印件），内有定界结果，如有异议必须在通知书收到后十五日内提出划界申请，并负担重新划界的全部费用，逾期不申请，按地籍调查表上定界结果为准。

××国土资源局（盖章）

年　　月　　日

图1-13　违约缺席定界通知书

（2）权属主不明确的界线调查

1）征地后未确定使用者的剩余土地和法律、法规规定为国有而未明确使用者的土地，在国有土地使用权、乡（镇）集体土地所有权和村集体土地所有权界线调查的基础上，根据实际情况划定土地界线。

2）暂不确定使用者的国有公路、水域的界线，一般按公路、水域的实际使用范围确界。

3）不明确或暂不确定使用者的国有土地与相邻权属单位的界线，暂时由相邻权属单位单方指界，并签订《权属界线确认书》，待明确土地使用者并提供权源材料后，再对界线予以正式确认或调整。

（3）乡镇行政境界调查　调查队会同各相邻乡（镇）土地管理所依据既是村界又是乡（镇）界的界线，结合民政部门有关境界划定的规定，分段绘制相邻乡（镇）行政境界接边草图，并将该图附于《乡（镇）行政界线核定书》，并由调查队将所确定的乡（镇）行政界线标注在航片或地形图上，提供内业编辑。

2. 界址点的确定与界标的设置

（1）界址点的确定　地籍调查人员根据指界认定的宗地界址范围，在实地确定界址点、线时，一般参照以下情况处理：

1）土地使用权定界，是以每宗地的权属范围为准，有时不一定与建筑物或构筑物占地范围重合。如围墙外有护沟（或排水沟），权属为本单位时，则界址点应定在沟的外侧。

2）宗地界址线必须封闭。界址线的转折点都应该为界址点，一般两界址点间应为直线。对于弧形界址线，一是在弧线与直线的切点处设置界址点，二是在弧上相应位置设置一个以上的界址点（见图1-14a）。一个宗地与邻宗地共用界址线，邻宗地界址线上的界址拐点，同为该宗地的界址点。

3）单位门口的内折"八"字形道路用地可以确定给该土地使用单位（见图1-14b）。

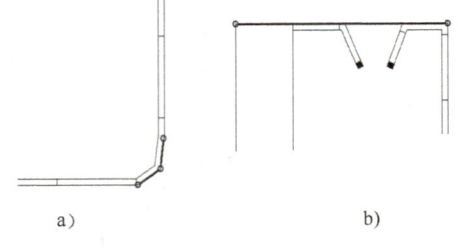

图1-14　界址点确定示意图（一）
a）弧形界址线　b）内折"八"字形界址线

4）权属界线的两相邻转折点间距离小于10cm时可酌情处理。如图1-15a所示，两条平行线拐角"1"点至"2"点距离小于10cm，可不设界址点，可以 AB 连线为权属界址线。如图1-15b所示，两条不平行线的拐角"1"点至"2"点距离小于10cm，可只在宗地外侧拐点确定一界址点。

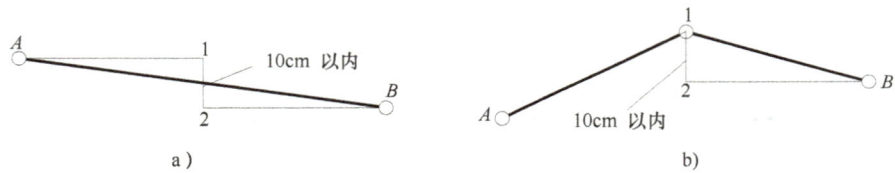

图1-15　界址点确定示意图（二）
a）两条平行线的情况　b）两条不平行线的情况

5）邻街（路）界址线均以实际使用的合法围墙或房墙（跺）外侧为准。若有墙垛，以墙垛外侧基脚为准，若围墙拐角无墙垛，以两个方向各墙垛外侧基脚连线的交点为拐角界址点。

6）墙体为界标物时，应明确墙体用地的归属，尤其注意其共用界址点位置的确定。如图1-16所示，随着界址点位置的不同，围墙用地的归属也不同。

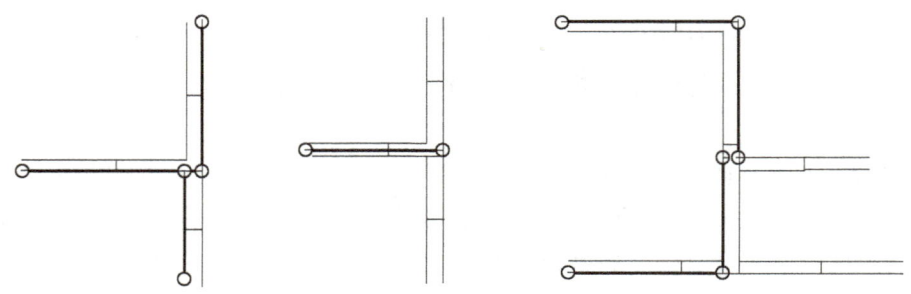

图1-16　界址点确定示意图（三）

7）墙基线外占用人行道的台阶、雨篷等构筑物用地一般不确定给该土地使用者。

8）两个单位（个人）使用土地的界标物间隔在1m以内的非通道夹巷，一般应双方各半确权；两宗地间无明确归属的少量空隙地不影响交通时，可通过协商，确定其使用权；土地使用证明文件上四至界线与实际界线一致，但实际使用面积与批准面积不一致的，按实际四至界线确定其使用权。

9）在建工程项目用地的界址线，以规划部门划定的红线内侧确定；或暂不确定，在竣工后一个月内，再正式办理变更登记。

10）房屋开发公司已出售的商品房，一般以实际建筑（含自行车房等）占地分摊面积确定购房者的土地使用权。未建成或建成后未出售的房屋用地，按征地面积确权给房产开发公司，待房屋出售后再办理土地使用权变更调查手续。

（2）界标的设置　调查人员根据指界认定的土地范围，设置界标。对于弧形界址线，按弧线的曲率可多设几个界标。对于弯曲过多的界址线，由于设置界标太多，过于繁琐，可以采取截弯取直的方法，但对相邻宗地来说，由取直划进、划出的土地面积应尽量相等。

乡（镇）、行政村、村民小组、公路、铁路、河流等界线一般不设界标。但土地行政管理部门或权属主有要求和易发生争议的地段，应设立界标。

3. 土地权属界址的审核与调处

外业调查后，要对其结果进行审核和调查处理。使用国有土地的单位，要将实地标绘的界线与权源证明文件上记载的界线相对照。若两者一致，则可认为调查结束；否则需查明原因，视具体情况作进一步处理。对集体所有土地，若其四邻对界线无异议并签字盖章，则调查结束。

有争议的土地权属界线，短期内确实难以解决的，调查人员填写《土地争议原由书》一式5份，权属双方各执一份，市、县（区）、乡（镇、街道）各一份。调查人员根据实际情况，选择双方实际使用的界线，或争议地块的中心线，或权属双方协商的临时界线作为现状界线，并用红色虚线将其标注在提供市、区的《土地争议原由书》和航片（或地形图）上。争议未解决之前，任何一方不得改变土地利用现状，不得破坏土地上的附着物。

4. 丈量记录

根据设置的宗地界址点标志，丈量所有界址边长、界址点与邻近地物点的相关距离和图形条件距离。记录在界址边长勘丈记录表上，并注明在宗地草图的相应位置。

边长勘丈用钢卷尺丈量。钢卷尺必须经过检定或已检定过的钢卷尺进行比较。同一条边长要求用不同零点丈量两次，两次长度较差的限差为：50m以内为：$2cm+\sqrt{L}cm$（L：勘丈边长长度，单位为m，代入此公式时，读数取至cm）；50m以上为10cm。两次丈量校差在限差范围内，取其中数作为边长勘丈值。边长丈量时特别要注意正确加减墙的厚度和前后尺手动作的协调配合。宗地界址边长勘丈记录见表1-3。

表 1-3　宗地界址边长勘丈记录表

地籍号：　　　　　　　　　　所在图幅号：

界址点号		勘丈边长数据				
起	讫	第一次丈量值	第二次丈量值	平均边长	尺长改正数	改正后边长

注：1. 边长值以 m 为单位，取小数后二位。
　　2. 两次丈量值较差边长 50m 以下，不超过 $2cm+\sqrt{L}cm$，50m 以上，一、二类分别为 10cm、15cm。
　　3. 用经鉴定的钢卷尺丈量。
　　4. 相邻宗地共用界址边长应相等。
　　5. 以宗地为单位记录，记错可用直线划去，但不允许涂改或用橡皮擦改。

丈量者：　　　　记录者：　　　　检查者：　　　　20　年　月　日

在完成以上工作程序以后，填写地籍调查表和绘制宗地草图，确认界址，签名盖章。双方共同认界无争议的界址线，由双方指界人在地籍调查表上有关位置签名盖章，作为共同确认的依据。单位已有法人代表证明书或委托书，可由指界人签名盖章，不必盖公章；但人名章或签名必须与证明一致。

1.3.6　宗地草图的绘制与地籍调查表的填写

1. 宗地草图的绘制

宗地草图是描述宗地位置、界址点、线和相邻宗地位置关系的实地草编记录。宗地草图是在进行权属调查时，调查员填写并核实所需调查的各项内容，实地确认了界址点位置并对其埋设了标志后，现场草编绘制的（见图1-17）。

（1）宗地草图记录的内容

1）本宗地号、门牌号、权利人。

2）宗地界址点、界址点号及界址线，宗地内的主要地物。

3）相邻宗地号、门牌号、权利人或相邻地物。

4）界址边长、界址点与邻近地物的距离。

5）确定宗地界址点位置、界址边方位所必需的建筑物或构筑物。

6）概略比例尺、指北针、制图员、制图日期等。

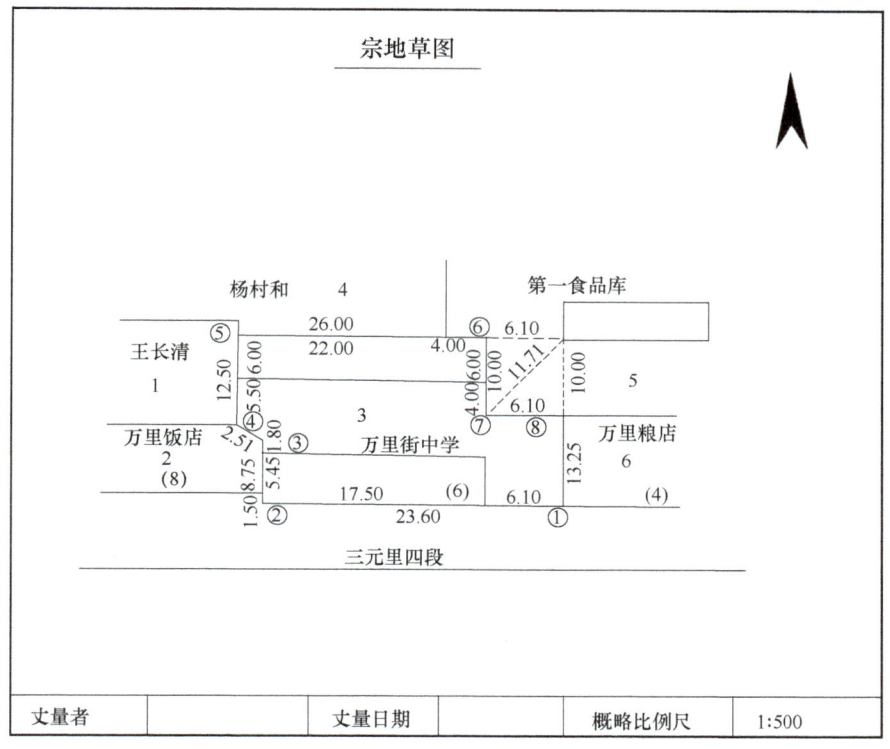

图 1-17 宗地草图样图

（2）宗地草图的特征

1）它是宗地的原始描述。

2）图上数据是实量的，精度高。

3）所绘宗地草图是近似的，相邻宗地草图不能拼接。

（3）宗地草图的作用

1）它是地籍资料中的原始资料。

2）配合地籍调查表，为测定界址点坐标和制作宗地图提供了初始信息。

3）可为界址点的维护、恢复和解决权属纠纷提供依据。

（4）绘制宗地草图的基本要求

1）应选用适宜长期保存、使用的纸张绘制，也可直接在地籍调查表上绘制，较大宗地可分幅绘制。

2）宗地草图上的一切注记应是实地勘丈记录图上的所有注记，不得涂改。

3）数字注记字头向北、向西书写，注记过密的地方可移位放大表示。

2. 地籍调查表的填写

权属调查的结果均应记录于地籍调查表上，它是地籍调查的原始资料，作为法律效力的凭据，必须慎重填写并长期存档。

地籍调查表的主要内容有：本宗地地籍号及所在图幅号；土地坐落，土地权属性质，宗地四至；土地使用者名称；单位所有制及主管部门；法人代表或户主、身份证号码、电话号码；委托代理人姓名；批准用途、实际用途及使用年限；界址调查记录；宗地草图；权属调查记事及调查员意见；地籍勘丈记事；地籍调查结果审核意见。地籍调查表的样式见表1-4～表1～11（这几个表应统一整理成册）。

表 1-4　地籍调查表样式（一）

编号：

地 籍 调 查 表

县（区）_____乡（镇）、街道办

年　　月　　日

＊＊＊国土资源局统一印制

表1-5 地籍调查表样式（二）

基 本 表						
土地权利人			单位性质			
			证件类型			
			证件编号			
			通信地址			
土地权属性质			使用权类型			
土地坐落						
法定代表人或负责人姓名		证件类型		电话		
		证件编号				
代理人姓名		证件类型		电话		
		证件编号				
国民经济行业分类代码						
预编宗地代号			宗地代码			
图幅号	比例尺					
	图幅号					
宗地四至	北：					
	东：					
	南：					
	西：					
批准用途			实际用途			
	地类编码			地类编码		
批准面积 m²		宗地面积/m²		建筑占地面积/m²		
				建筑面积/m²		
使用期限	年 月 日至 年 月 日					
共有/共用权利人情况						
说明						

表 1-6　地籍调查表样式（三）

界址点号	界标种类				界址间距/m	界址线类别						界址线位置			说明
	钢钉	水泥桩	喷涂			道路	沟渠	围墙	围栏	田埂		内	中	外	

表1-7 地籍调查表样式（四）

界址签章表					
界址线			邻宗地		本宗地	日期
起点号	中间点号	终点号	相邻宗地权利人（宗地号）	指界人姓名（签章）	指界人姓名（签章）	

表 1-8　地籍调查表样式（五）

宗 地 草 图

| 丈量者 | | 丈量日期 | | 概略比例尺 | 1:_____ |

表1-9 地籍调查表样式（六）

界址说明表	
界址点位说明	
主要权属界线走向说明	

表 1-10　地籍调查表样式（七）

	调查审核表
权属调查记事	 调查员签名：　　　　　　　　　　　　　　日期：
地籍测量记事	 测量员签名：　　　　　　　　　　　　　　日期：
地籍调查结果审核意见	 审核人签名：　　　　　　　　　　　　　　审核日期：

表 1-11　地籍调查表样式（八）

共有/共用宗地面积分摊表			
土地坐落		区（县）	街道（乡、镇）
权利人名称		宗地代码	
宗地面积/m²			
共有（共用）面积情况	共有（共用）权利人名称	所有权使用权面积/m²	独有（独用）面积/m²	分摊面积/m²

 地籍与房产测量

单元小结

　　地籍管理是土地管理的重点，地籍管理的实质就是土地权属管理，为了管理好土地，首先必须弄清楚土地的权属。本单元重点阐述了土地权属的概念、土地权属的确认方式以及土地的划分与编号。弄清楚地籍管理的相关概念后，针对土地的权属调查的流程做了叙述，特别是土地权属调查中的地籍调查表的填写和宗地草图的绘制做了明确的说明。

复习与思考题

1-1　解释土地权属的含义。
1-2　简述土地权属界址调查的内容。
1-3　宗地和地块的区别有哪些？
1-4　城镇土地的编号方法有哪些？
1-5　宗地草图包含哪些内容？
1-6　土地权属确认方式有哪几种？

单元 2　土地利用现状调查

【单元概述】

土地利用现状是自然客观条件和人类社会经济活动综合作用的结果。它的形成与演变过程在受到地理自然因素制约的同时，也越来越多地受到人类改造利用行为的影响。不同的社会经济环境、不同的社会需求以及不同的生产科技管理水平，不断改变并形成新的利用现状。土地利用现状调查的主要内容包括权属调查及行政境界调查、地类调查和现状地物调查，并按权属界线或行政辖区统计各类土地面积，为制定国民经济规划、农业生产、土地管理提供基础的数据资料。

【学习目标】

1. 掌握土地利用现状分类含义及分类体系。
2. 掌握各种地类的认定方法，在现场能够对每一个地块进行分类。
3. 熟练掌握土地利用现状调查的内容及工作流程。
4. 了解耕地坡度等级及田坎系数的测算。

课题 1　土地利用现状调查概述

土地利用现状调查主要指全国范围内为查清土地利用现状而进行的土地资源调查，重点是按土地利用现状分类，查清各类用地的面积、分布和利用现状。

2.1.1　土地利用现状调查的目的

1. 为国民经济计划和政策的制定提供科学依据

国民经济各部门的发展都离不开土地。土地利用现状调查获得的准确的土地信息资源可为编制国民经济和社会发展长远规划、中期计划和年度计划提供科学的依据，同时可服务于国家各项政策方针的制定及重大的决策问题。

2. 为农业生产提供科学依据

农业是最大的用地大户，且是国民经济的基础，土地是农业的基本生产资料。因此，土地利用现状调查可为编制农业区划、土地利用总体规划和农业生产规划提供土地基础数据，并服务于农业生产计划和农田基本建设。

3. 为全面科学地管理土地服务

它可为地籍管理、土地利用管理、土地权属管理、建设用地管理和土地监察等提供基础土地数据及信息，为建立农村地籍档案奠定基础。

2.1.2　土地利用现状调查的内容

土地利用现状调查的内容包括：查清村（村民小组）和农、林、牧、渔场以及居民点以外的机关、部队、团体、学校、厂矿等企事业单位的土地所有权和使用权界线及村以上各级行政界线；查清其土地利用类型及分布，并量算出各类土地面积，按土地权属单位及行政辖区范围汇总出各地类面积及土地总面积；绘制分幅土地利用现状图，编制分幅土地权属界线图以及县、乡两级土地利用现状图；调查与分析土地权属和土地利用中的问题，总结经验，提出合理利用土地的建议。

2.1.3　土地利用现状调查的原则

1. 实事求是的原则

为查实土地资源家底，国家要投入巨大的人力、物力和财力。因此在调查过程中，一定要坚持实事求是的原则，要防止来自任何方面的干扰。

2. 统一要求的原则

调查中必须全面、严格执行调查规程规定的调查内容、技术要求、调查方法、精度指标、成果内容，保证全国调查成果的统一性、规范性。事实证明，仅仅对一种类型或几种类型的土地作调查，其结果不能代替完全的土地资源调查。耕地等土地是农用生产中最宝贵的土地类型，调查清楚耕地情况固然重要，但是，土地资源利用的巨大潜力不仅蕴藏于耕地，同样也大量地潜存于草地、林地以及其他类型的土地（包括未利用地）之中。各种类型土地都有相对的资源价值，全面调查有益于人们放开视野，把所有的土地资源都视为人们努力开发利用的对象，都列为土地管理的对象。我们的目标就是要挖掘那些尚未利用的土地，不断扩大利用的范围，缩小未利用的范围。从调查工作的组织来看，全面统一的调查是经济、科学的方法。

3. 一查多用的原则

所谓一查多用，就是要把土地利用现状调查的成果进行资源共享，不仅服务于国土资源管理部门，而且也应为其他部门——房产、规划、农业、林业、水利、统计、计划、交通运输、环保等部门服务。

4. 运用科学的方法

在经济力量能承受的前提下，调查中要尽量采用最新的科学技术和手段。土地利用现状调查必须以测绘图件为量测的基础，这是因为大范围的实地丈量不仅精度无法保证，也难于实现。测绘图件的形式依靠了严密的数学基础和规范化的测绘技术，因而测绘图件能精确地以缩小的图形表达广大范围土地资源的实际情况。测绘图件还能充分表达土地权属和行政管辖界线，能表达土地的类型、土地的数量，更能有效地反映土地分布的位置。运用测绘图件进行调查的另一优越性，在于可以使土地面积的量测工作统一到同一个地球参考面上，使不同地点土地面积的测量有统一的基准，可以相互比较，而且图上量测可以化大量野外工作为室内工作，减少了工作量和工作难度。因此土地利用现状调查，均应以测绘图件为量测的基准。

土地利用现状调查中选用什么技术手段，应当贯彻在保证精度的前提下，兼顾技术先进性和经济合理性的原则。为了保证和提高精度，应逐步把现代化技术手段，如彩红外影像、多光谱影像、正射影像及微型电子计算机等运用到土地利用现状调查中去。

5. 以改进土地利用，加强土地管理为基本宗旨

土地利用现状调查最根本的目的是为了管理好土地，利用好土地，因而管好、用好土地是考虑一切问题的基本点。土地利用现状调查中对土地的分类应当与土地的利用方式有密切的联系，应当适合于土地管理的需要。由于土地利用现状包括了土地利用的分配（土地权属）和土地的生产利用，因而这些方面的资料都是管理好土地和利用好土地的必要基础资料。

土地管理是一件长期的不间断的工作，其基本的工作环节在基层，尤其是县和县以下各级。因而土地利用现状调查宜以县为基本单位开展，由县政府统一领导调查工作和土地管理工作。通过土地利用现状调查，培养和选拔土地管理的业务人员；通过调查，准备土地管理的基础资料。

6. 以"地块"为单位进行调查

土地利用现状调查中，在所有权宗地内，按土地利用现状分类标准的二级类为依据划分出的一块地，称作**分类地块，俗称图斑**。

2.1.4　土地利用现状调查结束后应提交的成果

1）县、乡两级图幅理论面积与控制面积结合表。
2）土地权属单位及村、乡、县总面积和分类面积汇总表。
3）分幅土地利用现状图，分幅土地权属界线图和县、乡两级土地利用现状图。
4）县土地利用现状调查报告和乡土地利用调查说明书。
5）野外调查记录手簿、地籍调查表、境界和权属界线协议书等。

2.1.5　土地利用现状调查程序

土地利用现状调查工作是一项庞杂的系统工程，为确保成果资料符合技术规程的要求，必须遵照相关技术规程，按照土地利用现状调查工作的特点和规律，有条不紊地开展工作，才能达到预期的目的。土地利用现状调查是以县为单位开展的，按照县级土地利用现状调查的特点，将其**工作分为以下4个阶段**：准备工作、外业工作、内业工作、成果检查验收归档阶段，其工作流程如图2-1所示。

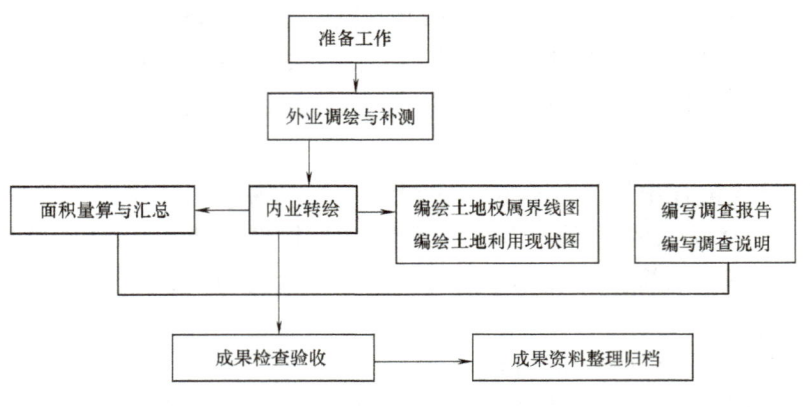

图 2-1　土地利用现状调查工作流程图

课题 2　土地利用现状分类及地类认定

2.2.1　土地分类

1. 土地分类的概念

土地分类是国家为掌握土地资源现状、制定土地政策、合理利用土地资源的重要基础工作之一。土地分类由于目的不同，有显著的差别，形成不同的土地分类系统。

（1）土地自然分类系统　指主要依据土地自然属性的相同性和差异性，对土地进行分类。一般以地貌、土壤、植被为具体标志进行分类。其目的是揭示土地类型的分异和演替规律，遵循土地构成要素的自然规律，最佳、最有效地挖掘土地生产力。

（2）土地评价分类系统　指主要依据一些评价指标的相同性和差异性，对土地进行分类。一般按土地生产力水平、土地质量、土地生产潜力、土地适宜性等为具体标志进行分类。也称为土地的经济特性分类。其分类的主要依据是土地的自然属性和社会经济属性，其目的是为开展土地条件调查和适宜性调查服务，为实现土地资源的最佳配置服务。

（3）土地综合分类系统　指主要依据土地的自然特性和社会经济特性、管理特性及其他因素对土地进行综合分类。土地利用现状分类是土地综合分类的主要形式。一般按土地的覆盖特征、利用方式、用途、经营特点、利用效果等为具体标志进行分类。其目的是了解土地利用现状，反映国家各项管理措施的执行情况和效果，为国家和地区的宏观管理和调控服务。

在这三种分类中，土地利用现状分类即土地综合分类，在土地资源管理中应用最广，是全覆盖的基础分类。掌握土地利用现状是国家制定国民经济计划和有关政策，发挥土地资源在经济社会发展中的宏观调控作用，加强土地管理，合理利用土地资源，切实保护耕地的重要基础。

2. 国内外土地分类

国外土地分类至今约有半个多世纪的历史，到 20 世纪六七十年代就出现了各种土地分类系统。国外土地分类多数以土地利用现状作为分类的依据，具体到各国又有差异。如美国主要以土地功能作为分类的主要依据；英国和德国以土地覆盖（是否开发用于建设用地）作为分类依据；俄罗斯、乌克兰和日本以土地用途作为分类的主要依据；印度则以土地覆盖情况（自然属性）作为划分地类的依据。

国内的土地分类研究起步较晚，主要是在新中国成立以后。国内土地分类的依据与国外基本相同，也是以土地利用现状作为分类依据，如土地利用现状调查（简称土地详查）采用以土地用途、经营特点、利用方式和覆盖特征为分类依据，城镇地籍调查采用以土地用途为分类依据。

2.2.2　我国土地调查分类历程

1. 土地利用现状分类

1984 年，我国颁布的《土地利用现状调查技术规程》中制定了"土地利用现状分类及其含义"。采用两级分类，其中一级类分耕地、园地、林地、牧草地、居民点及工矿用地、交通用地、水域及未利用土地 8 类，二级类分 46 类。土地详查和土地变更调查就是采用土地利用现状分类。从 1984 年颁布开始，一直沿用到 2001 年 12 月。

2. 城镇土地分类

1989 年 9 月，我国颁布的《城镇地籍调查规程》（TD/T 1001—1990）中制定了"城镇土地分类及含义"。城镇土地分类主要根据土地用途的差异，将城镇土地分为商业金融业用地，工业、仓储用地，市政用地，公共建筑用地，住宅用地，交通用地，特殊用地，水域用地，农用地及其他用地 10 个一级类，24 个二级类。城镇土地分类用于城镇地籍调查和城镇地籍变更调查。从 1989 年发布开始，一直沿用到 2001 年 12 月。

3. 全国土地分类

为了满足土地用途管理的需要，科学实施全国土地和城乡地政统一管理，扩大调查成果的应用，在研究、分析"土地利用现状分类及其含义"和"城镇土地分类及含义"两个土地分类基础上，国土资源部制定了城乡统一的"全国土地分类"。"全国土地分类"自 2002 年 1 月 1 日起，在全国范围试行。自 2002 年以来，有效地应用于土地变更调查及国土资源管理工作中。

4. 《土地利用现状分类》国家标准（GB/T 21010—2007）

目前存在着许多有关土地的分类，标准和含义不完全统一，造成在土地调查和统计上口径不一、数出多门，给管理和决策带来很大的困难。《国务院关于深化改革严格土地管理的决定》（国发〔2004〕28 号）要求"国土资源部要会同有关部门抓紧建立和完善统一的土地分类、调查、登记和统计制度，启动新一轮土地调查，保证土地数据的真实性"。《土地利用现状分类》（GB/T 21010—2007）的出台，标志着我国在统一土地分类标准中，迈出了关键性的一步。《土地利用现状分类》采用土地综合分类方法，根据土地的利用现状和覆盖特征，对城乡用地进行统一分类。

《土地利用现状分类》（GB/T 21010—2007）采用二级分类体系。一级类12个，二级类57个（具体含义见表1-2）。各省根据本省的具体情况，可在全国统一的二级分类基础上，根据从属关系续分三级类，并进行编码排列，但不能打乱全国统一的编码排序及其所代表的地类及含义。依据土地用途和利用方式，考虑到农、林、水、交通等有关部门需求，设定"耕地""园地""林地""草地""水域""交通运输用地"。依据土地利用方式和经营特点，考虑到城市管理等有关部门的需求，设定"商服用地""工矿仓储用地""住宅用地""公共管理与公共服务用地"。为了保证地类的完整性，对上述一级类中未包含的地类，设定"其他土地"。二级类是依据自然属性、覆盖特征、用途和经营目的等方面的土地利用差异，对一级类进行具体细化。

2.2.3 土地利用现状分类依据和原则

土地利用现状分类以服务国土资源管理为主，依据土地的自然属性、覆盖特征、利用方式、土地用途、经营特点及管理特性等因素进行土地利用现状分类时，必须遵循下列原则：

（1）科学性原则 依据土地的自然和社会经济属性，运用土地管理科学及相关科学技术，采用多级续分法，对土地利用现状类型进行归纳、分类。

（2）实用性原则 分类体系力求通俗易用、层次简明，易于判别，便于掌握和应用。

（3）开放性原则 分类体系具有开放性、兼容性，既要满足一定时期管理及社会经济发展需要，又要满足进一步修改完善的需要。

（4）继承性原则 借鉴和吸取国内外土地分类经验，对没有异议的分类直接继承和应用。

2.2.4 地类的认定

1. 耕地的认定

按照二级类的含义确定耕地的类别，以下情况确认为耕地：

1）种植农作物的土地。
2）新增耕地。
3）不同耕作制度，种植和收获农作物为主的土地。
4）被临时占用的耕地。
5）受灾但耕作层未被破坏的耕地。
6）被人为撂荒的耕地。
7）其他情况。

下列土地不能确认为耕地：

1）已开始实质性建设（以施工人员进入、工棚已修建、塔吊等建筑设备已到位、地基已开挖等为标志，下同）的耕地。
2）江、河、湖、水库等常水位线以下的耕地。
3）路、渠、堤、堰等种植农作物的边坡、斜坡地。
4）在耕地上，建造保护设施，工厂化种植农作物等的土地，如长期固定的日光温室、大型温室等。

5）农民庭院中种植的农作物，如蔬菜等的土地。

6）受灾、耕作层被破坏、无法恢复耕种的耕地。

7）由于水电工程需要、改善生存环境等因素，农民整建制或部分移民造成荒芜的耕地。

耕地已被征用，有完整、合法用地手续，调查时实地没有实质性建设的，称为"批而未用"土地。"批而未用"土地按建设用地确认。调查时，按提供的批地文件确定其位置、范围和地类。对"批而未用"土地，在数据库中单独明确表示统计面积以及逐级汇总。

（1）水田的认定

1）常年种植水稻、茭白、菱角、莲藕（荷花）、荸荠（马蹄）等水生农作物的耕地。

2）因气候干旱或缺水，暂时改种旱生农作物的耕地。

3）实行水稻等水生农作物和旱生农作物轮种的（如水稻和小麦、油菜、蚕豆等轮种）耕地。

（2）旱地的认定 除水田、水浇地以外的耕地。

2. 园地的认定

下列土地确认为园地：

1）集约经营的果树、茶树、桑树、橡胶树，及其他园艺作物，如可可、咖啡、油棕、胡椒、药材等的土地。

2）果农、果林、果草间作、混作、套种、套栽，以收获果树果实为主的土地。

3）园地中，直接为其服务的用地，如粗加工场所、简易仓库等附属用地。

4）专门用于果树苗木培育、林业苗圃以外花圃，如制作花茶用花圃等的土地。

5）科研、教学建筑物（如教学、办公楼等）等建设用地范围以外的，种植果树为主，直接用于科研、教学、试验基地的土地。

下列土地不能确认为园地：

1）果林间作，果树覆盖度或合理株数小于标准指标的土地。

2）粗放经营的核桃、板栗、柿子等干果的土地。

3）农民在自家庭院种植果树的土地。

4）可调整园地。

3. 林地的认定

下列土地确认为林地：

1）生长郁闭度≥0.1的乔木、竹类。

2）生长覆盖度≥40%的灌木土地。

3）林木被采伐或火烧后5年未更新的土地。

4）粗放经营的核桃、板栗、柿子等干果果树的土地。

5）林地中，修筑以直接为林业生产服务的设施，如培育苗木（苗圃）、种子生产、存储种子等的土地。

6）用于树木科研、试验、示范的林业基地（不包括其教学楼、实验楼等建设用地）。

下列土地不能确认为林地：

1）城市、建制镇内部（包括其内部公园）种植绿化林木的土地。

2）与农村居民点四周相连且不够最小上图标准，生长乔木、竹类、灌木的土地。

3）林带一般为一行乔木或灌木的土地。

4）墓地中生长乔木、竹类、灌木的土地。

5）森林公园、自然保护区、地质公园等区域内修建建（构）筑物的土地。

6）临时用于树木育苗的耕地。

（1）有林地的认定

1）郁闭度≥0.2的林地。

2）对于林木、灌木、草本植物混合生长无法区分，且以林木为主的土地。

（2）灌木林地的认定

1）灌木覆盖度≥40%的林地。

2）对于林木、灌木、草本植物混合生长无法区分，且以灌木林为主的土地。

（3）其他林地的认定

1）郁闭度在0.1~0.2之间的林地。

2）砍伐迹地、火烧迹地。

3）专门用于苗圃的土地。

4. 草地的认定

下列土地确认为草地：

1）自然生长草本植物为主的土地。

2）人工种植、管理且生长草本植物的土地。

3）草本植物、林木、灌木混合生长无法区分，且以草本植物为主的土地。

4）草地中，直接用于放牧、割草等服务设施的土地。

5）用于对草本植物进行科学研究、试验、示范的土地（不包括其教学、实验用等的建设用地）。

下列土地不能确认为草地：

1）城镇内部、公园内用于美化环境和绿化的土地。

2）在路、渠、堤、堰等的边坡、斜坡和田坎上生长草本植物的土地。

3）草本植物、树木、灌木混合生长无法区分，且以林木、灌木为主的土地。

4）由于自然灾害造成耕地耕作层破坏，而自然生长草本植物，但经简单整理后能恢复耕种的耕地。

5）墓地等自然或人工种植生长草本植物的土地。

6）耕地人为撂荒，自然生长草本植物的土地。

（1）天然牧草地的认定　下列草地确认为天然牧草地：

1）天然生长草本植物且用于放牧（包括轮牧）的草地。

2）天然草地中，直接为其服务设施，如储存饲草饲料、牲畜圈舍、人畜饮水、药浴池、剪毛点、防火等的土地。

3）天然生长草本植物与树木、灌木混杂且无法区分，以放牧为主的草地。

（2）人工牧草地的认定　下列草地不能确认为人工牧草地：

1）在科学研究、试验、示范基地中，用于教学、实验等建筑物的土地。

2）在人工牧草地上，用于修筑非畜牧业生产建筑物的土地。

（3）其他草地的认定　天然牧草地、人工牧草地以外的草地。

5. 交通运输用地的认定

下列土地确认为交通运输用地：

1）地面上用于旅客和货物转运输送线路的土地。

2）地面上用于旅客和货物转运输送的站场、设施、航空港、码头、港口及管道运输等的土地。

（1）铁路用地的认定　下列土地确认为铁路用地：

1）用于线路（包括路堤、路堑、道沟、桥梁、护路树木）及与其相连附属设施等的土地。有批地文件的，按批地文件范围确认；没有批地文件的，按现状确认。

2）用于与铁路线路相连的车站、站前广场、站台、货物仓库，与车站相连的机车检修（修理）库房、给水设施、通信设施、电气化铁路的供电设备等有关附属设施的土地。

3）城市建成区以外，用于轨道交通地上线路及其附属设施的土地。

4）用于高架铁路线路的土地。有征地文件的，为征地文件范围内的土地；没有征地文件的，为路基垂直投影范围内的土地。

下列土地不能确认为铁路用地：

1）工矿企业内部的铁路线路及与其相连附属设施的土地。

2）机车（列车）制造厂、专门修理厂等的土地。

3）铁路线路穿过隧道时，隧道内的铁路线路。

（2）公路用地的认定　下列土地确认为公路用地：

1）公路线路及与其相连附属设施的土地。有批地文件的，按批地文件范围确认；没有批地文件的，按现状确认。

2）用于公路渡口码头的土地。

3）用于高架公路线路的土地。有征地文件的，按征地文件范围内确认；没有征地文件的，按路基垂直投影范围确认。

（3）农村道路的认定　下列土地确认为农村道路：

1）乡级以下，南方宽度≥1.0m，北方宽度≥2.0m，用于村间、田间等交通运输的土地，包括其两侧的道沟和防护行树。

2）耕地中，以通行为主，南方宽度≥1.0m、北方宽度≥2.0m的地坎或地埂。

3）坑塘之间、盐田之间以通行为主的埂或堤。

农村居民点内部的道路用地不能确认为农村道路。

（4）机场用地的认定　下列土地确认为机场用地：

1）专供飞机起降活动的飞行场所用地，包括跑道、塔台、停机坪、航空客运站、维修厂及与机场相连且直接为机场服务的设施用地。

2）用于工厂、体育俱乐部、农业、森林防火、航空救护等专用机场的土地。

下列土地不能确认为机场用地：

1）军用机场、军民合用机场用地。

2）临时性机场用地。

3）独立于机场外，并为机场服务的设施、建筑物用地，如食品加工厂等用地。

（5）港口码头用地的认定　下列土地确认为港口码头用地：

1）江、河、湖、海、水库沿岸，人工修建的供船舶出入和停泊、货物和旅客集散场所的陆上部分的土地。靠水一侧一般以码头前沿线为界，陆地上包括码头、仓库与堆场、铁路和道路、装卸机械及其他生产设施的土地。

2）港口码头范围内或相连的修理厂陆上部分的土地。

下列土地不能确认为港口码头用地：

1）军港、军用码头用地。

2）独立的造船厂和修理厂用地。

3）与港口毗邻的保税区、加工区等用地。

（6）管道运输用地的认定。

下列土地确认为管道运输用地：

1）地面上，用于布设管道线路的土地。

2）地面上，与管道运输配套的设施用地（主要包括加压、阀门、检修、消防、加热、计量、收发装卸等）。

3）与管道运输配套设施相连的用于管理的建筑物用地。

6. 水域及水利设施用地的认定

下列土地确认为水域及水利设施用地：

1）长年被水（液态或固态）覆盖的土地，如河流、湖泊、水库、坑塘、沟渠、冰川等。

2）季节性干涸的土地，如时令河等。

3）常水位岸线以上，洪水位线以下的河滩、湖滩等内陆滩涂。

4）为了满足发电、灌溉、防洪、挡潮、航行等而修建各种水利工程设施的土地。

下列土地不能确认为水域及水利设施用地：

1）因决堤、特大洪水等原因临时被水淹没的土地。

2）耕地中用于灌溉的临时性沟渠。

3）城镇、农村居民点、厂矿企业等建设用地范围内部的水面，如公园内的水面。

4）修建以路为主（海堤、河堤、塘堤）的土地。

（1）河流水面的认定　下列土地确认为河流水面：

1）河流、运河常水位岸线之间的土地。

2）河流参照《中国河流名称代码》（SL 249—1999）确定。

3）《中国河流名称代码》（SL 249—1999）中未列出的河流，可参照当地水利部门资料确定。

4）时令河（也称间歇性河流、偶然性河流）、河流在正常年份（非大旱大涝年份）流经的土地。

5）河流常水位岸线以下种植农作物等的土地。

（2）湖泊水面的认定　下列土地确认为湖泊水面：

1）湖泊常水位岸线以下的土地。

2）由于季节、干旱等原因，在常水位岸线以下种植农作物等的土地。

3）湖泊范围内生长芦苇且用于网箱养鱼等的土地。

4）河流与湖泊相连时，划定湖泊常水位岸线内的土地。

（3）水库水面的认定　下列土地确认为水库水面：

1）水库正常蓄水位岸线以下的土地。

2）水库参照《中国水库名称代码》（SL 259—2000）和当地水利部门的资料确定。

3）由于季节、干旱等原因，在正常蓄水位岸线以下种植农作物等的土地。

4）水库范围内生长芦苇且用于网箱养鱼等的土地。

5）河流与水库相连时，划定水库正常蓄水位岸线以内的土地。

（4）坑塘水面的认定　下列土地确认为坑塘水面：

1）陆地上人工开挖或在低洼地区汇集的，蓄水量 < 10 万 m^3，不与海洋发生直接联系的水体，常水位岸线以下且用于养殖或非养殖的土地，包括塘堤和人工修建的塘坝、堤坝。

2）坑塘范围内生长芦苇的土地。

3）坑塘范围内，由于干旱、季节性等原因造成临时性干枯或种植农作物等的土地。

4）连片坑塘密集区或坑塘之间只能用于人行走的埂。

下列土地不能确认为坑塘水面：坑塘之间可用于交通（通行机动车）的埂或堤。

（5）内陆滩涂的认定　下列土地确认为内陆滩涂：

1）大陆、海岛内，河流、湖泊（包括时令河、时令湖）常水位岸线至洪水位线间的土地。

2）大陆、海岛内，坑塘正常水位岸线与洪水位间的土地。

（6）沟渠的认定　下列土地确认为沟渠：

1）渠槽宽度（含护坡）南方≥1.0m、北方≥2.0m，人工开挖、修建且长期用于引水、灌水、排水水道的土地。

2）与渠槽两侧毗邻，种植防护行树和防护灌木的土地。

3）支承渡槽桩柱的土地。

4）地面上敷设倒虹吸管的土地。

下列土地不能确认为沟渠：

1）耕地、园地、草地等内开挖临时性水道的土地。

2）沟渠穿过隧洞（道）时，隧洞（道）内的土地。

（7）水工建筑用地的认定　下列土地确认为水工建筑用地：

1）修建水库挡水和泄水建筑物的土地，如坝、闸、堤、溢洪道等。

2）沿江、河、湖、海岸边，修建抗御洪水、挡潮堤的土地。

3）修建取（进）水建筑物的土地，如水闸、扬水站、水泵站等。

4）用于防护堤岸，修建丁坝、顺坝的土地。

5）修建水力发电厂房、水泵站等的土地。

6）修建过坝建筑物及设施的土地，如船闸、升船机、筏道及鱼道等。

7）坝或闸筑有道路，以坝或闸为主要用途的土地。

下列土地不能确认为水工建筑用地：

1）用于临时性堤坝的土地。

2）沟渠两岸人工修筑护岸、渠堤的土地。

3）以交通为主要目的的堤、坝或闸。

（8）冰川及永久积雪的认定　被冰体覆盖和雪线以上被冰雪覆盖的土地，确认为冰川及永久积雪。一般按最新地形图上标绘的冰川及永久积雪确定其范围。

7. 其他土地的认定

（1）设施农用地的认定　下列土地确认为设施农用地：

1）修建具有较正规固定设施，如日光温室、大型温室（具有加热、降温、通风、遮阳、滴灌等控制系统）、水产养殖建筑物（或温室）和设备（如控温、控氧、控流速设备等）、畜禽舍建筑物以及用于工厂化作物栽培、水产养殖、畜禽养殖的土地。

2）农村居民点以外，固定用于晾晒场的土地。

下列土地不能确认为设施农用地：

1）搭建的简易塑料大棚，用于农作物、蔬菜等育秧（栽培）的土地。

2）被地膜覆盖且种植农作物的土地。

3）农村居民点以外，用于临时性晾晒场的土地。

4）农村居民点内部，用于晾晒场的土地。

（2）田坎的认定　以下土地确认为田坎：耕地中南方宽度≥1.0m，不以通行为主的地坎。

（3）沼泽地的认定　土壤经常被水饱和、地表积水或渍水，一般生长沼生、湿生植物的土地，确认为沼泽地。

（4）沙地的认定　下列土地确认为沙地：

1）地表层被沙（细碎的石粒）覆盖、基本无植被的土地，如沙漠、沙丘等。

下列土地不能确认为沙地：

2）地表层被沙覆盖，但树木郁闭度和灌木、草本植物覆盖度符合相应地类标准的土地。

3）滩涂中的沙地。

（5）裸地的认定　下列土地确认为裸地：

1）长年地表层为土质且基本无植被覆盖的土地。

2）地表层为岩石、石砾且覆盖面积≥70%的土地，如裸岩、戈壁等。

8. 城镇村及工矿用地认定

（1）城市用地的认定　下列土地不能确认为城市用地：

1）城市用地以外，修建铁路、公路等的土地。

2）城市用地以外，用于军事设施、使领馆、监教场所、宗教、殡葬等的特殊用地，采矿用地及风景名胜设施用地的土地。

3）非城市所属的建设用地。

4）城市建成区内大片的耕地、园地等农用地和水域（大型的江、河、湖泊）。

（2）建制镇的认定　下列土地确认为建制镇用地：

1）国家行政建制设立镇建成区的土地（包括建成区内的村庄）。

2）与建制镇建成区连片乡政府所在地的土地。

3）与建制镇建成区不相连，且属于建制镇、非农业人口集聚为主的建设用地，如学校等。

4）与建制镇建成区不相连，且所属建制镇用于非农业生产的土地，如工业用地、仓储用地、休闲娱乐场所（乡镇企业）等。

下列土地不能确认为建制镇用地：

1）与建制镇不相连，且非建制镇所属的建设用地。

2）贯穿建制镇铁路、公路、河流、干渠的用地。

3）建制镇用地以外，用于军事设施、使领馆、监教场所、宗教、殡葬等特殊用地，采矿用地及风景名胜设施用地的土地。

（3）村庄的认定　下列土地确认为村庄用地：

1）用于农村居民点建设、农业人口集聚居住的土地。

2）与农村居民点不相连，且属于村庄的非农业生产的土地，如居住、工业、商服、仓储、学校等。

下列土地不能确认为村庄用地：

1）与农村居民点不相连，且非其所属的建设用地。

2）贯穿农村居民点铁路、公路、河流、干渠的用地。

3）村庄以外，用于军事设施、使领馆、监教场所、宗教、殡葬等特殊用地，采矿用地及风景名胜设施用地的土地。

（4）采矿用地的认定　下列土地确认为采矿用地：

1）用于直接开采自然资源和存放开采物的土地，如用于露天煤矿采煤、山体表面开采矿石等在地表面开采矿藏的土地；石油抽油机、山体内部采矿出入口、地下采矿出入口等非地表面开采矿藏的地面用地。

2）生产砖瓦的土地，包括烧制砖瓦的窑址、制作和存放砖瓦坯子、取土等的土地。

3）用于固定采砂（沙）场的土地。

4）用于堆放各种尾矿的土地。

5）与采矿用地相连，用于对开采物进行简单处理、粗加工的土地。

下列土地不能确认为采矿用地：

1）地下采矿、山体内部采矿用地。

2）在水中捞沙的土地。

（5）风景名胜及特殊用地的认定

下列土地确认为风景名胜及特殊用地：

1）城市、建制镇、村庄用地以外（下同），古代流传下来著名建筑物等名胜古迹用地及管理机构的建筑用地。

2）用于游览、参观等风景旅游景点及管理机构的建筑用地。

3）用于陵园、革命遗址、墓地的土地。

4）直接用于军事目的的设施用地，如军事训练，武器装备的研制、试验、生产，军事物资的储备和供应，国防设施，国防工业用地等。

5）军队农场中的建设用地。

6）涉外、宗教、监教、殡葬用地。

下列土地不能确认为风景名胜及特殊用地：

1）城市、建制镇、村庄用地内部的风景名胜及特殊用地。

2）风景名胜及特殊用地区域范围内的林、草等非建筑物的土地。

3）军事管理（管制）区中，直接用于军事目的的建筑物、构筑物以外的区域。

4）军队农场中，用于建设用地以外的土地。

课题 3　土地利用现状调查实施

2.3.1　准备工作

根据各地开展调查的经验，土地利用现状调查的准备工作包括调查申请、组织准备、资料准备、仪器设备准备等内容。

（1）调查申请　凡具备开展调查条件的县（市），由县级土地管理部门编写《土地利用现状调查任务申请书》（以下简称《申请书》），其主要内容包括：本县基本情况、调查工作所需要的图件和技术条件，调查工作的组织、实施步骤与方法、时间安排和经费预算。《申请书》应经县级以上人民政府同意，然后再报上级土地管理部门审批。

（2）组织准备　调查任务批准后，调查县应组建专业队伍，确定调查队领导和技术负责人，队以下设作业组，作业组再设检查员。在正式调查工作开展之前，应进行技术培训与试点调查工作，以便使全体专业队伍熟悉技术规程及作业要求，明确调查方法，掌握操作要领，提高技术水平。

（3）资料准备　包括收集、整理、分析各种图件资料、权属证明文件以及社会经济统计资料。

土地利用现状调查，从准备工作到外业调绘、内业转绘，都是为了获得真实反映土地利用现状的工作底图。工作底图都是由基础图形成的。常见的基础图件主要是航片、遥感图像及地形图。

权属证明文件的收集包括征用土地文件、清理违法占地的处理文件、用地单位的权源证明等。

为了便于分析土地利用现状及划分土地类型，应向各有关业务部门收集各种专业调查资料，如行政区划图、地貌、地质、土壤、水资源、森林资源、气象、交通等，以及人口、劳力、耕地、产量、产值、收益、分配等社会经济方面的统计资料和土地利用经验等。

（4）仪器和设备的准备　在调查前应准备好调查必需的仪器、工具和设备，包括测绘仪器、转绘仪器、面积量算仪器、绘图工具、计算工具、聚酯薄膜等；同时，印制各种调查手簿、表格以及准备必要的生活和工作用品等。

2.3.2　外业调查

土地利用现状调查外业的主要工作是外业调绘，包括境界和土地权属界的调查、现状地物调绘及图斑调绘等。通过外业调绘和补测，将地类界线、权属界线、行政界线、地物界线及现状地物等调绘到遥感图像上，再经过清绘、整饰，检查验收合格后，方可进行室内工作。

1. 农村土地权属调查

农村土地调查中，土地权属调查主要包括下列内容的集体土地所有权和国有土地使用权的调查。

1）查清农村集体土地所有权状况，包括对乡（镇）、村或村民小组集体土地所有权的土地权属界线、土地权利归属等的确认（简称确权），并与相邻权属单位（如村或村民小组）签定《土地权属界线协议书》。

2）查清国有农、林、牧、渔场（含部队、劳改农场及使用的土地）等国有土地使用权状况，包括对国有农、林、牧、渔场（含部队、劳改农场）的国有土地使用权的确权，并与相邻权属单位签定《土地权属界线协议书》。

3）查清公路、铁路、河流等国有土地使用权状况，包括对公路、铁路、河流等国有土地使用权的确权划界。

2. 地类调查

（1）地类调查基本方法　地类调查一般采用调绘法。调绘包括四个主要方面的内容：一是当影像上地类界线与实地一致时，将地类界线直接调绘到调查底图上；二是当影像不清晰、或实地地物与影像不一致时，采用实地测量方法，将地物补测到调查底图上；三是当有设计图、竣工图等有关资料时，可将新增地物的地类界线直接补测在土地利用现状图上，但必须实地核实确认；四是将地物的坐落、权属性质、权属单位、图斑编号、地类编码、耕地类型、线状地物宽度等属性标注在调查底图或《农村土地调查记录手簿》上。常用的调绘方法有综合调绘法和全野外调绘法。

综合调绘法是地类调查的主要方法，是内业解译（判读、判译、预判、判绘）和外业核实、补充调查相结合的调绘方法。首先在室内直接对影像进行预判解译，可采用直接目视解译，也可直接利用已有土地利用数据库与调查底图（DOM）套合解译，依据影像对界线进行调整。将认为能够确认的地类和界线、不能够确认的地类或界线、无法解译的影像等，用不同的线划、颜色、符号、注记等形式（根据自己的习惯自行设定）标绘在调查底图上。然后到实地，将内业标绘的地类、界线等内容逐一进行核实、修正或补充调查。将内业解译正确的予以肯定，不正确的予以修正，新增加的地物予以补测，并用规定的线划、符号在调查底图上标绘出来，将地物属性标注在调查底图或填写在《农村土地调查记录手簿》上。最终获得能够反映调查区域内土地利用状况的原始调查图件和资料，以此作为内业数据库建设的依据。

综合调绘法可以将大量外业调绘工作转入室内完成，减轻外业调绘的劳动强度和提高调绘的工效。

全野外调绘法，是持调查底图直接到实地，将影像所反映的地类信息与实地状况一一对照、识别，将各种地类的位置、界线用规定的线划、符号在调查底图上标绘出来，将地物属性标注在调查底图或填写在《农村土地调查记录手簿》上，最终获得能够反映调查区域内的土地利用状况的原始调查图件和资料，作为内业数据库建设的依据。这种调绘方法的主要作业都是在外业实地进行，因此称为全野外调绘法。

以上两种调绘方法各有优缺点，综合调绘法内外业结合，充分发挥内业优势，精度高又可节省时间且工作强度较低，适用于影像现势性强、分辨率高的情况，供影像解译能力较强和有一定调查经验的人员使用；全野外调绘法可使调绘工作一次性全部完成，精度高但用时较长且工作强度较大，适用于影像分辨率较低、影像现势性不强的情况，供影像解译能力较差和调查经验不足的人员使用。在具体实际调查中，视情况不同，两种调绘方法可单独使用也可结合使用。但要再次强调的是，采用前者时，对内业解译所谓确认的内容也都必须到实地核实确认。

（2）实地调绘基本程序　土地调查中，无论采取综合调绘法还是全野外调绘法，外业实地调查是土地调查不可忽视的重要阶段。外业调查方法、程序、步骤因人而异，不尽相同，但选择合理的方法、程序、步骤，对保证调查质量、提高调查效率和减轻劳动强度等，将发挥重要作用。下面介绍外业调查的基本程序和要求。

1）设计调绘路线。在外业实地核实和调查前，在室内首先要设计好调绘路线。调绘路线以既要少走路又不至于漏掉要调绘的地物为原则，并做到走到、看到、问到、画到（四到）。走到是关键，只有走到才能看到、看清、看准地物的形状特征、地类、范围界线以及与其他地物的关系等，才能依据影像将地类界线标绘在影像的准确位置（画准）。有些地类的调查，还需要多询问。地理名称、双方飞入地、权属性质、隐蔽地区（如林地中有无道路、山沟深处有无耕地等）地类等都要向向导或当地群众一一询问清楚，既不漏掉该调查的内容，又能提高调查精度和效率。

根据这些调查要求，平坦地区通视良好，调绘路线一般沿居民点外围和主要道路调绘。居民点分布零乱的可采用"放射花形"或"梅花瓣形"为调绘路线，如图2-2所示，不走重复路。

丘陵山区可沿连接居民点的道路调绘或沿山沟调绘，同时对两侧山坡上的地类也进行调绘（从山沟进入走到山脊，从山脊再下到另一条山沟形成"之"字形路线）。当山坡调绘内容较多时，一般沿半山腰等高线调绘，以便兼顾看到山脊和山沟的地物。城市、建制镇、村庄、采矿用地、风景名胜及特殊用地无需进入，只需沿其外围走并调绘其外围界线。河流、铁路、公路等线状地物可沿着线状地物边走边调绘。

2）确定站立点。为了提高调绘的质量和效率，按计划路线调绘时，要向两侧铺开，尽量扩大调绘范围，这时站立点的选择就显得非常重要。到达调查区域后，首先要确定站立点在图上的位置，站立点一般选择在易

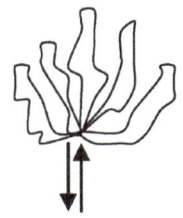 

图 2-2　调绘路线

判读的明显地物点上，地势要高，视野要广，看得要全，如路的交叉点、河流转弯处、小的山顶、居民点、明显地块处等。确定站立点后，找出一两个实地和影像能对应起来的明显地物点进行定向，使调查底图方向和实地方向一致。

3）核实和调查。站立点确定后，要抓住地物的特点。核实和调查应采取"远看近判"的方法，即远看可以看清物体的总体情况及相互位置关系，近判可以确定具体物体的准确位置，将地类的界线、范围、属性等调查内容调绘准确。通过"远看近判"相结合，将视野范围内的内业解译内容依据实地现状进行核实。当解译的界线、线状地物、地类名称等与实地一致时，则在图上进行标注确认；当不一致时，依据实地现状对解译的界线、线状地物、地类名称等进行修正确认。对未解译的，将视野范围内需调绘的界线、线状地物、地类名称等内容标绘在调查底图准确位置上，同时将调查内容的属性标注在调查底图上或填写在《农村土地调查记录手簿》上。

每完成一站立点和一天的调绘工作都要认真检查，没有问题时再进行下一站立点和第二天的工作，否则要进行修改、补充、完善、甚至返工，以保证每一站立点和每一天调绘内容的准确。

4）边走边调绘。掌握调查底图比例尺，建立实地地物与影像之间的大小、距离的比例关系，在到达下一站立点途中，可边走、边看、边想、边判、边记、边画，在到达下一站立点后，再进行核实。这里要注意的是，两个站立点之间所标绘的各种界线、线状地物、地类名称、权属性质等调绘内容须衔接，不能产生漏洞。

5）询问。在调查过程中应向当地群众多询问，一是及时发现隐蔽地类，如林地中被树木遮挡的道路，山顶上的地类，山沟深处有无耕地、居民点等重要地类；二是核实注记地理名称或依据名称寻找实地位置；三是通过询问确定工矿企业及各种调查内容的国有或集体权属性质。为了保证调查的准确，对询问的内容要反复验证。通过询问，可以发现一些隐蔽的地物和属性的确认或核实，这也是提高工作效率、保证调查质量的重要手段。

以上调查的方法、程序、步骤不是机械地分开，而是有机地结合，视情况灵活掌握、交叉进行，以及根据自己的习惯、经验综合应用。

(3) 地类界线调绘精度　调绘的权属界线、地类界线精度，与影像对比，标绘的各种明显界线移位不得大于图上 0.3mm；不明显界线移位不得大于图上 1.0mm。

当影像反映的界线与实地一致时，标绘的界线应严格与影像反映的该界线一致（重合），精度要求不得移位大于图上 0.3mm，否则应重新标绘。当调查底图为航空摄影影像或高分辨率航天遥感影像时，一般均能达到要求；对于中分辨率航天遥感影像，只要认真调绘也能达到要求。当影像反映的界线与实地不一致，如影像界线与调查界线不一致（与线状

地物并行的两侧行树、道沟、沟渠、其他地类等是否单独调查或与线状地物调绘在一起等)、影像不清晰、不同地类分界线不明显(如有林地与疏林地界线等)时,其界线必须在实地依据实地情况或综合判读标绘,判读标绘的界线相对于实地确定的界线精度要求移位不得大于图上1.0mm。

3. 线状地物调查

线状地物包括河流、铁路、公路、管道用地、农村道路、林带、沟渠和田坎等。线状地物宽度≥图上2mm的,按图斑调查。线状地物宽度<图上2mm的,调绘中心线,用单线符号表示,称为**单线线状地物**(以下未作特殊说明的线状地物均指单线线状地物)。单线线状地物除调查其地类外,还须实地量测宽度,用于线状地物面积计算。宽度量测方法的要求为,在实地线状地物宽度均匀处(一般不要在路口量测)量测宽度,精确到0.1m,并在调查底图对应实地位置打点标记量测点及其宽度值。当线状地物宽度宽窄变化大于20%,形成不同宽度的线状地物时,须分别量测线状地物宽度,并在实地变化对应调查底图位置垂直线状地物绘一短实线,分隔宽度不同的线状地物;当线状地物与土地权属界线、地类界线重合时,线状地物调绘在准确位置上,其他界线只标绘最高级界线。

线状地物属性主要包括线状地物的坐落、权属单位、权属性质、类型、面积等,这些属性注记在数据库中。为了读图和用图的方便,在图上只对部分属性进行编码注记。编码采用ab/c形式,地类编号为a,权属性质为b,国有为G、集体为J或不注,单线线状地物宽度为c。编码标注应在宽度量测点上平行线状地物标注,字头朝北(东北)或西(西北);在非宽度量测点上只标注其宽度(主要用于面积计算)。

单线线状地物在实地宽度均匀处量测,其宽度精确到0.1m,并在工作底图对应实地位置打点,标记量测点和其宽度值;当线状地物宽度变化大于20%时,分别量测线状地物宽度,并在实地变化对应工作底图位置垂直线状地物绘一短实线,分隔宽度不同的线状地物。当线状地物较长时,为了用图方便,相隔一段距离可注记其宽度,但不需打点以示区别。具体注记方式如图2-3所示。

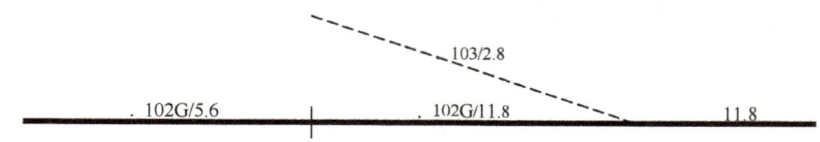

图2-3 线状地物在图上的表示

4. 地物补测

调绘除了将调查底图上影像显示的信息标绘出来外,对于影像没有显示或影像不够清晰而又需要表示的地物,需要按其位置、形状、范围补测到调查底图上。将需要补测的实地地物按调查底图比例尺缩小在调查底图相应位置上的过程,称为**地物补测**。需要补测的内容包括成像时间到调绘期间出现的新增地物,或是由于比例尺较小无法直接解译、调绘的较小地物,以及被阴影、云影所遮盖而未成像的地物。

（1）补测方法　地物补测的方法很多，根据被补测地物的大小、形状、难易程度、被补测地物四周已知明显地物点状况等采用不同的补测方法。常用的补测方法主要有简易补测法和仪器补测法。

1）简易补测法。该方法是地物补测的常用方法，一般使用钢尺或皮尺、圆规、笔、三角尺等简单测量工具，将地物补测到调查底图上，有比较法、截距法、距离交会法、直角坐标法、延长线截距法等。该方法适用于补测地物较小或较规整，而且四周有较多的实地与影像对应的明显地物点作为控制的地区。

2）仪器补测法。仪器补测法指利用平板仪、全站仪、GPS等仪器设备，进行地物补测的方法。该方法适用于补测地物范围大、不规整及用简易补测法无法补测的情况。对于大型新增线状地物，如高速公路、铁路、工矿企业等，一般应采用仪器补测法。

（2）补测精度要求

1）量距丈量精度要求。用皮尺或钢尺丈量距离时，单位为米（m），保留1位小数。往返或单程两次丈量的相对误差不大于1/200。

2）平面位置精度要求。补测的地物点相对邻近明显地物点距离中误差，平地、丘陵地不得大于图上0.5mm，山地不得大于图上1.0mm。

5. 农村土地调查记录手簿的填写

《农村土地调查记录手簿》应记载图斑地类、权属，以及有关线状地物权属、宽度等信息。地物补测应绘制草图，并在备注栏予以说明。一般调查《农村土地调查记录手簿》，分为图斑和线状地物两张表。只填写调查底图无法完整表示内容的图斑、线状地物以及补测地物，其他能在调查底图上表示清楚的图斑和线状地物，视情况填写。

（1）农村土地调查表（图斑）的填写方法　农村土地调查记录表（图斑）表式见表2-1。

表2-1　农村土地调查记录表（图斑）

行政村名称：　　　　　　　　　　　　　　　　　　　　　　　　　　第　　共

序号	图幅号	图斑预编号	图斑编号	地类编码	权属单位	权属性质	耕地类型	备注
1	2	3	4	5	6	7	8	9
草图								

调查人：　　　　　　调查日期：　　　　　　检查人：　　　　　　调查日期：

（2）农村土地调查表（线状地物）的填写方法　农村土地调查记录表（线状地物）表式见表2-2。

表2-2　农村土地调查记录表（线状地物）

行政村名称：　　　　　　　　　单位：米（0.0）　　　　　　　　第　共

序号	图幅号	预编号	编号	地类编码	权属单位	权属性质	宽度	比例	备注
1	2	3	4	5	6	7	8	9	10
草图									

调查人：　　　　　调查日期：　　　　　检查人：　　　　　调查日期：

2.3.3　内业工作

土地利用现状调查的内业工作，包括航片转绘、面积量算、成果整理等。**航片转绘和面积量算是内业工作的中心内容**。成果整理包括面积的汇总统计、土地利用现状图、权属图的编制及土地利用现状调查报告或说明书的编写等。

航片转绘是将航片外业调绘与补测的内容转绘到内业底图上的室内工作，其成果是编制土地利用现状图和土地权属界线图的原始工作底图。如外业调绘用的是单张中心投影的未纠正航片，它存在倾斜误差、投影误差和比例尺变化，因此，不能把调绘成果直接描绘到内业底图上，需要通过转绘来消除倾斜误差和限制投影误差，变中心投影为正射投影，并将航片比例尺归化到某一固定比例尺，以获得所需的工作底图。如所用航片为正射像片，用常规航测方法或数字摄影测量方法制作土地利用现状图和土地权属界线图时，此项工作可以不做。

航片转绘可以用航片平面图或影像地图为底图，也可以用地形图为底图。目前，大多数地区的土地利用现状调查工作是以地形图为底图进行转绘的。

航片转绘的方法很多，根据转绘手段的不同，大致可归纳为图解转绘法和仪器转绘法两大类。**图解转绘法**是根据航片和地形图上已知同名地物点，利用直尺、圆规等作图工具，通过图解来进行转绘的方法。**仪器转绘法**是将航片外业调绘、补测的内容，通过仪器转绘到内业底图上。两种方法各有优缺点：图解转绘法的优点是费用少、方法简单、易于操作及普及；缺点是精度不高，较费工。仪器转绘法则具有速度快、精度高的特点，但费用大，不易普及。

2.3.4　土地利用现状调查报告的编写

土地利用现状调查报告是现状调查的真实文字记录，是极其重要的成果资料之一，要求对整个调查工作进行系统的工作总结和技术性的总结探讨。编写的报告不仅对全面、系统、科学地管理土地具有重要意义，而且对编制国民经济计划、充实和发展土地科学、培养土地科学人才都有重要影响。

1. 编写要求

乡级要编写土地利用现状调查说明书，县级要编写调查报告。县级调查报告应着重归纳土地利用现状调查成果，分析土地利用的特点，并从宏观上提出开发、利用、整治、保护土地的意见。调查报告的内容应充实，文句要通顺，尽量做到文、表、图并用。

2. 乡级调查说明书的内容

主要叙述全乡概况，各类土地面积及分布状况，利用特征及问题，土地权属问题等。文后附调查人员名单及在调查中承担的任务。

3. 县级土地利用现状调查报告的内容

（1）自然与社会经济概况　包括调查区的地理位置及行政区划，本县行政区域形成的历史沿革及行政区划变化等情况。进行外业调绘时，还包括本县所辖区、乡（镇）、场、村，自然条件与社会经济条件等。

（2）调查工作情况　包括调查工作的组织领导、调查队伍的组建与培训、工作计划与方法、执行规程的情况、技术资料的收集与应用、经费的筹集与使用、调查工作经验与存在的问题等。

（3）调查成果及质量分析　主要包括：各项调查成果名称并简介其内容；对土地利用调查及土地权属调查结果的分析，如各类土地的比重与分布，地界的调绘与补测等；对各项调查成果质量的评价，即精度分析；存在的问题及产生的原因等。

（4）土地合理开发利用、整治保护的途径及建议　包括土地利用结构、利用程度、利用水平，土地利用中存在的问题，合理开发、利用、整治、保护土地的途径及建议。

2.3.5　土地利用现状调查成果检查验收

1. 检查验收制度

土地利用现状调查成果实行省、县、作业组三级检查和省、县二级验收制度。首先作业组自检和互检，然后县对作业组成果检查验收，最后由省检查验收县的成果。各组检查验收人员还要评价被检查验收的成果质量。

2. 检查验收标准与步骤

土地利用现状调查成果的检查验收必须以《第二次全国土地调查技术规程》（TD/T 1014—2007）及其补充规定的各项规定为准。凡按规程进行调查，作业项目达到规定要求的成果即为合格成果。对各道工序的作业成果自检无误后，进行互检；互检之后，由县检查验收，认定合格后方可转入下道工序。互检和县级检查验收均应作检查验收记录，对检查发现和提出的各种问题，作业人员应认真处理。在全部工序完成后，县应进行全面的检查，并整理好调查的全部成果资料及各阶段的检查验收记录，写出成果检查验收说明，连同应上交的调查成果，一并报省土地管理部门。省土地管理部门在初步审核认定可以进行验收后，即组织检查验收人员赴县，对调查成果进行检查验收。国土资源部和全国土地资源调查办公室可组织全国土地利用现状调查技术指导组成员对各省检验收的成果进行抽查。

3. 检查验收内容与方法

由于各地使用图件资料和作业方法的差异，检查验收的内容和方法也不尽相同。一般可分为外业调绘与补测、航片转绘、面积量算、统计汇总、图件绘制、调查报告和档案材料整理等项目进行检查验收。

4. 成果质量评价方法

成果质量评价采取计算质量合格率的方法进行，凡合格率在80%以上者为合格，低于80%者为不合格。

5. 外业成果验收标准

在检查合格的外业成果中还包含有不合格的部分，其中有的问题还较严重，如重大问题的漏调、错调、漏补、补错权属界线、地物等。这些问题不经处理改正不能验收。对于超出限差甚微或对成果影响不大的可不改正。

6. 编写检查验收报告

县级调查成果经省检查合格验收后，由省写出检查验收报告，对成果质量给予全面鉴定，并由省土地管理部门向县颁发质量合格证书。检查验收报告主要内容如下：

1）参加检查验收人员、检查时间和检查方法。
2）单项、总评合格率及综合评价等级。
3）不合格部分主要问题的类型、性质、数量及处理结果。
4）对成果的利用意见及建议。

课题 4　耕地坡度分级

2.4.1　耕地坡度分级

在地类调查的同时，一般在地形图上对面状地类界范围实施坡度调查，坡度是指成片的土地的坡度，其中小块土地的异常坡度并不改变成片土地的坡度。农村土地调查将耕地坡度划分为 $\leq 2°$、$>2°$且$\leq 6°$、$>6°$且$\leq 15°$、$>15°$且$\leq 25°$、$>25°$ 5个级别。坡度$\leq 2°$的视为平地，其他坡度中又分为梯田和坡地两类。耕地坡度分级及代码见表2-3。

表2-3　耕地坡度分级及代码

坡度分级 L（°）	$L \leq 2$	$2 < L \leq 6$	$6 < L \leq 15$	$15 < L \leq 25$	$L > 25$
坡度级代码	Ⅰ	Ⅱ	Ⅲ	Ⅳ	Ⅴ

2.4.2　耕地坡度量算方法

耕地坡度可通过1∶10000地形图上等高线和坡度尺直接从图上量取，也可采用DEM（数字高程模型）制作坡度图量取。

1. 坡度图法

将土地利用图与地形图套合，室内根据地形图上等高线，利用坡度尺，测算各耕地图斑所在的坡度或坡度级，由此形成耕地坡度图。

2. DEM 生成法

利用 DEM 生成坡度图，将坡度图与土地利用数据库叠加，计算耕地图斑的概率坡度、平均坡度、最大坡度、最小坡度或优势坡度。

采用 1∶50000 或更大比例尺 DEM 生成坡度图，套合土地利用现状图，自动量算确定梯田、坡地的耕地坡度分级。

2.4.3 利用 DEM 量算耕地坡度等级

1. DEM 选择

DEM 比例尺的选择取决于调查区域的地形地貌和土地利用类型特征。我国正在进行的二次调查采用 1∶50000DEM。对于喀斯特地区优先选用 1∶10000，5m 格网 DEM 数据。其他地区山区优先选用 1∶10000，25m 格网 DEM 数据，丘陵、平原区应选用 1∶50000，25m 格网 DEM 数据。

2. 质量评价

质量评价包括对 DEM 精度检查、现势性检查、数据完整性检查及数据文件检查。

3. DEM 数据预处理

DEM 数据预处理包括坐标转换、中央经线变换、镶嵌和重采样等。

4. 坡度计算

利用主要坡度计算模型进行计算（由于计算模型众多，读者可自行学习研究，在此不再叙述）。

5. 坡度量算单元确定

耕地坡度量算单元是以一个完整图斑为一个单元进行计算。

6. 坡度等级计算

将坡度图与土地调查数据库中的地类图斑层叠加，计算耕地图斑内的主要坡度级，确定该图斑所属的坡度级。当某一个坡度级面积比例大于 50% 时，该坡度级为该耕地图斑的坡度级。当某一耕地图斑中，有两个（或两个以上）坡度级且面积比例相当，并且坡度级之间的界线明显时，可将该耕地图斑划分为两个（或两个以上）不同坡度级的耕地图斑，但划分不宜过细，同时还应确定图斑平均高程。

课题 5　田坎系数测算

在土地利用现状调查中，当田坎、地梗、堤梗等地物数量很大，又不能全部上图和上簿时，可能会人为扩大耕地面积，从而影响耕地数量的准确程度。采用求田坎系数的技术措施，可以较好地解决这一问题。

2.5.1 田坎系数的概念

田坎系数指田坎面积占扣除其他线状地物后耕地图斑面积的比例（%）。

田坎系数的大小随着耕地所处位置（丘陵、山区）、类型（梯田、坡耕地）和利用方式（水田、旱地）等的不同而不同。一般规律是，耕地所在的地面坡度越大，田坎系数越大；梯田比坡耕地的田坎系数大；山区比丘陵的田坎系数大。

2.5.2 田坎系数类型

根据我国耕地的分布状况、类型和利用方式，我国耕地主要有两大类：第一大类为平地上的耕地；第二大类为标准梯田和顺山坡耕作的坡耕地。我国绝大部分耕地属于这两大类。另外，在极个别地区还有一类耕地，耕地中没有明显的田坎，而是散列分布着许多零星非耕地，如裸岩、石砾等，或在非耕地中，散列分布着许多零星耕地。在这种情况下，不扣除这些非耕地，耕地面积将增加很多，不符合实际情况，而零星耕地不进行统计，这一地区的耕地又将减少很多，也不符合实际情况。因此，根据以上这些情况，我们将田坎系数归纳命名为以下4种类型。

1. 梯田坎系数

梯田坎系数指标准梯田图斑中，梯田田坎（见图2-4）面积占梯田图斑面积的比例（%）。

2. 坡耕地田坎系数

坡耕地田坎系数是指坡耕地图斑中，坡耕地田坎（见图2-5）面积占坡耕地图斑面积的比例（%）。

图2-4 梯田田坎

图2-5 坡耕地田坎

3. 散列式非耕地系数和散列式耕地系数

散列式非耕地系数是指按照破碎耕地调查确定的图斑中，无规律散列分布的耕地多于非耕地，非耕地面积占耕地图斑面积的比例（%）。

散列式耕地系数是指按破碎耕地调查确定的图斑中，散列分布的非耕地多于耕地，耕地面积占图斑面积的比例（%）。

2.5.3　田坎系数测算方法及要求

影响田坎系数大小的因素主要有，自然因素包括地貌类型、地面坡度；人为因素包括样方选取、样方代表性、样方数量、样方大小、测量精度等。为了保证田坎系数测算的准确性、统一性和一致性，最大限度地反映当地实地情况，各级土地管理部门应统一组织对本地区的田坎系数进行测算。按下列要求和步骤结合当地实地情况，测算田坎系数。

1. 分区

对完整省（区、市）辖区，按地貌类型划分为丘陵、山区、高山区等不同的地貌类型区域。分区时尽可能不打破完整县或乡辖区，特殊地区可进一步细分地貌类型区域。将地貌类型划分为丘陵、山区和高山区三类，具体划分指标见表2-4。

表 2-4　地貌分区指标

名　称	绝对高度/m	相对高度/m	地　貌　特　征
丘陵	—	<200	没有山脉形体，低岭宽
山区	<3500	<1000	有山脉形体，但分割破碎
高山区	≥3500	≥1000	峰尖、坡陡、谷深、山高

2. 分组

在每个区内，根据不同的坡度级和耕地类型组合进行分组，见表2-5。

表 2-5　样方分组表

地面坡度 $L(°)$ 样方分组 地貌类型	$2<L≤6$		$6<L≤15$		$15<L≤25$		$L>25$	
	梯田	坡地	梯田	坡地	梯田	坡地	梯田	坡地
丘陵	1组	2组	3组	4组	5组	6组	7组	8组
山区	9组	10组	11组	12组	13组	14组	15组	16组
高山区	17组	18组	19组	20组	21组	22组	23组	24组

由表2-5可看出，根据地貌类型、耕地坡度分级、耕地类型，一般情况下，组合可分为24个组。对于特殊地区，如散列式非耕地、散列式耕地等，可进一步分组。

3. 确定样方

在每个组内，布设不少于30个均匀分布的样方，单个样方面积不小于 $0.4hm^2$（6亩）。布设的样方须在调查底图上标注，同一组的样方从影像上看应基本一致。样方一般为完整图斑。

4. 田坎测量

在确定的样方内，实地丈量：南方≥1.0m、北方≥2.0m。每一条田坎的长度和宽度，按长乘以宽计算每一条田坎面积。若影像清晰，田坎长度可在调查底图上量取。当某条田坎的宽度不均匀时，须分段丈量宽度，计算其平均宽度。将每一条田坎的长度、宽度和计算的田坎面积，填写在样方田坎系数测算表上，见表2-6。

表2-6 样方田坎系数测算表

区：　　　　　组：　　　　样方编号：　　　县：　　　乡：　　　村：　　　图幅号：

耕地类型：　　　　　　坡度级：

田　坎				其他线状地物			
编号	长/m	宽/m	面积/m²	编号	长/m	宽/m	面积/m²
1	2	3	4	5	6	7	8
	合计				合计		

样方面积：　　　　　　　　　　　　　　　　田坎系数：

草图：　　　　　　　　　　　　　　　　　　备注：

量测人：　　　　日期：　　　　检查人：　　　　日期：　　　　　　　　第　　　共

5. 田坎系数计算

样方面积采用耕地图斑面积或实测面积。根据样方内的田坎总面积除以样方耕地图斑面积（或实测面积）计算每一个样方的田坎系数，然后将计算结果填写在样方田坎系数测算表中。

为了保证样方田坎系数的准确性和代表性，同一组样方各田坎系数的最大值不得大于最小值的30%。符合要求时，同一组样方系数的算术平均值即为该组耕地的田坎系数；不符合要求时，需查找原因或重新选择样方。平均田坎系数计算填写在田坎系数表上，见表2-7。

表 2-7　田坎系数表

省：　　　　　　　区：

坡度级 L	样方类型	样方田坎系数总和	样方数	田坎系数	坡度级 L	样方类型	样方田坎系数总和	样方数	田坎系数
$2°<L\leqslant 6°$	梯田				$6°<L\leqslant 15°$	梯田			
	坡地					坡地			
$15°<L\leqslant 25°$	梯田				$L>25°$	梯田			
	坡地					坡地			

备注：

计算人：　　　　日期：　　　　　　检查人：　　　　日期：

单元小结

农村土地调查的内容主要是土地利用现状调查，本单元从土地利用现状调查的目的、内容、原则、程序入手，详细介绍了我国土地分类的历程以及地类的确认方法。按照土地利用现状调查的程序：准备—外业调查—内业，分别阐述了每一步的操作过程，对于农用地的调查还介绍了耕地的坡度分级和田坎系数的测算方法。

复习与思考题

2-1　土地权属调查中，违约指界怎么处理？
2-2　土地权属界线协议书的主要内容有哪些？
2-3　如何进行地类调查？其精度有何要求？
2-4　什么是地类图斑？如何划分地类图斑？
2-5　地类图斑的最小上图标准如何规定？
2-6　在图上如何对图斑进行编码和注记？
2-7　耕地是如何分级的？
2-8　举例说明如何在实地量测线状地物的宽度？
2-9　线状地物交叉时，在图上如何表示？
2-10　线状地物与权属界线重合时，在图上如何表示？
2-11　线状地物在图上如何注记？
2-12　简述田坎系数测算的步骤。

单元 3 地籍测量

【单元概述】

地籍测量是指在土地权属调查的基础上，利用测绘仪器，以科学的方法，在调查区域内，建立地籍控制网，测量每宗土地的地籍要素，绘制地籍图、宗地图，为土地登记和土地利用规划提供依据。地籍测量的内容包括：地籍控制测量和地籍细部测量。

【学习目标】

1. 正确陈述地籍控制网的等级与精度要求。
2. 正确陈述首级控制、图根控制的布设方法与工作程序。
3. 进行首级地籍控制网的方案设计、实地施测、数据处理。
4. 熟练使用全站仪、GPS-RTK 做地籍图根控制测量。
5. 熟练陈述界址点的测量方法与精度要求。
6. 熟练陈述地籍图与地形图的区别与联系。
7. 正确陈述地籍图与宗地图、土地利用现状图的编绘方法。
8. 熟练使用全站仪测定界址点坐标。
9. 正确掌握测绘地籍图与宗地图的方法。
10. 掌握土地利用现状图与农村居民地地籍图的编绘方法。

课题 1 地籍控制测量

3.1.1 地籍控制测量概述

地籍控制测量是地籍图件的数学基础，是关系到界址点精度的带全局性的技术环节。它是根据界址点及地籍图的精度要求，结合测区范围的大小、测区内现有控制点数量和等级情况，按控制测量的基本要求和精度要求进行技术设计、选点、埋石、野外观测、数据处理等的测量工作。

地形控制点通常只能用于地形图测绘，地籍控制点不但要满足地籍图测绘的需要，还要以厘米级的精度应用于城镇土地权属界址点坐标的测定和地籍变更测量。所以，地籍控制测量除了具有一般地形控制测量的特点外，在质和量的方面与地形控制测量也有所不同。

在城镇地区，为了满足界址点坐标测量的精度要求，必须布设足够的一二级导线点和图根导线点。控制点的密度与测区的大小、测区内的界址点的数目和界址点的精度要求有关。控制点的最小密度应符合《城市测量规范》（CJJ/T 8—2011）的规定。然而，控制点的密度与测图比例尺没有直接关系。

地籍控制测量包括基本控制测量和图根控制测量，前者是测区的首级控制点，后者则为用于直接测图服务的扩展控制点，两者构成了测区控制网的两个不同层次。这样既可保证测区控制点精度分布均匀，又可满足测区设站的实际要求。

3.1.2　地籍控制测量的特点

地籍控制测量有如下特点：

1）因地籍图的比例尺比较大（1:500~1:2000），故平面控制精度要求较高，以保证界址点和图面地籍元素的精度要求。

2）地籍元素之间的相对误差限制较严，如相邻界址点间距、界址点与邻近地物点间距的误差不超过0.3mm。因此，应保证平面控制点有较高的要求。

3）城镇地籍测量由于城区街区街巷纵横交错，房屋密集，视野不开阔，故一般采用导线测量建立平面控制网。

4）为了保证实地勘丈的需要，基本控制测量和图根控制点必须有足够的密度，以便满足细部测量的要求。

5）规程中规定界址点的中误差为±5cm，因此高斯投影的长度变形是不可忽视的。当城市位于3°带的边缘时，可按照城市测量规范采取适当的措施。

6）地籍图根控制点的精度与地籍图的比例尺无关。地形图控制点的精度一般用地图的比例尺精度来要求（地形图根控制点的最弱点相对于起算点的点位中误差 = 0.1mm×比例尺分母 M）。界址点坐标精度通常以实地具体的数值来标定，而与地籍图的精度无关。一般情况下，界址点坐标精度要求等于或高于其他地籍图的比例尺精度，如果地籍图根控制点的精度能满足界址点坐标精度要求，则也可满足测绘地籍图的精度要求。

现代地籍的一个重要用途，就是其资料能用于城市规划、土地利用总体规划的各类工程设计。因此，为了达到这个目的，所有的地籍数据和图在大区域内能进行拼接并且不发生矛盾，否则，不但给管理带来不便，而且其数据也难用于规划设计。所以，要求控制测量应有较高的绝对定位精度和相对定位精度，同时其精度指标应有极高的可靠性。

3.1.3　地籍控制测量要求

1. 地籍控制测量的原则

地籍控制点是进行地籍测量和测绘地籍图的依据。地籍控制测量必须遵循从整体到局部、由高级到低级分级控制（或越级布网）的原则。

地籍首级控制网点的等级划分为一、二、三、四等或 A、B、C、D、E 级和一、二级。主要采用静态全球定位系统定位方法建立地籍首级控制网；一、二级地籍控制网也可采用导线测量方法；可采用动态全球定位系统定位方法、快速静态全球定位系统定位方法或导线测量方法建立地籍图根控制网点。

2. 地籍控制测量的精度指标

地籍控制测量的精度是以界址点的精度和地籍图的精度为依据而制定的。地籍平面控制网的基本精度应符合以下规定：

1）四等或 E 级网中最弱边相对中误差不得超过 1/40000。

2）四等或 E 级以下网最弱点相对于起算点的点位中误差不得超过 ±5cm。

3. 地籍控制点的密度要求

平面控制点的密度应根据界址点的精度和密度以及地籍图的比例尺和成图方法等因素来定（一般每幅图的控制点数为 10~20 个）。但还应考虑到地籍测量的特殊性，即应满足地籍测量资料的更新和恢复界址点位置的需要。

为了满足地籍测量资料的更新和恢复界址点位置的需要，不论何种成图方法，都要求每幅图内有一定数量的埋石点，具体规定见表 3-1。

表 3-1 控制点的密度要求

比 例 尺	埋石点最小密度/幅
1:500	3
1:1000	6
1:2000	9

在通常情况下，地籍控制网点间的平均边长为：

1）城镇地区：100~200m（布设三级地籍控制）。

2）城镇稀疏建筑区：200~400m（布设二级地籍控制）。

3）城镇郊区：400~500m（布设一级地籍控制）。

如果是城镇地籍测量，特别是南方城镇，旧城居民区内巷道错综复杂，建筑物多且乱，界址点非常多，在这种情况下，适当地增加控制点密度和数目，才能满足地籍测量的需求。

4. 地籍控制测量坐标系的选择

坐标系的选择应以投影长度变形值 ≤2.5cm/km（即 1:40000）为原则，并根据测区地理位置和平均高程而定。可按下列顺序选择地籍平面控制网的坐标系。

（1）国家统一坐标系　国家花费大量的人力、物力、财力及几十年的努力，建立起了北京坐标系和全国大地控制网点，应尽可能利用，以便与国家坐标系成为一整体。使用国家统一坐标系有如下优点：

1）它有利于地籍成果的通用性，便于成果共享，使地籍测量不仅能为地籍管理奠定基础，而且能为城市规划、工程设计、土地整理、管道建设等多种用途提供服务。如果坐标系不统一，则降低了它的品位和应用价值。

2）统一坐标系有利于图幅正规分幅、图幅拼接、接合、使用和各种比例尺图幅的编绘。

3)它有利于土地、规划、房地产等各部门之间的合作,这将加快地籍测量的进度,提高效益和节约经费。

综上所述,在一般情况下,城镇地籍测量和土地资源调查应使用北京坐标系,农村地区的地籍测量精度要求较低,则可在现有的国家各等级的大地控制网点的基础上加密地籍控制网点。

(2)城市坐标系 在城镇地区,则尽可能利用已有的城市坐标系和城市控制网点来建立当地的地籍控制网点。这些控制网点一般都与国家控制网进行了联测,并且有坐标变换参数。

在一些小城镇可能没有控制网点,则应以投影变形值<2.5cm/km 为原则,建立坐标系和控制网点,并与国家网联测。面积<25km² 的城镇,可不经投影直接建立平面直角坐标系,并与国家网联测。如果不具备与国家控制网点的联测条件,则可以用下面 3 种方法来建立独立坐标系。

1)用国家控制网中的某一点坐标作为原点坐标,某边的坐标方位角作为起始方位角。

2)从中、小比例尺地形图上用图解方法量取国家控制网中一点的坐标或一明显地物点的坐标作为原点坐标,量取某边的坐标方位角作为起始方位角。

3)假设原点的坐标和一边的坐标方位角作为起始方位角。

(3)任意投影带独立坐标系 当测区(城、镇)地处投影带的边缘或横跨两带时,那么长度投影变形一定较大,或测区内存在两套坐标,这将给使用造成麻烦,这时应该选择测区中央某一子午线作为投影带的中央子午线,由此建立任意投影带独立坐标系。这既可使长度投影变形小,又可使整个测区处于同一坐标系内,这无论对提高地籍图的精度还是拼接或使用都是有利的。

(4)独立平面直角坐标系 在不具备经济实力,而又要快速完成本地区的地籍调查和测量工作的情况下,可考虑建立独立平面直角坐标系,建立方法如下:

1)起始点坐标的确定。在图上量取起始点平面坐标。先准备一张 1:10000(或 1:25000)的地形图,在图上标绘出所要进行地籍测量的区域。在此区域内选择一适当的特征点,例如主要道路交叉点或某一固定地物作为起始待定点,然后对实地进行勘察,认为可行后,做好长期保存的标志,并给予编号。回到室内后,在地形图上量取该点的纵横坐标作为首级控制网的起始点坐标。

① 假定坐标法。如果在地籍测量区域搜集正规分幅的地形图有困难时,也可直接假定起始点坐标。例如,在计划施测九峰乡全乡宅基地地籍图中,经研究确定采用独立坐标系。在实地踏勘后,认为该区域西南角之水塔作为坐标起始点较为合适,则令它的坐标值为 $x=1000.00$m,$y=2000.00$m。数值是任意假定的,但必须注意,用它发展该地区的控制点和界址点,应不使其坐标出现负值。

② 采用交会或插点的方法确定原点坐标。在施测农村居民地地籍图中,一般使用岛图形式,并不要求大面积拼接。因此,当本地无起始点,而在几公里范围内找得到大地点时,可采用交会或插点的方法确定一点的坐标,做好固定标志后,用它作为该地独立坐标系的起

始点，这样既经济又简便。

2）起始方位角的确定。由坐标计算基本原理知，当假定了一点的坐标后，例如图 3-1 中的 A 点（水塔），还必须有一个起始方位角和一条起始边，方能发展新点，进行局部控制测量。起始边长用红外测距仪测距或钢尺量距（具体方法见测量学方面的教材），而方位角可由以下几种方法确定：

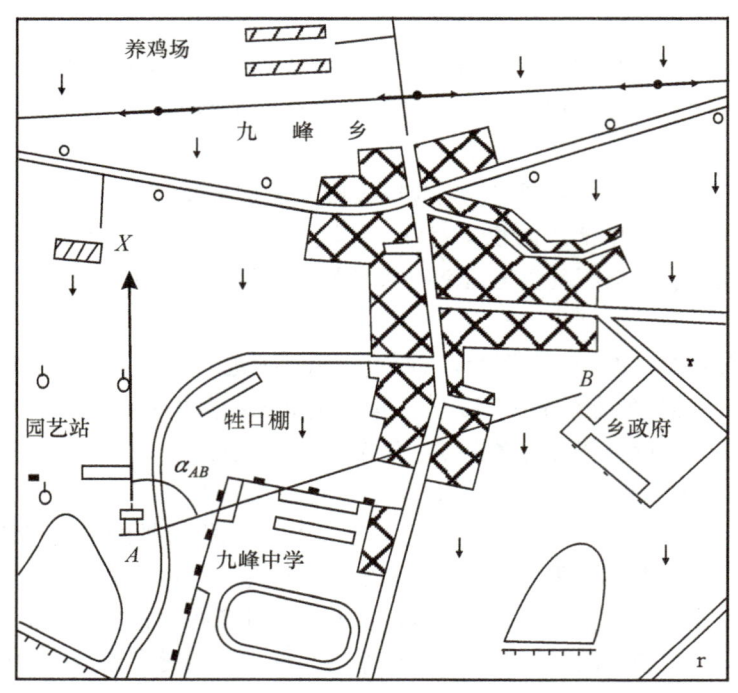

图 3-1 独立坐标系的建立

① 量算方位角。在准备好的地形图上标出起始点和第一个未知点，例如图 3-1 中的 A 点（水塔）和 B 点（乡政府楼上），用直线连接两点，过 A 点作坐标纵线，将透明量角器置于其上，测出其夹角 ∂_{AB} 即可。

② 计算方位角。在起始点 A 设置带有管状罗针的经纬仪（或罗盘仪），按有关测量学教材的方法测出磁北 M 至 B 点的磁方位角 m，然后按下式计算出方位角 α：

$$\alpha = m + \delta - \gamma - \Delta\gamma \tag{3-1}$$

式中 δ——磁偏角（°），可从地磁偏角等线图上查取；

γ——子午线收敛角（°），可用该地的经纬度计算；

$\Delta\gamma$——罗针改正数，用作业罗针与标准罗针比较而得，当定向角的精度要求不高或罗针磁性较强时可省略此项。

5. 地籍基本平面控制网设计

地籍平面控制网设计的拟定是测量工作中的一个重要环节，它将直接影响后续测量工作能否顺利开展以及能否布设最佳控制网等问题，所以一定要加以重视。

（1）收集和研究资料 要使设计做到切合实际，就必须充分收集测区内各种有关资料，包括：

1) 各种比例尺地形图、地籍图、交通图。

2) 已有的各等级控制点成果表、点之记、布网图和技术总结，便于选定测区的坐标系。

3) 控制点保存情况。

4) 测区内的水文、气象和地质、地下水位及冻土层深度等资料，以便作为建标、埋石、安排作业时间等的参考。

5) 城镇总体规划图。

6) 测区内有关政治、经济、文化以及风土人情等的情况。

对已经收集到的资料进行分析研究，以确定网的布设形式，得出起始数据的获得途径，明确网的坐标系、投影带和投影面的选择及网的未来扩展等，取其有价值的部分作为设计的参考。

（2）首级平面控制网等级的确定　首级平面控制网的等级主要由测区面积来确定，见表3-2。在确定首级平面控制网的等级时，还应考虑测区已有的控制点情况、仪器设备条件和委托单位的具体要求。在首级控制确定的情况，布设下一级别的控制点，现在很多城市都建立了GNSS网，在网络覆盖良好的地区，可以不考虑分级布网。

表3-2　首级平面控制网等级确定

首级控制网等级	三角网或边角网				导线网			
	三等	四等	一级	二级	三等	四等	一级	二级
测区面积 /km²	30~300	4~60	2~10	1~2	100~300	4~100	<4	<1

（3）图上设计　根据测量任务的要求和测区具体情况，在测区内已有合适的比例尺地形图上，设计出最适宜的布点方案，拟定出最佳点的位置。

1) 控制点的布点方案。首先在图上绘制地籍测量范围线，标出已有控制点的位置，确定起算数据和起算方位角，然后设计控制点的布点方案。首级控制网点数一般较少，以减少首级控制网的图形单元，增强网的图形强度，同时应与测区附近的国家或城市控制网联测。首级控制网全面控制整个测区，并顾及向外扩展便利。

图上选点后，应到实地进一步核对和调整点位，尤其要检查控制点之间的通视情况，注意三角的图形和导线网的节点位置。不管是在图上选点或实地选点，对点位的布设应满足有关规定的要求。

2) 控制网精度估算。在图上选点和实地选点结束以后，应对初步构成图形的控制网进行精度估算，以衡量所构成的控制网在相应等级预期观测条件下和方法下，预计最终成果能否达到预期的精度要求。在力求节省工作量和经费的情况下，从中选择满足精度要求的优化设计方案。精度估算有严密计算法和近似估算法。对于二、三、四等基本平面控制网采用严密计算法；对于一、二级小三角（或导线）可采用近似估算法。控制网基本精度的初步分析方法如下：

四等基本平面控制网是一个关键性的等级,在一般中、小城市,可以作为首级平面控制网,在大、中城市(一般100km²以上)它又是一个承上启下的环节。根据我国城镇地籍测量的实践经验,四等网采用2km的平均边长是合适的。

按照《地籍调查规程》(TD/T 1001—2012)和《地籍测绘规范》(CH 5002—1994)规定计算四等网最弱两相邻点 i、j 的相对点位中误差为 M_{ij}。此时可以利用平差中所求协因数阵计算点 i 相对于点 j 的误差椭圆元素 A_{ij}、B_{ij}:

$$M_{ij} = \sqrt{A_{ij}^2 + B_{ij}^2} \quad (3-2)$$

式中 M_{ij}——点 i 相对于点 j 的点位中误差(cm);
A_{ij}——点 i 相对于点 j 的误差椭圆长半轴(cm);
B_{ij}——点 i 相对于点 j 的误差椭圆短半轴(cm);
i、j——点的编号,1,2,3,…,n。

也可近似写成:

$$M_{ij}^2 = \sqrt{m_{\Delta x_{ij}}^2 + m_{\Delta y_{ij}}^2} \quad (3-3)$$

式中 $m_{\Delta x_{ij}}$——点 i、j 在 x 方向上的中误差(cm);
$m_{\Delta y_{ij}}$——点 i、j 在 y 方向上的中误差(cm)。

在做精度估算时,也可根据 i、j 两点的边长误差 $m_{s_{ij}}$ 和该边坐标方位角误差 $m_{\partial_{ij}}$ 进行计算,即:

$$M_{ij} = \sqrt{m_{s_{ij}}^2 + \frac{m_{\partial_{ij}}^2}{\rho^2}s_{ij}^2} \quad (3-4)$$

式中 ρ——常数,值为206265。

此时则是假定 i 点不动,j 点相对于 i 点在边长与方向两方面产生位移所致。

对于四等以下的控制网,其相对于起始的点位中误差 M_i 为:

$$M_i = \sqrt{A_i^2 + B_i^2} = \sqrt{m_{x_i}^2 + m_{y_i}^2} \quad (3-5)$$

其中 A_i 和 B_i 为由协因数阵计算的 i 点的误差椭圆元素,m_{x_i}、m_{y_i} 为 i 点相对于起始点纵、横坐标中误差。

[例3-1] 某地籍四等基本平面控制网(三角网),平均边长 $S=2$km,若取最不利情况,令最弱边相对于中误差为1/45000,方位角中误差 $m_{\partial_{ij}}$ 为 ±2.5″。

则最弱相邻点相对点位中误差 M_{ij} 为:

$$M_{ij} = \sqrt{m_{s_{ij}}^2 + \left(\frac{m_{\partial_{ij}}}{\rho}\right)^2 s_{ij}^2} = \sqrt{\left(\frac{1}{45000} \times 2 \times 10^5\right)^2 + \left(\frac{2.5}{206265}\right)^2 \times (2 \times 10^5)^2} \text{cm}$$
$$= \pm 5 \text{cm}$$

这说明了四等网中规定最弱相邻点的相对点位中误差不超过5cm是合理的。

6. 基本平面控制测量的外业施测

(1)造标和埋石 对于城镇测区一、二级以上的基本平面控制网应视控制网的等级和测区土质条件,埋设相应的不同规格的标石,它是基本控制点的永久性标志。标石的类型有：中心标石、岩上标石、屋顶标石及一般混凝土标石。

按规定，二、三等控制点应建立觇标，四等控制点视需要而定，一、二级小三角（导线）一般不建觇标。当然，是否建标还要根据城镇测区具体情况和需要而定。觇标的类型有：双锥标、复合标、屋顶标、墩标及寻常标。

埋石和造标结束后，对各等级的控制网基本控制点（原则上有一、二级导线点或三角点）均应做点之记（见图3-2），二、三、四等基本平面控制网点还要办好标志委托保管手续。

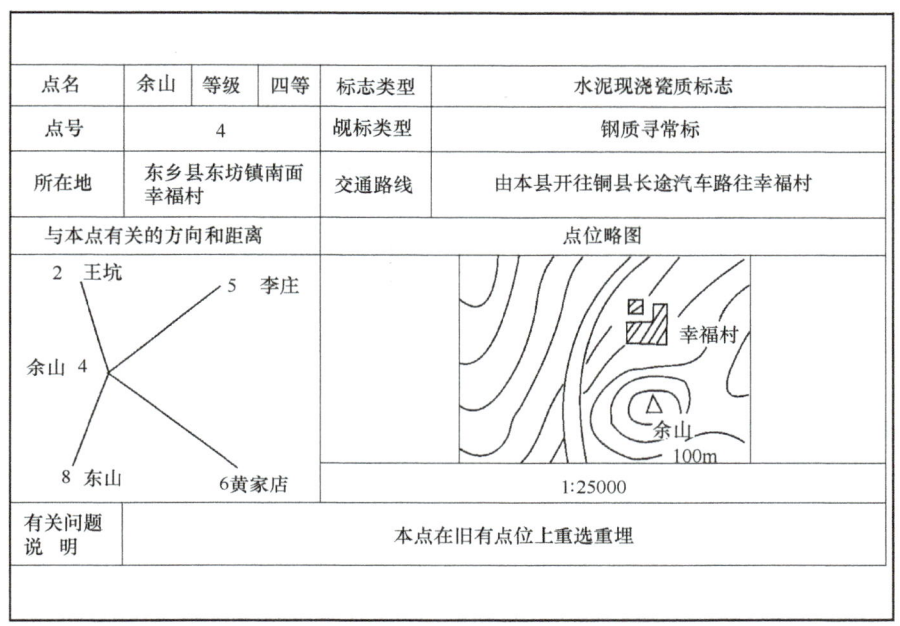

图3-2 控制点点之记

（2）角度测量

1）三角点水平角（方向）观测。各等级三角点的水平角一般采用方向观测法。二等三角点的全部测回数应在两个或两个以上时段的时间内完成，在一段时间内观测的基本测回数应不超过全部测回数的2/3。三角测量水平角（方向）观测主要技术指标见表3-3。

表3-3 三角测量水平角（方向）观测主要技术指标

控制网等级		二等	三等		四等		一级		二级	
仪器型号		DJ1	DJ1	DJ2	DJ1	DJ2	DJ2	DJ6	DJ2	DJ6
方向观测测回数		12	6	9	4	6	2	6	1	2
各项限差	光学测微器两次重合读数差（″）	1	1	3	1	3	3	—	3	—
	半测回归零差（″）	6	6	8	6	8	8	18	8	18
	1测回内2C互差（″）	9	9	13	9	13	13	—	13	—
	同一方向值各测回互差（″）	6	6	9	6	9	9	24	—	24
三角形闭合差（″）		±3.5	±7.0		±9.0		±15.0		±30.0	
测角中误差（″）		±1.0	±1.8		±2.5		±5.0		±10.0	

2) 导线点水平角（测回）观测。对于三、四等导线点来说，如果只有两个方向，应按测回法左、右角观测。一般以总测回数的一半测回（奇数测回）观测左角，以另一半测回数（偶数测回）观测右角。左角和右角分别取中数得 β_L 和 β_R 后，按 $\beta_L + \beta_R - 360° = \Delta c$，所计算的 Δc 值称为测站圆周角度闭合差，Δc 不得超过各等级测角中误差的 2 倍，即三等不超过 ±3.0″，四等不超过 ±5.0″。

为了减少对中误差和照准误差的影响，各等级导线测量宜采用三联脚架法。凡不符合限差要求的均应进行重测。重测数按需重测的基本方向测回数计算。因对错度盘、测错方向以及不完整的测回，均不计入重测数。当重测数超过总基本方向测回数的 1/3 时，该测站成果应全部重测，总基本方向测回数 $N = (n-1) \times m$，其中 n 为方向数，m 为规定的测回数。地籍平面控制网的点位应以标石中心为准。因此观测水平方向（角度）时，要求测站上的仪器中心与标石中心在同一铅垂线上，同时还要求照准点目标中心与标石中心也在同一铅垂线上，即所谓"三心"一致。只有这样，测站上所观测的方向值才是两控制点标石中心连线的方向观测值。但由于各种原因的影响，一般难以达到"三心"一致，这样就可能导致仪器中心偏离测站标石中心，称为**测站点偏心**。照准目标中心偏离标石中心，称为**照准点偏心**。因此，要对方向观测值进行归心改正（计算归心改正数），为此必须测定归心元素。测定归心元素的方法有图解法、直接法和解析法等。

（3）距离测量 地籍平面控制网的起算边（基线）和边长应主要使用相应精度的光电测距仪进行距离测量，光电测距技术规定见表 3-4。光电测距仪的精度等级一般依出厂的标称精度，按每一公里测距中误差 m_D 的大小划分为三个等级：Ⅰ级：$m_D \leq 5\text{mm}$；Ⅱ级：$5\text{mm} < m_D \leq 10\text{mm}$；Ⅲ级：$10\text{mm} < m_D \leq 20\text{mm}$。

$$m_D = a + b \cdot D \tag{3-6}$$

式中　a——测距仪标称精度中的固定误差（mm）；
　　　b——测距仪标称精度中的比例误差（mm/km）；
　　　D——测距边长（km）。

表 3-4　光电测距技术规定

等　级	测距仪等级	测　回　数		一测回读数较差 /mm	各测回间较差 /mm	往返或不同时段结果较差/mm
		往	返			
二等	Ⅰ	4	4	5	7	
三等	Ⅰ	4	4	5	7	2($a+bD$)
	Ⅱ	4	4	10	15	
四等	Ⅰ	2	2	5	7	
	Ⅱ	4	4	10	15	

(续)

等　级	测距仪等级	测回数 往	测回数 返	一测回读数较差 /mm	各测回间较差 /mm	往返或不同时段结果较差/mm
一级	Ⅰ、Ⅱ	2		10	15	2（a+bD）
一级	Ⅲ	4		20	30	2（a+bD）
二级	Ⅰ、Ⅱ	2		10	15	2（a+bD）
二级	Ⅲ	4		20	30	2（a+bD）

注：1. 在基本平面控制网光电测距中，光电照准一次，读4次数，称为一个测回。
　　2. 往返或不同时间段（上、下午）较差应将斜距换算到同一水平方向上方可比较。

在进行光电测距时，应同时由气压计和温度计测定气压、气温等气象参数，以便进行距离的气象改正。测定气象数据的主要规定见表3-5。

表3-5　测定气象数据的主要规定

等　级	最小读数 温度（℃）干	最小读数 温度（℃）湿	最小读数 气压/mmHg	测定时间间隔	气象数据的取用
二、三、四等	0.2	0.2	0.5	一测站同时段观测始末	测边两端的平均数
一级	0.5		1.0	每边测定一次	观测一端的数据
二级	0.5		1.0	一时段始末各测定一次	取平均值作为各边气象数据

7. 地籍基本控制测量内业计算

（1）观测成果的概算和验算　外业观测结束以后，应进行概算和验算。对于大面积测区，考虑到地球曲率的影响及投影变形等因素，验算前应进行概算，其任务是检查与整理外业观测成果，将地表上的观测成果归化至椭球面；将椭球面上的成果归化到高斯平面上。然后进行验算，其任务是计算控制网的各种几何条件闭合差，并与其限差做比较，检查观测成果的质量。

1）概算的内容。外业观测成果的整理与检查；绘制地籍控制网略图（见图3-3），编制观测数据和起算数据；有关起算数据的换算；观测成果归化至标石中心的计算；观测成果归化至椭球面上的计算；椭球面上的成果归化至高斯平面上的计算；编制高斯平面上的观测数据和起算数据表。

2）验算的内容。三角形闭合差的计算；测角中误差的计算；圆周条件闭合差的计算；极条件闭合差的计算；基线条件闭合差的计算；坐标方位角条件闭合差的计算；图形条件闭合差的计算；测角中误差的计算；导线边长中误差的计算；导线全场相对中误差的计算。

（2）控制网平差及精度评定　二、三、四等平面控制网应采用严密平差，平差后进行精度评定，其中包括单位权中误差、最弱点和最弱相邻点点位中误差、最弱边的边长及方位角中误差等。

四等以下平面控制网可采用近似平差和按近似法评定其精度。采用近似平差方法的导线网，其边长及方位角成果应由坐标平差值反算获得。

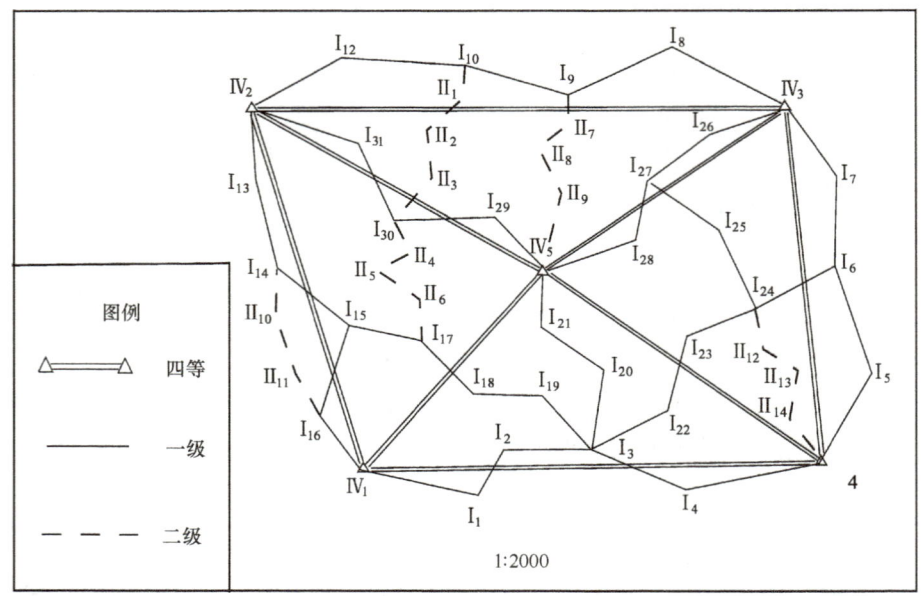

图 3-3 地籍控制网略图

手工平差时，应由二人独立计算，确保无误。利用计算机进行平差时，应选择经过鉴定且功能齐全的程序。对数据的输入应进行仔细核对，计算的成果也应进行校验。

地籍首级控制网测量的方法主要有：GPS 测量、导线测量、三角测量、航测法等。由于 GPS 测量近年来发展迅猛，其具有精度高、费用省等优点，正逐步成为地籍控制网的首选方法。

3.1.4 地籍控制测量的方法

为了满足地籍细部测量和界址点坐标测量及日常地籍管理的要求，应在测区城市控制网（点）的基础上，加密控制网，建立满足地籍细部测量精度与密度要求的地籍控制网。地籍控制网测量可采用 GPS 定位技术，利用已有城镇基本控制网，布设一、二级导线地籍控制网，布设图根控制网等方法。

1. 利用 GPS 定位技术布测城镇地籍基本控制网

在一些大城市中，一般已经建立城市控制网，并且已经在此控制网的基础上作了大量的测绘工作。但是，随着经济建设的迅速发展，已有控制网的控制范围和精度已不能满足要求，为此，迫切需要利用 GPS 定位技术来加强和改造已有的控制网作为地籍控制网。

1) 由于 GPS 定位技术的不断改进和完善，其测绘精度、测绘速度和经济效益，都大大地优于目前的常规控制测量技术，GPS 定位技术可作为地籍控制测量的主要手段。

2) 对于边长小于 8~10km 的二、三、四等基本控制网和一、二级地籍控制网的 GPS 基线向量，都可采用 GPS 快速静态定位的方法。由试验分析与检测证明，应用 GPS 快速静态定位方法，施测一个点的时间，从几十秒到几分钟，最多十几分钟，精度可达到 1~2cm 左右，完全可以满足地籍控制测量的需求，可以成倍地提高观测时间和经济效益。

3）建立 GPS 定位技术布测城镇地籍控制网时，应与已有的控制点进行联测，联测的控制点最少不能少于 2 个。

2. 利用已有城镇基本控制网

1）凡符合 2012 年发布的《城市测量规范》（CJJ/T 8—2011）要求的二、三、四等城市控制网点和一、二级城市控制网点都可利用。

2）对已布设二、三、四等城市控制网而未布设一、二级控制网的地区，可以以其为基础，加密一级或二级地籍控制网。

3）对已布设有一级城市控制网的地区，可以以其为基础，加密二级地籍控制网。

4）在利用已有控制成果时，应对所利用的成果有目的地进行分析和检查。在检查与使用过程中，如发现有过大误差时，则应进行分析，对有问题的点（存在粗差、点位移动等），可避而不用。

3. 一、二级导线地籍控制网的布设

目前各大中城市所建立的质量良好的城市控制网，基本能满足建立地籍控制网的需要。可直接在城市控制网的基础上进行一、二级地籍控制测量。

城镇地籍控制测量应以光电测距导线布设，其布设规格和技术指标见表 3-6。

表 3-6　光电测距导线的布设规格和技术指标

等级	平均边长/km	附合导线长度/km	每边测距中误差/mm	测角中误差（″）	导线全长相对闭合差	水平角观测测回数		方位角闭合差（″）	距离测回数
						DJ_2	DJ_6		
一级	0.3	3.6	±15	±5.0	1/14000	2	6	$±10\sqrt{n}$	2
二级	0.2	2.4	±12	±8.0	1/10000	1	3	$±16\sqrt{n}$	2

4. 图根控制网的布设

可采用动态全球定位系统定位方法、快速静态全球定位系统定位方法或导线测量方法建立地籍图根控制网点。

（1）图根导线　地籍图根控制网在精度上应该满足以 ±5cm（或 ±7.5cm）精度测量界址点坐标的要求，所以布网规格（点位精度、密度）与测图比例尺大小基本无关，而地形图测绘的图根控制网布设规格由当时的测图比例尺来决定。目前一、二级导线的平均边长都在 100m 以上，这样的控制点密度用于测定复杂隐蔽的居民地的界址点势必要做大量的过渡点（多为支导线形式），不但工作量大，作业率低，在精度方面也不能保证。因此，经济而又可靠的方法是布网时增加控制点的密度。可在布设二级导线的基础上，根据实际需要布设适合的图根导线进行加密。图根导线的测量方法有闭合导线、附合导线、无定向附合导线、支导线等。在首级控制许可的情况下，尽可能采用附合导线和闭合导线，但如果控制点遭到破坏，不能满足要求，可考虑无定向附合导线、支导线。表 3-7 提供了两个等级的图根导线的技术指标，作业时可选用其中的一个。

表 3-7　图根导线技术参数表

等级	平均边长/km	附合导线长度/km	测距中误差/mm	测角中误差（″）	导线全长相对闭合差	水平角观测测回数 DJ$_2$	水平角观测测回数 DJ$_6$	方位角闭合差（″）	距离测回数
一级	100	1.5	±12	±12	1/6000	1	2	±24$\sqrt{n}$	2
二级	75	0.75	±12	±20	1/4000	1	1	±40$\sqrt{n}$	1

图根导线的边长已充分考虑复杂居民点的实际情况，目的是在控制点上能够直接测到界址点，对于特别隐蔽的地方，界址点离开控制点的距离也会约束在较短的范围内。

（2）GPS-RTK（含 CORS）图根点的测量　可采用 GPS-RTK 方法布设图根点，保证至少有一个图根点通视，相邻两点之间的边长不小于 100m。为保证 GPS-RTK 的测量精度，应进行有效检核。检核方法有两种：

1）每个图根点均应有两次独立的观测结果，两次测量结果的平面坐标较差不得大于 ±3cm，高程的较差不得大于 ±5cm，在限差内取平均值作为图根点的平面坐标和高程。

2）在测量界址点和测绘地籍图时采用全站仪对相邻 GPS-RTK 的图根点进行边长检查，其检测边长的水平距离的相对误差不大于 1/3000。

课题 2　地籍细部测量

3.2.1　地籍细部测量概述

地籍细部测量是地籍测量的核心内容之一。一般来说，**地籍细部测量**包括界址点和地物测量，其方法可分为解析法、部分解析法和图解法，但随着测绘技术的飞速发展，传统的模拟法测绘逐渐被数字法所代替，目前地籍细部测量主要使用解析法和部分解析法。

地籍细部测量在地籍控制测量的基础上进行，**其目的是**测定每宗地的权属界址点位置、形状、面积等基本情况。地籍细部测量工作的主要内容是：

1）土地权属界址点及其他地籍要素的测定。

2）测绘基本地籍图与宗地图。

3）编绘土地利用现状图与农村居民地地籍图。

地籍细部测量在测定土地权属界址点方面可采用以下 3 种方法。

1）解析法：测区的全部界址点位置是根据实测数据按公式解析计算出其坐标。

2）部分解析法：采用解析法测量街坊外围界址点和街坊内部明显界址点坐标，其余界址点位置依靠勘丈值来确定。

3）图解法：不测定界址点坐标，界址点位置全部靠界址点勘丈数据来确定。

上述 3 种方法的特征分别为：

1）解析法测绘的所有界址点都用实测元素按公式解析计算其坐标。

2）部分解析法中只有部分界址点（通常是街坊外围的界址点及街坊内部明显界址点）是用实测元素按公式解析计算其坐标，其余界址点位不测界址点的坐标，界址点位置依靠图解勘丈法确定。

3）图解法不用实测元素计算界址点的坐标，全部界址点位置应用勘丈的数据确定，界址点的坐标可以在图上图解获得。这种方法精度较差，主要使用在经济欠发达、对地籍测量精度要求较低的地区。

3.2.2 界址测量

界址点精度可根据土地法律、土地经济价值和界址点的重要程度选择界址点测量的精度。德国、奥地利、荷兰等国家对界址点坐标的精度要求很高，一般为±（3~5）cm。在日本则分为6个等级，具体见表3-8。表中列出的界址点位置误差是指界址点相对于邻近控制点的误差。在我国，根据《地籍调查规程》（TD/T 1001—2012），一般采用解析法实测界址点的精度等级规定见表3-9。

表3-8 日本地籍测量规范中对界址点测量精度的规定

精度等级	界址点位置限差	
	中误差/cm	最大限差/cm
1	2	6
2	7	20
3	15	45
4	25	75
5	50	150
6	100	300

表3-9 界址点精度等级

级别	界址点相对于邻近控制点的点位误差，相邻界址点之间的间距误差/m	
	中误差	允许误差
一级	±0.05	±0.10
二级	±0.075	±0.15
三级	±0.10	±0.20

注：1. 土地使用权明显的界址点精度不低于一级，隐蔽界址点精度不低于二级。
2. 土地所有权界址点可选择一、二、三级精度。

1. 界址点测量的方法

当实地确认了界址点的位置并埋设了界址点标志后，即可测量界址点坐标。界址点坐标测量的方法主要有以下5种。

1）**解析法**。根据测区平面控制网，通过测边、测角，计算界址点坐标的方法，称为**解析法**。解析法是目前界址点测量的主要方法。这种方法的优点有：每个界址点都有自己的坐标，一旦丢失或地物变化，也可使界址点点位准确复原；有了界址点坐标即可编绘任意比例尺的地籍图，且成图精度高；有了界址点坐标，可使面积的计算速度快，精度高，且便于计算机管理；从长远角度看，在经济上也是合算的。

解析法测得的界址点精度高，完全可以满足城镇地区的房地产地籍管理的要求，解析法测定界址点，野外作业工作量大，生产成本高和成图周期长，如果进行大面积的地籍测量，则需要投入大量的人力、物力，随着现代测绘技术的发展，这一问题已得到解决。

2）图解法。**图解法**是以测得的大比例尺地形图或地籍图为基础，在图上确定界址点的位置，量取界址点坐标。图解法的野外工作量少，生产工艺简单，速度快，成本低，适合已有大比例尺地形图或地籍图的地区。但它受地形图、地籍图的现势性和成图精度的影响较大，其图上量测确定的坐标和图上量算面积的精度，均取决于原图上地物点的精度，它一般比解析法精度低。

3）测算法。**测算法**通常是以解析法施测街坊周围能够直接测量的界址点坐标，而对街坊内部隐蔽的无法直接施测界址点，则可利用已测界址点坐标和各宗地界址点间勘丈值及已知条件，灵活运用各种公式，计算隐蔽界址点的坐标值。

4）航测法。**航测法**是采用大比例尺成图技术，先外业调绘，后内业成图的方法做成大比例尺地形图或地籍图。界址点的坐标可直接从相片上量算，其精度一般高于图解的点位精度，而低于解析法的精度。航测法适合于大面积地籍测量的地区。它既可以弥补图解法精度较低的不足，又克服了解析法效率较低、成本较高的缺点。

5）全站仪、GPS-RTK 自动获取法。地籍测量数据采集自动化，一般可采用全站仪或 GPS-RTK 测量技术，它可以直接实现界址点坐标的测定，并可将其坐标值存入电子手簿，到室内与计算机绘图仪连接，绘出地籍图或建立地籍数据库。这种方法不仅速度快、效率高，而且便于自动化管理，是目前和今后地籍测量的主要手段。

2. 界址点的坐标计算

在野外通常是利用各种测量工具来获得界址点的观测数据，在室内则需要利用数学公式计算出界址点的坐标。由于在野外测量过程中，根据不同的情况选用了不同的方法，因此，在坐标计算时，需要采用不同的数学公式计算界址点坐标。

3. 测定界址点坐标的工作程序

测定界址点的方法比较多，解析法是测定界址点的重要方法，以解析法为例说明测定界址点的工作程序。解析法测定界址点坐标的工作分为准备工作、野外实测和内业整理 3 个阶段。

（1）准备工作

1）界址点位置的确定。界址点位置的确定一般是与权属调查同时进行。地籍调查表中详细地说明了界址点实地位置的相关情况：包括界址点的界标类型、界址点的编号、界址边边长、宗地草图，这些资料都是进行界址点测量所必需的。

2）界址点位置野外踏勘。界址点位置野外踏勘应在地籍调查工作人员引导下进行，实地查看界址点位置，了解各宗地的用地范围，并在参考图件上（最好是现势性强的大比例尺图件）用红笔清晰地标记出界址点的位置和宗地的用地范围。如无参考图件，则要绘制踏勘草图。若宗地面积较小，可在一张图纸上描绘若干个相邻宗地，并注意界址点的共用情况。对于面积较大的宗地要注记好四至关系和共用界址点情况。在绘好的草图上标记权属主的姓名和草编宗地号。在未定界线附近则可选择若干固定的地物点或埋设参考标志,测定时按界址点坐标的精度要求测定这些点的坐标值,待权属界线确定后,可据此补测确认后的界址点坐标。这些辅助点也要在草图上标注。

3)踏勘后的资料整理。进行地籍调查或野外踏勘时,草编界址点号和制作界址点观测及面积计算草图,一般不知道地籍调查区内的界址点数量,只知道每宗地有多少界址点,其编号只在本宗地内使用。因此,在地籍调查区内统一编制野外界址点观测草图,并统一编上草编界址点号,这样不但方便了外业观测记簿,而且也为内业计算带来方便。

(2)野外实测　界址点坐标的测量工作可以单独进行,也可以和地籍图的测量同时进行。界址点坐标测量时应使用预制的界址点观测手簿。记簿时,界址点的观测序号直接用观测草图上的草编界址点号。观测用的仪器设备有光学经纬仪、钢尺、测距仪、电子经纬仪、全站型电子速测仪和 GPS 接收机等。这些仪器设备都应进行严格的检验。

测角时,采用一测回观测,测距时,距离读数至少两次,当使用钢尺量距时,其量距长度不能超过一个尺段,钢尺必须检定并对丈量结果进行尺长改正。

使用光电测距仪或全站仪测距,不仅可免去量距的工作,而且还可以隔站观测,免受距离长短的限制。当欲测距的界线址点在墙角时,用光电测距仪或全站仪测距会产生误差,这是因为在墙角安置的是一个有体积的单棱镜。偏心有两种情况:其一为横向偏心。如图 3-4 所示,P 点为界址点的位置,P' 点为棱镜中心的位置,A 为测站点,要使 $AP = AP'$,棱镜必须安放在以 A 点为圆心的 PP' 圆弧上,在实际作业时达到这个要求并不难。其二为纵向偏心。如图 3-5 所示,P、P'、A 的含义同前,此时就要求在棱镜放置好之后,能读出 PP',用实际测出的距离加上或减去 PP',从而尽可能减少测距误差。

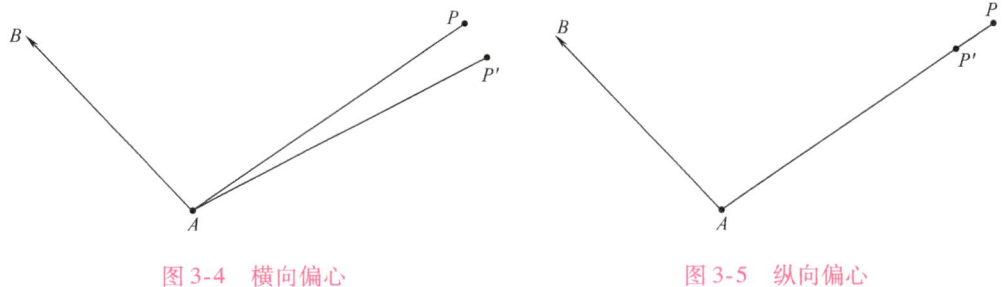

图 3-4　横向偏心　　　　　　　　图 3-5　纵向偏心

(3)内业整理　界址点的观测成果应按街坊分册记录和计算。坐标计算精度取 0.01m。

利用宗地草图的丈量数据校核该界址点坐标,即反算出所有相邻界址点间的边长,逐一与宗地草图上丈量的边长进行比较。一、二类界址边,其差值应分别不超过 10cm 和 15cm。若超过了限差,则应会同权属调查人员实地核查解决。

界址点坐标册的编制。界址点坐标册是地籍调查的重要成果,也是面积量算的起始数据,当一个地籍调查区内的所有界址点坐标(包括图解的界址点坐标)都经过检查合格后,按技术设计书的要求给每一个界址点编号,并计算全部的宗地面积,然后把界址点坐标和面积填入相应的表格中,并整理成册。

课题3 地籍图的测绘

3.3.1 地籍图概述

1. 地籍图的概念

所谓**地籍图**是按照特定的投影方法、比例关系和专用符号把地籍要素及其有关的地物和地貌测绘在平面图纸上的图形,是地籍的基本资料之一。

地籍图既要准确完整地表示基本地籍要素,又要使图面简明、清晰,便于用户根据图上的基本要素去增补新的内容,加工成用户各自所需的专用图。

一张地籍图,并不能表示所有应该表示或描述的地籍要素。在图上主要直观地表达自然的或人造的地物、地貌,各类地物所具有的属性。在地籍图上用各种符号、数字、文字注记表达制图内容并与地籍数据和地籍簿册建立了一种有序的对应关系,从而使地籍资料有机地联系在一起。这是因为地籍图一方面受到地图比例尺的限制,另一方面还应符合地籍图的可读性和艺术性。

2. 地籍图的种类

地籍图按表示的内容可分为基本地籍图和专题地籍图;按城乡地域的差别可分为农村地籍图和城镇地籍图;按图的表达方式分为模拟地籍图和数字地籍图;按用途可分为税收地籍图、产权地籍图和多用途地籍图。

在地籍图集合中,我国现在主要测绘制作的有:城镇分幅地籍图、宗地图、农村居民地地籍图、土地利用现状图、土地所有权属图等。

为了满足土地登记和土地权属管理的需要,目前我国城镇地籍调查需测绘的地籍图为:

1) 宗地草图。**宗地草图**是描述宗地位置、界址点、线和相邻宗地关系的实地记录,在地籍调查的同时实地测绘,是处理土地权属的原始资料。

2) 基本地籍图。**基本地籍图**是地籍测量的基本成果之一,是依照规范和规程的规定,实施地籍测量的成果。一般按矩形或正方形分幅,又称为分幅地籍图。

3) 宗地图。**宗地图**一般以一宗地为单位绘制,是土地证书及宗地档案的附图。它是从基本地籍图上蒙绘,按照宗地的大小确定其比例尺。

3. 地籍图比例尺

比例尺直接影响地籍图的使用价值。选择地籍图比例尺应以满足地籍管理的需要为前提,并综合顾及其他因素,如其他用图目的、测区的区域地理特征、经办部门能承受的人力财力等。

(1) 选择地籍图比例尺的依据

1) 根据繁华程度和土地价值。就土地经济而言,地域的繁华程度与土地价值是相关的,对于土地价值较高的城市土地,地籍图对宗地的情况及地物要素的表示要求详细、准确,必须选择大比例尺测图,反之,可以粗略些。

2) 根据建筑物的密度和细部详细程度。一般来说,建筑物密度大,其比例尺可大些;

反之，建筑物密度小的地方，选择的比例尺可小些。另外，表示房屋细部的详细程度与比例尺有关，比例尺越大，房屋的细微变化可以表示得清楚；如果比例尺小，细小的部分无法表示，要么省略，要么综合，这就影响到房屋占地面积量算的准确性。

3）依据地籍图的测量方法。当采用数字地籍测量方法测绘地籍图时，界址点及其地物点的精度较高，面积精度也高，在不影响土地权属管理的前提下，比例尺可适当小一些，当采用传统的模拟法测绘地籍图时，比例尺则相应取较大一些。

（2）我国地籍图的比例尺系列　《地籍调查规程》（TD/T 1001—2012）规定，地籍图比例尺可采用 1∶500、1∶1000、1∶2000、1∶5000、1∶10000 和 1∶50000 等比例尺。集体土地所有权调查，其地籍图基本比例尺为 1∶10000。有条件的地区或城镇周边的区域可采用 1∶500、1∶1000、1∶2000 或 1∶5000 比例尺。在人口密度很低的荒漠、沙漠、高原等地区可采用 1∶50000 比例尺。土地使用权调查，其地籍图基本比例尺为 1∶500。对村庄、采矿用地、风景名胜、特殊用地、铁路、公路等建设用地也可采用 1∶1000、1∶2000 比例尺制图。

4. 地籍图的分幅与编号

1∶500、1∶1000、1∶2000 地籍图可采用正方形分幅（50cm×50cm）或矩形分幅（40cm×50cm）。图幅编号按照图廓西南角坐标公里数编号，X 坐标在前，Y 坐标在后，中间用短线连接。若采用正方形分幅，则如图 3-6 所示。1∶2000 比例尺地籍图的图幅编号为：689.0—593.0；1∶1000 比例尺地籍图的图幅编号为：689.5—593.0；1∶500 比例尺地籍图的图幅编号为：689.75—593.50。

若采用矩形分幅，图幅大小均为 40cm×50cm，图幅编号方法同正方形分幅，如图 3-7 所示。

1∶2000 比例尺地籍图的图幅编号为：689.0—593.0；

1∶1000 比例尺地籍图的图幅编号为：689.4—593.0；

1∶500 比例尺地籍图的图幅编号为：689.6—593.5。

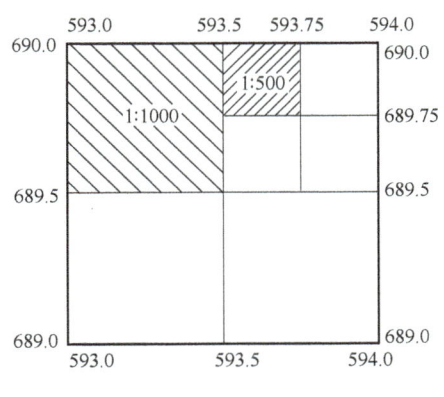

图 3-6　正方形分幅

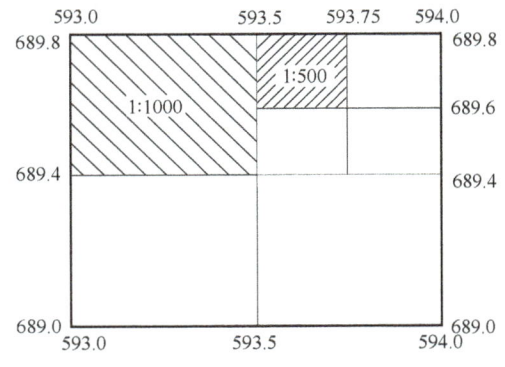

图 3-7　矩形分幅

1∶10000 按照经差 3′45″、纬差 2′30″ 的梯形分幅，以 1∶100 万国际标准分幅为基础采用 96×96 的行列分幅编号；1∶5000 按照经差 1′52.5″、纬差 1′15″ 的梯形分幅，以 1∶100 万国际标准分幅为基础，采用 192×192 的行列分幅编号。

1∶50000地籍图，按照经差为15′、纬差10′的分幅，以1∶100万国际标准分幅为基础，采用24×24的行列分幅编号。

3.3.2　地籍图的内容

地籍图的内容包括地籍要素、必要的地物要素以及其他要素。必要的地物要素是指与地籍要素有关的一些地物要素。除特殊要求外，地籍图上一般不表示地貌。城镇地籍图和农村地籍图样图分别如图3-8、图3-9所示。

1. 地籍要素

1）各级行政境界：不同等级的行政境界相重合时只表示高级行政境界，境界线在拐角处不得间断，应在转角处绘出点或线。

2）地籍区（街道）与地籍子区（街坊）界：地籍区（街道）是以市（县）行政建制区的街道办事处或乡（镇）的行政辖区为基础划定的；地籍子区（街坊）是根据实际情况有道路或河流等固定地物围成的包括一个或几个自然街坊或村镇所组成的地籍管理单元。

3）宗地界址点或界址线：当图上两界址点间距小于1mm时，用一个点的符号表示，但应正确表示界址线。当界址线与行政境界、地籍区（街道）界或地籍子区（街坊）界重合时，应结合线状地物符号突出表示界址线，行政界线可移位表示。

4）地籍号注记：包括街道（地籍区）号、街坊（地籍子区）号、宗地号或地块号、房屋栋号、土地利用分类代码、土地等级等，分别注记在所属范围内的适中位置，当被图幅分割时应分别进行注记。如宗地或地块面积太小注记不下时，允许移注在宗地或地块外空白处并以指示线标明。

5）宗地坐落：由行政区名、街道名（或地名）及门牌号组成。门牌号除在街道首尾及拐弯处注记外，其余可跳号注记。

6）土地利用分类代码按二级分类注记。

7）土地权属主名称：选择较大的宗地注记土地权属主名称。

8）土地等级：对已完成土地定级估价的城镇，在地籍图上绘出土地分级界线并注记出相应的土地级别代码。

9）宗地面积：每宗地都应注出其面积，以m^2为单位。

2. 地物要素

1）作为界标物的地物如围墙、道路、房屋边线及各类垣栅等应表示。

2）房屋及其附属设施：房屋以外墙勒脚以上外围轮廓为准，正确表示占地状况，并注记房屋层数与建筑结构。装饰性或加固性的柱、垛、墙等不表示；临时性或已破坏的房屋不表示；墙体凸凹小于图上0.4mm不表示；落地阳台、有柱走廊及雨篷、与房屋相连的大面积台阶和室外楼梯等应表示。

3）工矿企业露天构筑物、固定粮仓、公共设施、广场、空地等绘出其用地范围界线，内置相应符号。

4）铁路、公路及其主要附属设施，如站台、桥梁、大的涵洞和隧道的出入口应表示，铁路路轨密集时可适当取舍。

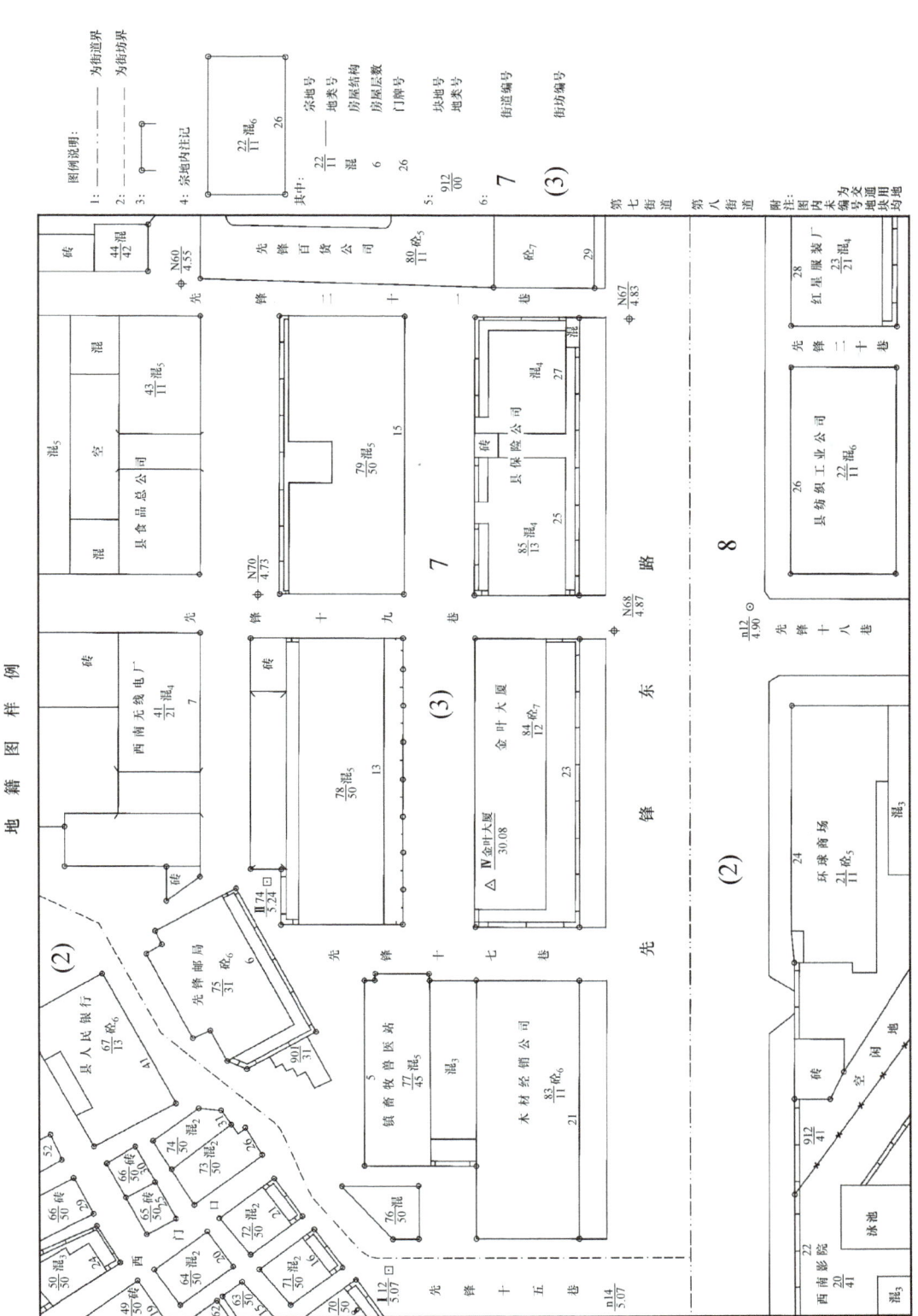

图 3-8 城镇地籍图样图

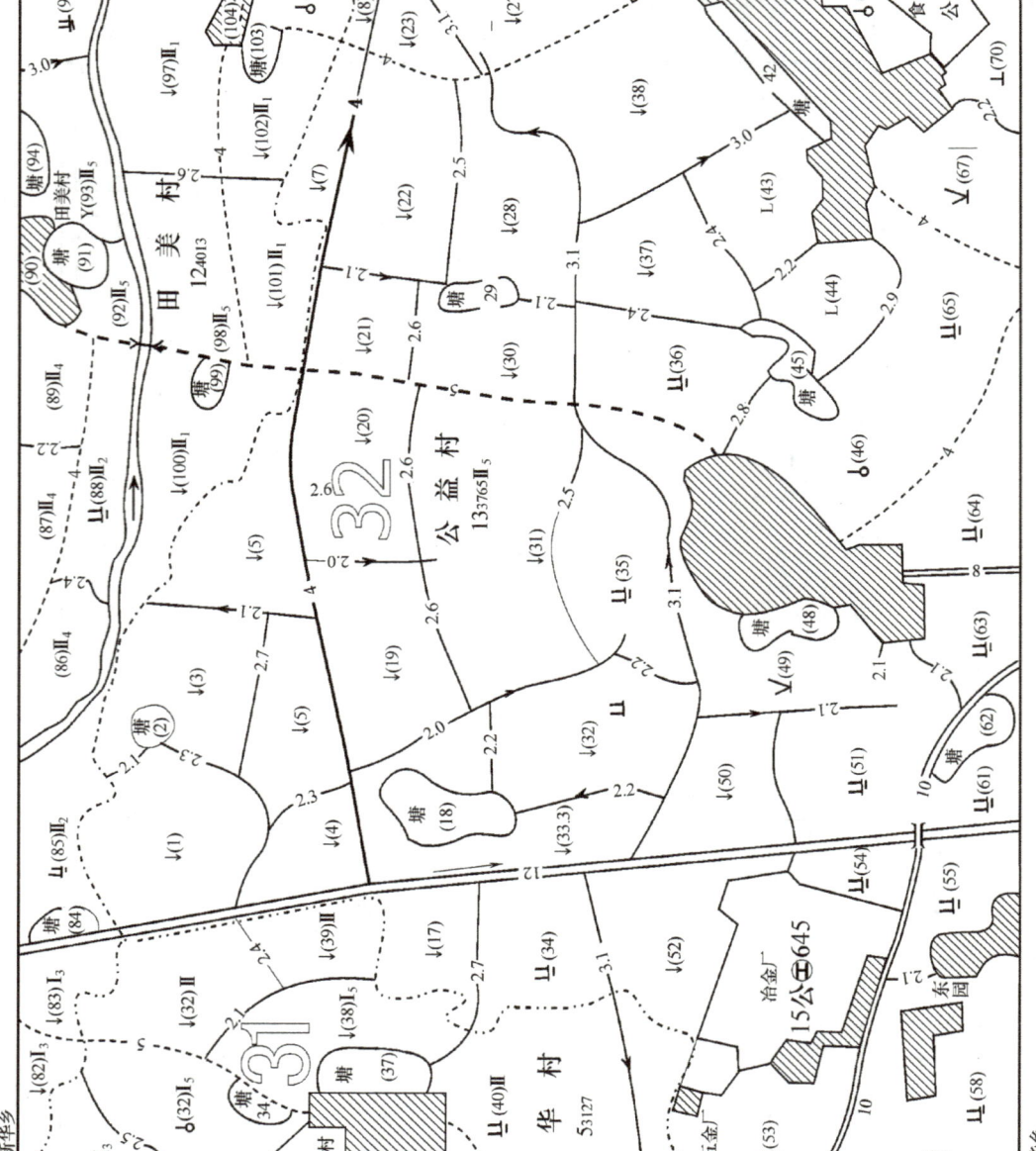

图 3-9 农村地籍图样图

5）建成区内街道两旁以宗地界址线为边线，道牙线可取舍。

6）城镇街巷均应表示。

7）塔、亭、碑、像、楼等独立地物应择要表示，图上占地面积大于符号尺寸时应绘出用地范围线，内置相应符号或注记。公园内一般的碑、亭、塔等可不表示。

8）电力线、通信线及一般架空管线不表示，但占地塔位的高压线及其塔位应表示。

9）地下管线、地下室一般不表示，但大面积的地下商场、地下停车场及与他项权利有关的地下建筑应表示。

10）大面积绿化地、街心公园、园地等应表示。零星植被、街旁行树、街心小绿地及单位内小绿地等可不表示。

11）河流、水库及其主要附属设施如堤、坝等应表示。

12）平坦地区不表示地貌，起伏变化较大的地区应适当注记高程点。

13）地理名称注记。

3. 其他要素

1）图廓线、坐标格网线的展绘及坐标注记。

2）埋石的各级控制点位的展绘及点名或点号注记。

3）图廓外测图比例尺的注记。

3.3.3　分幅地籍图的测绘

分幅地籍图又称为基本地籍图，现有的地形图测绘方法都可用于测绘分幅地籍图。可通过数字摄影测量、全野外数字测图和编绘法等方法测绘地籍图，这些都是一些常规的方法。随着科学技术的发展，全野外数字测图成为地籍测绘的主要方法。

1. 航测法成图（摄影测量）

摄影测量在地籍测量中的应用主要有以下几个方面：

1）测制多用途地籍图。

2）用于土地利用现状分类的调查以及制作农村地籍图、土地利用现状图。

3）加密界址点坐标（主要用于农村地区土地所有权界址点）。

4）作为地籍数据库的数据采集站。

当用于制作城镇地籍图时，通常用全站仪实测界址点坐标。

摄影测量作为有别于普通测量技术的另一种测量技术，已从传统的模拟法过渡到解析法并向数字摄影测量方向发展，已广泛应用于地籍测量工作中。无论摄影测量处于何种发展阶段，包括地籍测量在内的集成式测图系统的作业流程都大致如图 3-10 所示。

现阶段，摄影测量技术主要用于测制农村地籍图。一般对农村地籍和界址点的精度要求较低，一般为 0.25~1.50m（居民点除外），因此可在航片上直接描绘出土地权属界线的情况。如有正射像片或立体正射像片，则可直接从中确定出土地利用类别和土地权属界线，并方便地测算出各土地利用类别的面积和土地权属单位的面积。借助数字摄影测量系统可制作出数字线划土地利用现状图和农村地籍图。

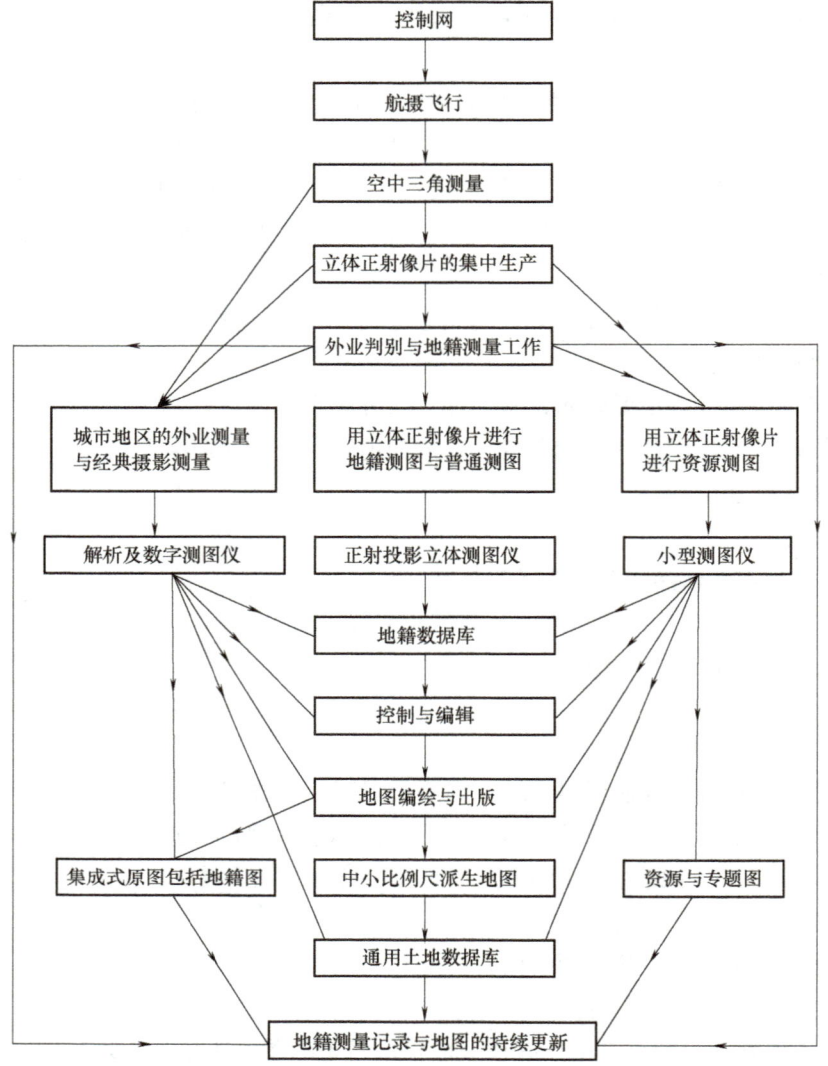

图 3-10 包括地籍测量在内的集成式测图系统的作业流程图

2. 编绘法成图

大多数城镇已经测制有大比例尺的地形图,在此基础上按地籍的要求编绘地籍图,不失为快速、经济、有效的方法。如地形图已数字化,则可直接在计算机上编绘地籍图。为满足对地籍资料的急需,可利用测区内已有地形图、影像平面图编制地籍图。

(1) 模拟地籍图的编绘

1) 首先选用符合地籍测量精度要求的地形图、影像平面图作为编绘底图(地形图或影像平面图地物点点位中误差应在 ±0.5mm 以内)。编绘底图的比例尺大小应尽可能选用与编绘的地籍图所需比例尺相同。

2) 由于地形图或影像平面图的原图一般不能提供使用,故必须利用原图复制成二底图。复制后的二底图应进行图廓方格网变化情况和图纸伸缩的检查,当其限差不超过原绘制方格网、图廓线的精度要求时,方可使用。

3)外业调绘工作可在该测区已有地形图(印刷图或紫、蓝晒图)上进行,按地籍测量外业调绘的要求执行。外业调绘时,对测区的地物的变化情况加以标注,以便制定修测、补测的计划。

4)补测工作在二底图上进行。补测时应充分利用测区内原有控制点,如控制点的密度不够时则应先增设测站点。必要时也可利用固定的明显地物点,采用交会定点的方法,施测少量所需补测的地物。

补测的内容主要有界址点的位置,权属界址线所必须参照的线状地物,新增或变化了的地物等地籍和地形要素。补测后相邻界址点和地物点的间距中误差不得大于图上±0.6mm。

5)外业调绘与补测工作结束后,将调绘结果转绘到二底图上,并加注地籍要素的编号与注记,然后进行必要的整饰、着墨,制作成地籍图的工作底图(或称草编地籍图)。

6)在工作底图上,采用薄膜透绘方法,将地籍图所必需的地籍和地形要素透绘出来,舍去地籍图上不需要的部分(如等高线)。蒙透绘所获得的薄膜图经清绘整饰后,即可制作成正式的地籍图。

模拟地籍图编绘的精度取决于所利用的地形图或影像平面图的精度。当地形原图的精度超过一定限值时,该图就不适用于编绘地籍图。当利用测区已有较小一级比例尺地形图放大后编制地籍图,如用1:1000比例尺地形图放大为1:500比例尺地形图,以编绘1:500比例尺地籍图时,首先必须考虑放大后地形原图的精度,能否满足地籍图的精度要求。通常模拟编绘的地籍图上,界址点和地物点相对于邻近地籍图根控制点的点位中误差及相邻界址点的间距中误差不得超过图上±0.6mm。

(2)数字地籍图的编绘 如图3-11所示,利用地形(地籍)图编制数字地籍图就是以现有的满足精度要求的大比例尺地形(地籍)图为底图,结合部分野外调查和测量对上述数据进行补测或更新,然后数字化,经编辑处理形成以数字形式表示的地籍图。为了满足地籍权属管理的需要,对界址点通常采用全野外实测的方法。编制数字地籍图的基本步骤为编辑准备阶段、数字化阶段、数据编辑处理阶段和图形输出阶段。

3. 数字化成图

数字化成图是指利用测量仪器如全站仪、GPS-RTK等,在野外对界址点、地物点进行实测,以获得观测值(水平角、天顶距、距离等),然后将观测值存入存储器,再通过接口,将数据传输到计算机,由计算机进行数据处理,从而获得界址点、地物点坐标,最后利用计算机内的各种成图软件,将地籍资料按不同的形式输出,如屏幕上显示各种成果表及图形,打印机打印

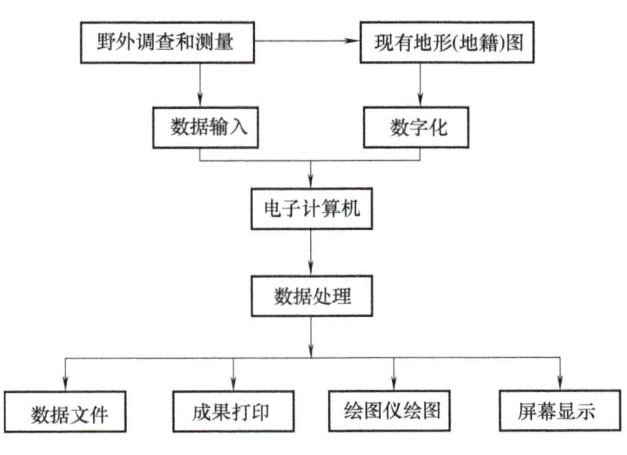

图3-11 利用地形(地籍)图编制数字地籍图

各种数据，资料存入磁盘等。野外数字化成图作业流程如图 3-12 所示。

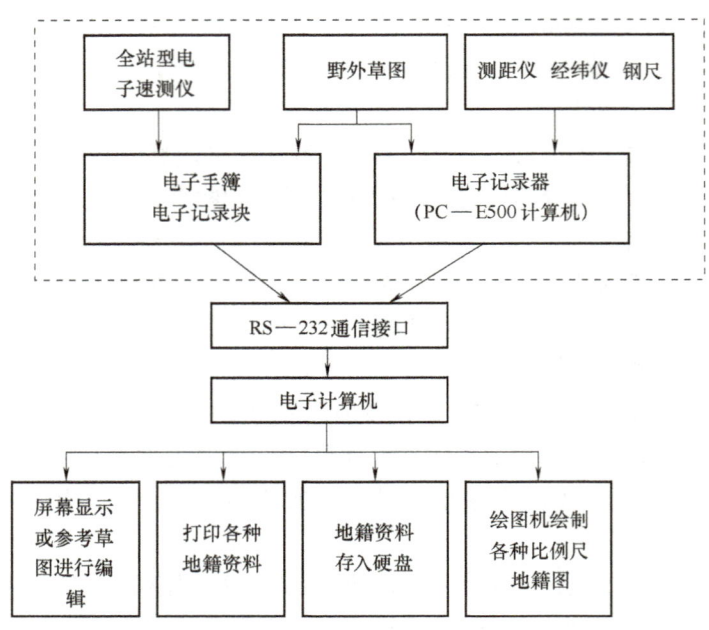

图 3-12　野外数字化成图作业流程

3.3.4　宗地图的编绘

1. 宗地图的概念

宗地图是描述一宗地位置、界址点线和与相邻宗地关系的地籍图。宗地图是从地籍图转绘而来，是土地证书的附图，经土地登记认可后，便成为具有法律效力的图件。宗地图样图如图 3-13 所示。

2. 宗地图的内容

通常要求宗地图的内容与分幅地籍图保持一致，具体内容如下：

1）所在图幅号、地籍区（街道）号、地籍子区（街坊）号、宗地号、界址点号、利用分类号、土地等级、房屋栋号。

2）用地面积和实量界址边长或反算的界址边长。

3）邻宗地的宗地号及相邻宗地间的界址分隔示意线。

4）紧靠宗地的地理名称。

5）宗地内的建筑物、构筑物等附着物及宗地外紧靠界址点线的附着物。

6）本宗地界址点位置、界址线、地形地物的现状、界址点坐标表、权利人名称、用地性质、用地面积、测图日期、测点（放桩）日期、制图日期。

7）指北方向和比例尺。

8）为保证宗地图的正确性，宗地图要检查审核，宗地图的制图者、审核者均要在图上签名。

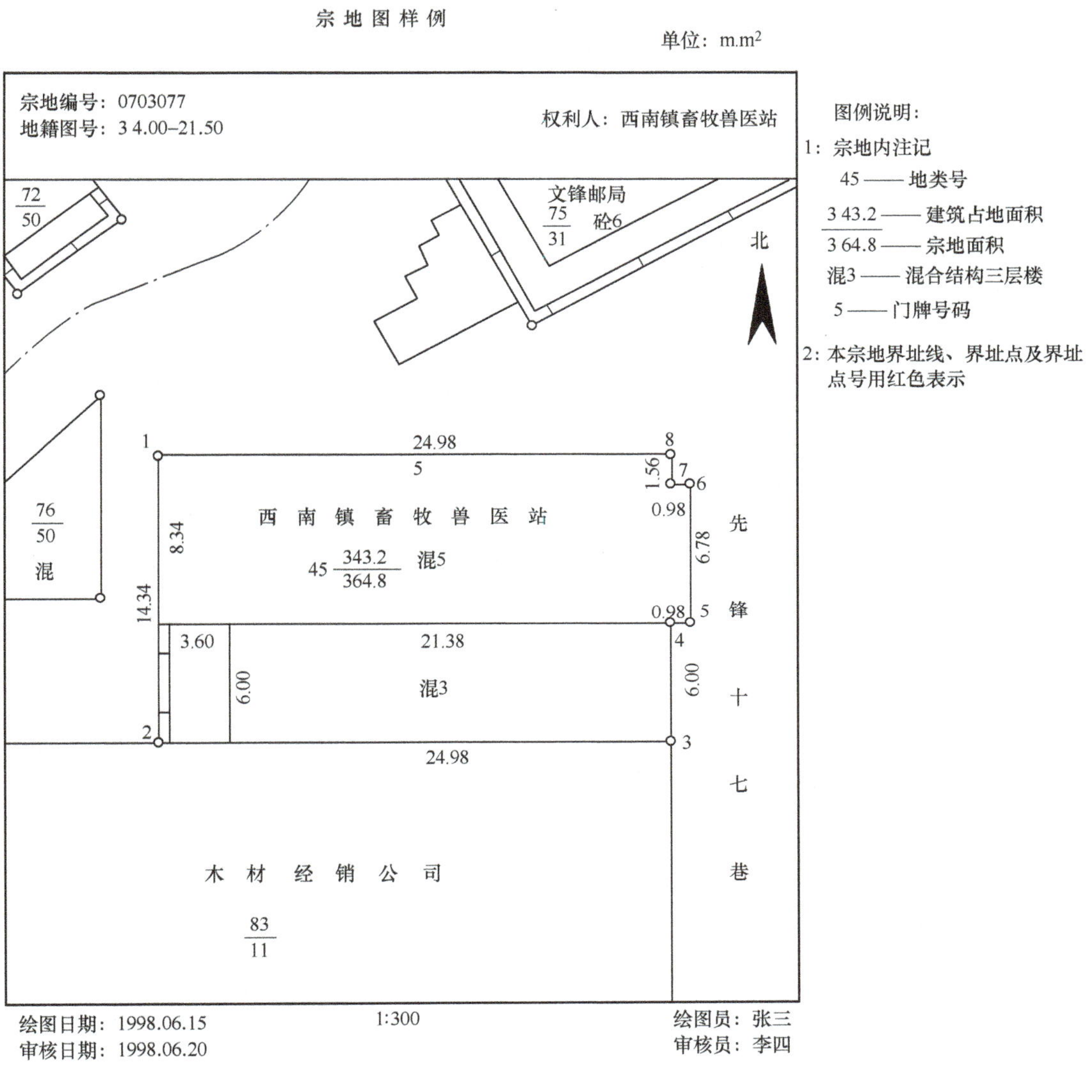

图3-13 宗地图样图

3. 宗地图的绘制

宗地图绘制的方法是将透明的绘图膜蒙贴在分幅地籍图上，蒙绘宗地图所需的内容并补充加绘相关内容。编绘宗地图时，应做到界址线走向清楚，坐标正确无误，面积准确，四至关系明确，各项注记正确齐全，比例尺适当。

宗地图图幅规格根据宗地的大小选取，一般为32开、16开、8开等，界址点用1.0mm直径的圆圈表示，界址线粗0.3mm，用红色或黑色表示。宗地图在相应的基础地籍图或调查草图的基础上编制，宗地图的图幅最好是固定的，比例尺可根据宗地大小选定，以能清楚表示宗地情况为原则。

课题4　土地利用现状图和农村居民地地籍图测绘

3.4.1　土地利用现状图绘制

土地利用现状图是土地利用现状调查工作结束需要提交的主要成果之一，它是地籍管理和土地管理工作的重要基础资料，必须认真编制。

1. 基本要求

1）成图的基本类型。目前土地利用现状图有两类：一类是分幅土地利用现状图，另一类是行政区域的土地利用现状图（岛图），它是在分幅土地利用现状图的基础上编绘而成的。

2）成图比例尺及图幅大小。乡级土地利用现状图的成图比例尺一般与调查底图比例尺一致，即农区1∶10000、重点林区1∶25000、一般林区1∶50000、牧区1∶50000或1∶100000，图面开幅可根据面积大小、形状、图面布置等分为全开或对开两种。县级土地利用现状图除面积较大或形状窄长的县用1∶100000比例尺图外，通常以1∶50000比例尺成图，采用全开幅。

2. 图的内容

土地利用现状图上应反映的内容有：图廓线及公里网线、各级行政界、水系、各种地类界及符号、线状地物、居民地、道路、必要的地貌要素、各要素的注记等。为使图面清晰，平原地区适当注记高程点，丘陵山区只绘计曲线。

3.4.2　乡级土地利用现状图的编制

1. 编制方法

按乡级单位的地理位置，将所涉及的图幅土地利用现状调查转绘底图拼接起来。拼接时以4个内图廓点和公里网作控制，并进行接边检查，然后利用0.05～0.07mm厚的磨面聚酯薄膜，采用连编带绘一次成图的透绘作业，即把制作编绘原图与出版原图两道工序合并在一起的作业方法。

2. 编制的程序

图上内容的编制顺序及作业要点有：

1）图廓线及公里网线。图廓线、公里网线绘制线条粗细分别为：附图图廓线粗0.15mm，外图廓线粗1.0mm，图内公里网线长1cm、粗0.1mm。其精度要求：图廓线边长误差±0.1mm，对角线边长误差±0.3mm，公里网连线误差±0.1mm。

2）水系。湖泊、双线河、大中小型水库、坑塘、单线河（先主后支）、渠道等及其附属物，按原图全部透绘。

3）居民地。农村居民点、城镇、独立工矿用地等均按底图形状进行透绘，其外围线用粗0.15mm实线表示。图形内，根据需要可用粗0.1mm线条与南图廓线成45°角加绘晕线，线隔0.8mm。

4)道路。按主次依次透绘铁路、公路、农村路,其符号及尺寸符合规程的要求。

5)行政界。省、地、县、乡、村各级行政界,自上而下依次透绘。线段长短、粗细、间隔均按《地籍调查规程》TD/T 1001—2012 要求。行政界相交时要做到实线相交,相邻行政界只绘出 2~3 节。飞地权属界按其地类用相应符号表示。

6)地类界。以 0.2mm 实线表示。作业过程中,需注意不要因跑线及移位而使图形变形。

7)进行各要素的注记。

8)整饰。按图面设计要求,图名配置在图幅上方中间为宜,字体底部距外图廓线 1.0~1.5cm,图签配置在图的右下方。

3. 自检、互检、审核、修改、图幅清绘

整饰完成后,应按设计要求,对照底图全面进行自检、互检,再交作业组、专业队审核。对检查出的问题进行修改,最后提交验收。

4. 复制、着色

1)复制。乡级土地利用现状图的复制,一般可采用静电复印(照)的方法,也可用熏图复制成图的方法直接晒成蓝图。限于条件,一般不采用线划套印。

2)着色。一般采用水彩着色,也可用油彩着色。

3.4.3 县级土地利用现状图的编制

1. 编图的原则和依据

1)制图单元以土地利用现状分类单元为编图依据,进行制图综合。

2)制图综合时,应贯彻"表示主要的、去掉次要的"原则。根据土地利用类型的区域特征,对各种地类要素进行科学分析,从水系综合、图形碎部综合、面积综合等三方面对图斑进行简化、概括,力求保持地貌单元的完整性,注意图斑形状、走向同地貌单元相吻合,使综合后的图斑面积与原图斑面积相一致。

3)通过不同的制图单元和图斑间的不同组合差异来反映土地利用现状的分布规律和区域特征的差异性。

2. 编绘草图

1)按 1:50000 比例尺图的编绘要求,在 1:10000 分幅土地利用现状图上进行综合取舍,逐一编制。

2)以 1:50000 地形图或素图的数学基础作为编制县级土地利用现状成果图的数学基础。在 1:50000 工作底图上标绘出相应的 16 幅 1:10000 地形图的图廓点,以图廓点、经纬网、公里网和控制点作控制。

3)将经过综合取舍和编制的 1:10000 土地利用现状图的各类要素缩编到 1:50000 地形图或素图上,编绘成 1:50000 的分幅土地利用现状草图。缩编可采用机械缩放仪法、复照法等。

3. 编稿原图

1)把 1:50000 分幅的土地利用现状草图,按县级制图范围进行拼幅。拼幅时以图廓点、经纬网、公里网和控制点作控制,并进行图幅接边检查。

2)用 0.05~0.07mm 厚的聚酯薄膜蒙到已拼幅的草图上,进行透绘、整饰,清绘成县级 1:50000 土地利用现状编稿原图。

3）图面清绘。按规定的图式符号进行清绘、透绘，清绘的顺序与乡级土地利用现状图相同。

4. 复制

已编制好的县级土地利用现状原图，需复制若干份，以供各部门使用和报上级土地管理部门。其复制方法有：熏图复制、晒蓝复制、印刷复制等。

3.4.4 土地所有权属图的编制

1. 分幅土地权属界线图的编制

土地权属界线图是地籍管理的基础图件，也是土地利用现状调查的重要成果之一。

土地权属界线图与其他专题地图一样，除了要保持同比例尺线画图的数学基础、几何精度外，在专题内容上，应突出土地的权属关系。它以土地利用现状调查成果图为依据，用界址拐点、权属界址线相应的地物图式符号及注记。

分幅土地权属界线图与土地利用现状调查工作底图比例尺相同。土地权属界址线、界址拐点可利用分幅土地利用现状调查底图透绘得到。编制方法与内容如下：

1) 用 0.05～0.07mm 厚的聚酯薄膜覆盖在分幅的土地利用现状调查底图上，透绘图廓点及内、外图廓线和公里网线，并以此作控制进行编制。

2) 用直径 0.1mm 的小圆点准确透刺权属拐点，并用半径 1mm 的圆圈整饰。无法用圆圈整饰时，需以 0.3mm 小圆点表示权属界线，用 0.2mm 粗的实线透绘。同一幅图内各拐点用阿拉伯数字顺序编号。图上拐点密集，两拐点间的距离小于 10mm 时，可用 0.3mm 小圆点只标拐点位置，不画界址点圆圈。

3) 县、乡、村等各行政单位所在地表示出建成区的范围线，并分别注记县、乡村名。

4) 图上面积小于 $1cm^2$ 的独立工矿用地及居民点以外的机关、团体、部队、学校等企事业单位用地，界址点上不绘小圆圈，只绘权属界线，并在适当位置注记土地使用者的名称。

5) 依比例尺上图的线状地物，在对应的两侧同时有拐点且其间距小于 2mm 时，只透绘拐点，不绘小圆圈。依比例尺上图的铁路、公路等线状地物，只绘界址线，不绘其图式符号，但应注记权属单位名称。

6) 不依比例的单线线状地物与权属界线重合，用长 10mm、粗 0.2mm、间隔 2mm 的线段沿线状地物两侧描绘。当行政界线与权属界线重合时，只绘行政界而不绘权属界。行政界线下一级服从于上一级。

7) 飞地用 0.2mm 粗的实线表示，并详细注记权属单位名称，如县、乡、村名。

8) 根据需要，可增绘对权属界址拐点定位有用的相关地物及说明权属界线走向的地貌特征。

2. 土地证上所附的土地所有权界线图的蒙绘

土地证上所附的土地权属界线图以 0.05mm 厚的聚酯薄膜蒙在分幅的 1:10000 比例尺土地利用现状图上，将本村权属界址点刺出，以半径 1mm 小圆圈整饰并编号，用 0.2mm 红实线表示界址线。从拐点引绘出四至分界线，用箭头表示分界地段，并注明相邻土地所有权单位和使用单位名称。

3.4.5 农村居民地地籍图

农村居民地是指建制镇（乡）以下的农村居民地住宅区及乡村圩镇。由于农村地区采用

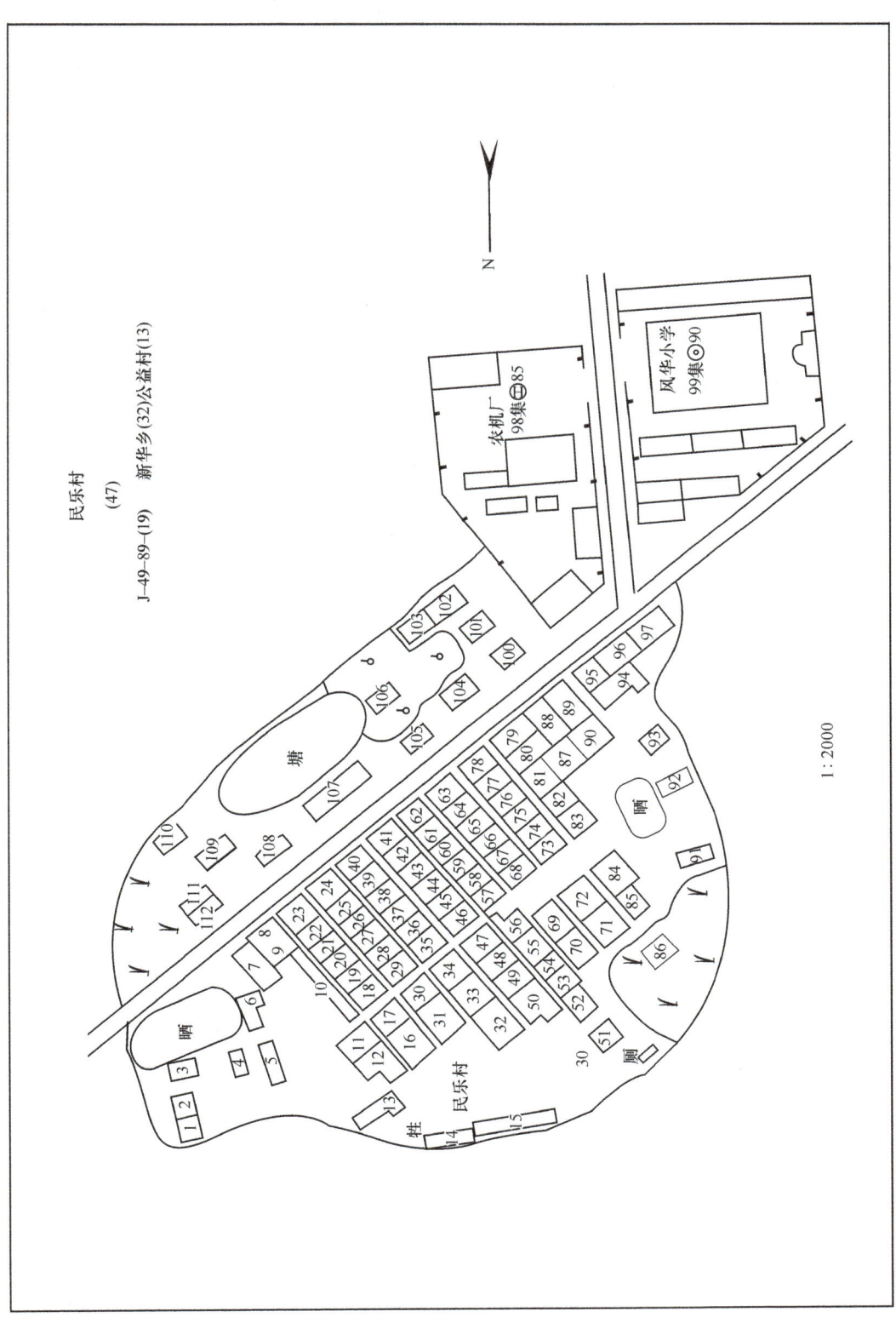

图 3-14 农村居民地地籍样图

地籍与房产测量

1:5000、1:10000 较小比例尺测绘分幅地籍图，因而地籍图上无法表示出居民地的细部位置，不便于村民宅基地的土地使用权管理，故需要测绘大比例尺农村居民地地籍图，用作农村地籍图的加细与补充，是农村地籍图的附图（见图3-14），以满足地籍管理工作的需要。

农村居民地地籍图的范围轮廓线应与农村地籍图（或土地利用现状图）上所标绘的居民地地块界线一致。农村居民地地籍图采用自由分幅以岛图形式编绘。

城乡结合部或经济发达地区的农村居民地地籍图一般采用 1:1000 或 1:2000 比例尺，按城镇地籍图测绘方法和要求测绘。急用图时，也可采用航摄像片放大，编制任意比例尺农村居民地地籍图。

居民地内权属单元的划分、权属调查、土地利用类别、房屋建筑情况的调查与城镇地籍测量相同。

农村居民地地籍图的编号应与农村地籍图（或土地利用现状图）中该居民地的地块号一致，居民地集体土地使用权宗地编号按居民地的自然走向（如1、2、3）顺序进行编号。居民地内的其他公共设施，如球场、道路、水塘等，不作编号。

农村居民地地籍图表示的内容一般包括：

1）自然村居民地范围轮廓线、居民地名称、居民地所在的乡（镇）、村名称，居民地所在农村地籍图的图号和地块号。
2）集体土地使用权宗地的界线、编号，房屋建筑结构和层数，利用类别和面积。
3）作为权属界线的围墙、垣栅、篱笆、铁丝网等线状地物。
4）居民地内公共设施、道路、球场、晒场、水塘和地类界等。
5）居民地的指北方向。
6）居民地地籍图的比例尺等。

单元小结

地籍调查与测量工程项目一般是先进行外业的调查，然后进入测量程序。地籍测量是一项技术工作，应遵循测量工作的一般原则：先控制后碎部。本单元阐述了地籍控制的基本要求和方法，地籍细部测量与地形测量的区别与联系，界址点测量、地籍图测绘的方法。地籍图是地籍测量成果的体现方式，宗地图是其中重要的信息，本单元对于宗地的绘制进行了详细的描述，对土地利用现状图和农村居民地的测制方法作了简要说明。

复习与思考题

3-1　什么是地籍控制测量？地籍控制测量的原则是什么？
3-2　为什么地籍图根控制点的精度与地籍图的比例尺无关？
3-3　地籍控制测量常用的坐标系有哪些？
3-4　地籍控制点的密度是如何确定的？

3-5　简述在工作实践中提高支导线精度的方法。
3-6　土地权属界址点坐标的作用是什么？
3-7　制定界址点坐标精度的依据是什么？我国对界址点坐标精度有哪些要求？
3-8　简述测定土地权属界址点的方法。
3-9　试述地面实测土地权属界址点坐标的原理、方法和应用条件。
3-10　高精度摄影测量方法加密界址点的坐标的作业要点有哪些？
3-11　什么是地籍图？我国现在主要测绘制作的地籍图有哪些？
3-12　试述选择地籍图比例尺的依据和我国地籍图比例尺系列。
3-13　简述地籍图内容选取的基本要点。
3-14　比较宗地图与宗地草图。
3-15　简述编绘法成图的作业步骤。
3-16　简述野外采集数据机助成图的作业流程。
3-17　为什么要测绘农村居民地地籍图（岛图）？其主要内容有哪些？
3-18　试述地籍图和地形图有什么不同？
3-19　分幅地籍图的测制方法有哪些？
3-20　试述宗地图的内容。

单元 4　地籍内业成图、面积量算与检查验收

【单元概述】

本单元主要阐述利用数字地籍成图软件进行地籍内业成图的方法，地籍数据库与地籍管理信息系统相关知识以及土地面积量算方法；土地面积测算工作的流程以及土地面积汇总统计的方法；地籍调查与测量成果资料整理、检查验收的相关知识；地籍调查与测量报告的编写方法。

【学习目标】

1. 了解数字地籍成图软件的主要功能。
2. 了解地籍数据库建库与地籍管理信息系统的相关知识。
3. 能熟练应用解析法和图解法进行土地面积量算，掌握土地面积量算数据处理的方法。
4. 理解土地面积测算的工作流程，能进行土地面积汇总统计，并向用户提供汇总统计成果。
5. 理解地籍调查与测量成果资料整理、检查验收的相关知识。
6. 掌握地籍调查与测量报告的编写方法。

课题 1　数字地籍成图软件

4.1.1　数字地籍成图软件的主要功能

数字地籍成图软件是地籍内业成图的核心。一个完整的数字地籍成图软件应具有数据采集、数据输入、数据编辑处理、数据管理、整饰和数据输出（见图 4-1）。软件应具备通用性强，稳定性好，数据的表示和编辑直观、简洁等功能，使用时能尽可能地给用户提供方便，采用菜单驱动方式和鼠标工作方式，并对汉字提供有效支持。处理后的成果资料可以列表方式、文件方式或图件方式输出，绘制出的图符合国家标准图式。

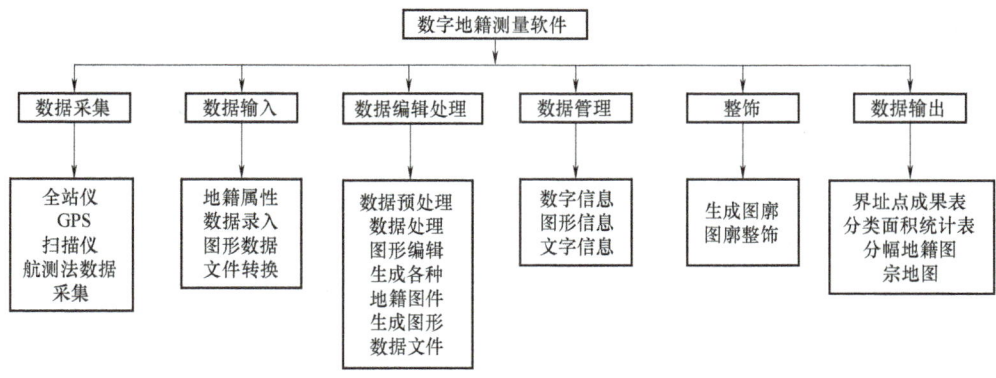

图 4-1　数字地籍成图软件功能框图

4.1.2　常用数字地籍成图软件简介

现阶段在地籍测量生产单位使用的众多数字测量软件都具有数字地籍测量的功能，其中功能较全面、使用较广泛的主要有 CASS 地形地籍成图软件、SZCT 数字测图系统、RDMS 数字测图系统、MAPSUR 数字测图系统等。这几种软件均可用于地籍图的测绘，并能按要求生成相应的图件和报表等。下面主要介绍其中前两种软件：

1. CASS 地形地籍成图软件

广东南方数码科技有限公司研制的 CASS 系列数字地籍测量系统是我国开发较早的数字地籍测量软件之一，在全国许多城市和地区具有广泛的影响。该系统采用 Auto CAD 为系统平台，并不断地升级。CASS 地形地籍成图软件集地形地籍测绘与管理功能于一体，依据国家最新颁布的有关地形及地籍调查测量的标准而开发，提供的成果标准规范，真正做到了图形管理与地籍属性数据管理的有机统一，实现了图数交互查询，为地籍管理提供了非常直观的图形化界面，其地籍模块的特点主要有：

1）根据权属文件自动生成地籍图。

2）修改界址点号、重排界址点号、注记界址点点名、删除界址点注记、调整界址点顺序、界址点修圆等。

3）实现宗地的合并、分割、重构。

4）完全自动的宗地图生成，可以实现单个宗地图的生成或批量生成。

5）地籍信息数据库的建立。用户可以在"当前街道"编辑框中直接输入数据库的路径及文件名；也可以在已有街道中用鼠标选择；用户还可以新建街道，并在对话框中输入数据库的路径及文件名。然后输入宗地信息，包括宗地上建筑物的信息。

6）地籍信息数据库的操作。利用地籍数据库，用户可以实现由图查库、由库查图或根据宗地号查询宗地信息，如宗地面积、界址点坐标、建筑物等，并对宗地信息或建筑物信息进行修改。

7）报表输出。可以输出以街道为单位的宗地面积汇总表、界址点坐标表、街道分类面积汇总表等。

2. SZCT 数字测图系统

SZCT 数字测图系统是武汉大学测绘学院和广西第一测绘院联合研制开发的数字测图软件。该系统以 Auto CAD 为系统平台，具有强大的外业数据采集和内业数据处理、绘图功能，在全国许多城市和地区的测绘部门和土地管理部门都得到应用。系统充分利用了 Auto CAD 最新技术成果，充分吸收了数字化测图、GIS、GPS 的最新技术思想，其测绘成果可以作为用户深层次应用开发的前端数据。SZCT 数字测图系统分为野外采集模块、绘制编辑模块、高程模型模块、地籍处理模块、工程计算模块、图幅管理模块 6 大模块，其中地籍处理模块具有以下特点：

1）绘制带权属的界址线、权属数据自动录入地籍数据库。
2）插入界址点、删除界址点、修改权属线、宗地分割、宗地合并。
3）对某界址线的界址点进行统一编号。
4）完全自动的宗地图生成，包括四至处理、自动比例变换、自动选择图幅大小，以及手动绘制宗地图等功能。
5）将成果表以图形形式插入宗地图中。
6）统计选定界址线的面积。
7）地类号、单位名、宗地号、面积范围等对某街坊的数据进行查询。
8）利用本功能，可快速将某宗地定位在当前屏幕中。
9）快速查找到重名、重号宗地，以便进一步处理。
10）街坊界址点成果表的自动生成；街坊宗地面积汇总表的自动生成等等。
11）包括单个生成、单个编辑、批量生成、批量打印宗地面积量算表等功能。

课题 2　地籍数据库与地籍管理信息系统

4.2.1　概述

数据库是以一定的组织方式存储在一起的相互关联的数据集合，能以最佳方式、最少冗余为多种目的服务。

地籍数据库是与地籍信息有关的所有文件的集合。数据库对数据文件进行重新组织，最大限度地减少数据冗余，增强文件间的联系，实现对数据的合理组织和灵活存取。根据数据库设计的理论和方法，**地籍管理信息系统的数据库**内容包括空间数据和属性数据两种类型。空间数据一般采用专用的图形数据库来管理，属性数据库则采用流行的关系数据库进行管理，为了实现两种数据的有效统一的处理和管理，必须建立属性和空间数据之间的联结。

4.2.2　地籍数据库建设

地籍数据库建设主要包括数据采集、数据检查、数据入库、数据库成果资料整理等方面的内容。

1. 数据采集

数据采集是指在建立地籍信息数据库过程中，采用野外数字测量或对现有地籍信息（图形信息）和调查资料（文字或数据信息）进行数字化，经数据处理获得地籍信息各种数据的作业过程。在数据入库前，应根据《城镇地籍数据库标准》对数据成果质量要求进行全面质量检查，并记录检查结果。对质量检查不合格的数据应予以返工，质量检查合格的数据方可入库。

2. 数据检查

1) 将建库成果与原始资料进行对比检查，分析数据库成果质量。

2) 将数据库生成的界址点成果表与原始坐标表对比，分析界址点输入精度。

3) 将数据库计算的宗地面积与原始资料中的宗地面积进行对比，分析宗地面积精度。

4) 将数据库中的统计汇总与原统计汇总表进行对比，分析建库汇总数据的准确性。

5) 将输出的地籍图与经过校正的扫描图像、原始地籍图进行叠加检查，分析地籍图数字化的整体精度。

3. 数据入库

借助数据库管理系统，将图形和属性数据转入地籍数据库管理系统，步骤如下：

1) 根据《城镇地籍数据库标准》的要求，建立数据字典和图幅索引。

2) 建立元数据库，其内容和格式要符合要求。

3) 将经过质量检查合格的矢量、属性、栅格等数据转入应用数据库。

4) 根据软件功能进行系统运行测试，验收合格后由技术负责人签字认可。

4. 数据库成果

（1）数据成果

1) 成果内容：城镇土地调查数据库（包括原格式数据、《城镇地籍数据库标准》规定的交换格式数据等）。

2) 成果要求：要求图层齐全，基础地理、土地利用、土地权属等要素完整；矢量数据、属性数据、栅格数据和元数据命名正确，格式和内容符合要求；数学基础符合要求；图形要素拓扑关系正确；图形数据精度满足要求；数据逻辑无缝，同时其属性和拓扑关系保持一致；各要素属性数据正确无误。

（2）文字成果

1) 成果内容：工作报告、技术报告和自检报告；图历簿、自检记录表和作业情况记载表等。

2) 成果要求：图表簿册书写正确，内容完整；质量控制文档齐全，包括作业情况记录表、数据源质量检查表等；工作报告、技术报告等报告文件内容丰富，描述准确，逻辑清楚

（3）图件成果

1) 地籍图：图内要素分地籍要素、数据要素和地物要素；地籍要素包括行政区界线、街坊界、界址点、界址线、地籍号、地类、使用者名称；数据要素包括图廓线、坐标格网、坐标注记、测量控制网、测量控制点及其注记；地物要素包括建筑物及构筑物、楼层、门牌号、围墙、栅栏、道路、水系等。图外要素包括图种名、图名、图号，图幅接合表，坐标系及高程系，成图比例尺，制图单位全称，说明注记（含调绘时间、制图时间），辅助说明，

图例等；图式图例要符合《地籍调查规程》（TD/T 1001—2012）的规定。

2）宗地图：图内要素包括图幅号、地籍号、宗地号、地类号、门牌号、面积及宗地使用者名称、界址点、界址点号、界址线及边长、宗地内建筑物及构筑物、邻宗地界址线、邻宗地使用者、相邻道路、街巷及名称、指北针；图外要素包括图种名、绘图员、审检员签名、制图时间，其他说明注记等。

3）街坊图：参照地籍图的图内、外要素制图。

（4）表格成果

1）成果内容：以街坊为单位的宗地面积汇总表，城镇土地利用现状分类统计汇总表，城镇土地利用强度表，城镇土地使用权类型汇总表，房地产、金融服务业、工业、开发园区、基础设施等专项用地调查统计汇总表等。

2）成果要求：表格格式符合要求，数据正确。

4.2.3　地籍管理信息系统

1. 地籍管理信息系统概述

地籍管理是国土资源管理的一项基础工作，它通过地籍调查和土地登记工作，对土地的利用状况、产权产籍状况及其法律关系依法进行确认，从而为国土资源管理工作和社会经济发展提供服务。

随着我国现代化地籍制度的建立和完善，管理系统工程的成熟度已经可以适应信息工程的要求。伴随着信息化时代的到来，如何充分利用现代信息技术为科学管理服务，是新时期我国地籍管理工作的一个显著特点和迫切要求。

地籍管理信息化建设要满足土地调查评价、政务管理和地籍信息的综合应用三个应用层次的目标要求，这也是地籍管理信息化建设的核心内容。

（1）地籍管理信息系统的概念　地籍管理信息系统是一个在计算机和现代信息技术支持下，以宗地为核心实体，实现地籍信息的输入、储存、检索、处理、综合分析、辅助决策以及成果输出的信息系统。其可以保证地籍管理工作高效、持久、和谐地运转，同时还为土地管理的现代化提供坚实的数据基础和优质高效的技术保障。

目前，地籍管理信息系统数量众多，其中 MAPGIS 是其中较成熟的优秀代表，其应用十分广泛，图 4-2 为其初始界面。

（2）地籍管理信息系统建设的目的及意义

1）管理地籍信息的需要。用地籍管理信息系统代替手工工作，完成图形数据、属性数据的修改、变更登记、日常统计，显示出高效率、高质量和高效益等优越性。

2）提高决策水平，加快决策速度。

3）实现快速动态监测。

4）地籍信息社会化的需求。

（3）地籍管理信息系统开发的原则

1）实用性。最大可能地满足地籍管理的业务要求，是本系统建设的根本目标，也是系统设计的基本出发点。

图 4-2　MAPGIS 地籍管理信息系统界面

其实用性要求做到：易于使用、更新简单、便于系统管理数据、升级容易；具有优化的系统结构、完善的数据库系统以及友好的用户界面；业务人员能够操作，实现土地管理业务处理的计算机化，逐步提高土地管理的信息化程度。

2）先进性。为规范业务流程，提高工作效率，拓宽服务领域，系统必须符合现行标准。其先进性要求做到：结构合理、数据严谨、功能齐全、技术先进、操作简单。

3）一体化。其一体化要求做到：系统建设、架构的一体化，办公自动化、GIS 应用的一体化，城乡国土资源管理的一体化和国土资源管理各个业务流程的一体化。

4）前瞻性。信息技术发展非常快，硬件更新换代迅速，性能价格比不断跃升，因此在系统的设计中要有前瞻性，必须充分考虑技术的发展趋势。

同时，在硬件配置和系统设计中还需充分考虑系统的发展和升级。使系统具有较强的扩展能力，处于应用系统技术领先地位，确保系统能适应现代信息技术高速发展的要求。

5）可扩展性。系统必须具有较强的可扩展性和对需求变化的自适应能力，以适应业务管理内容和工作流程变化造成的系统需求的变化。

6）经济性。系统建设要求在实用性的基础上做到最经济，以最小的投入获得最大的效益。在硬件和软件的配置、系统开发和数据库建立上都应充分考虑投入和经济效益。

（4）地籍管理信息系统技术要求

1）空间图数关系：图形与属性的连接是开发地籍管理信息系统的关键技术。

2）统计分析：采用矢量和栅格两种技术完成统计工作。

3）报表输出：通过数据库中提取数据可以制作各种输出表格。

2. 地籍管理信息系统的主要结构和功能

（1）地籍管理信息系统主要结构　地籍管理信息系统主要结构如图 4-3 所示。

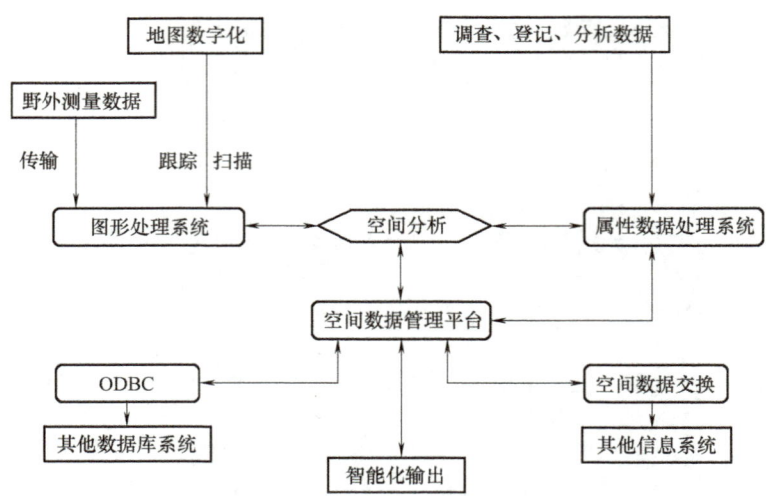

图 4-3　地籍管理信息系统主要结构图

(2) 地籍管理信息系统的功能

1) 数据采集功能：数据包括几何数据、属性数据和管理数据；采集方式有手扶跟踪数字化、图纸扫描数字化、测量仪器及外部数据文件接口和键盘输入矢量数据。

2) 图形处理功能：图形数据在输入后，需要对图形进行显示、查询、编辑、修改、管理等工作。

3) 制图功能：为用户提供矢量图、栅格图、全要素图和各种专题图。

4) 属性数据的管理：对于属性数据一般都采用表格表示，在信息系统中可以采用关系型数据库管理系统（RDBMS）来管理。

5) 空间查询功能：根据属性查图形、SQL 查询、从属性表直接查询目标对象、根据图形查属性、空间关系查询。

6) 空间分析功能：叠置分析、缓冲分析、空间几何分析、地学分析。

(3) 地籍管理信息系统的组成　**地籍管理信息系统**主要由地籍调查子系统、土地调查子系统、土地登记与统计子系统等组成。

1) 地籍调查子系统。地籍调查子系统（见图 4-4）的主要功能是初始地籍调查成果建库和日常变更地籍调查动态的管理。系统设计有与地籍测量外业测绘数据交换的接口，根据来源数据自动生成地籍图件的功能。

2) 土地调查子系统。土地调查子系统（见图 4-5）是对土地利用调查的资料进行处理，并依据变更调查数据及时对数据库内容进行修改，保证土地资源数据的现势性和准确性。该系统具有较强的对图形和属性数据管理、综合分析的能力，并为其他系统提供图件资料。

3) 土地登记与统计子系统。土地登记与统计子系统（见图 4-6）是对国有土地使用权、集体土地所有权、集体土地使用权和土地他项权利的初始登记、变更登记、各级统计实现的全程管理。登记统计中的有关表格、卡片、证书可以自动生成与输出，并提供多种方式的查询功能。

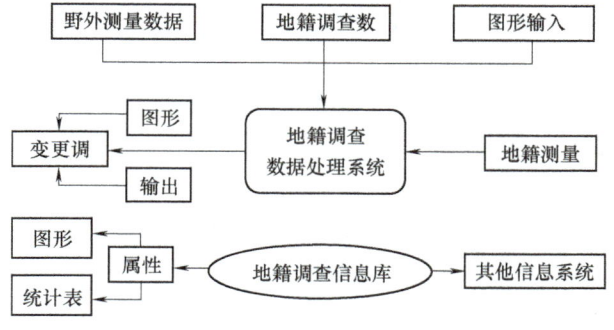

图 4-4　地籍调查子系统

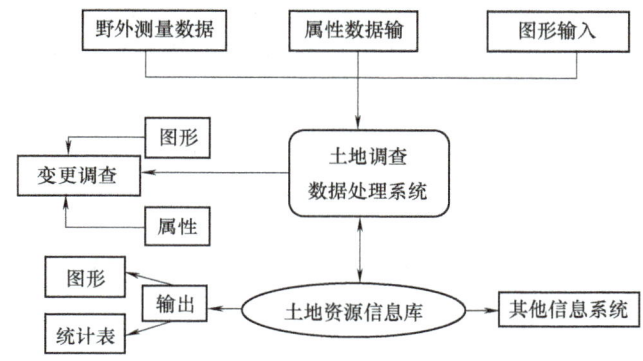

图 4-5　土地调查子系统

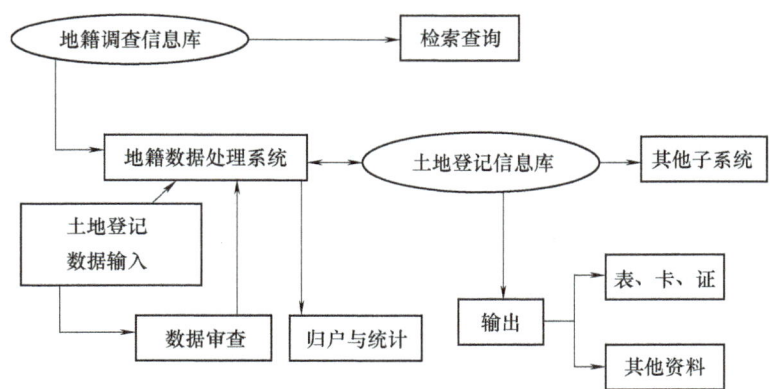

图 4-6　土地登记与统计子系统

课题 3　土地面积量算

4.3.1　土地面积量算概述

地籍测量中的土地面积量算，一般是一种多层次的水平面积的测算。掌握土地家底和各类用地比例，都需要进行土地面积量算。通过土地面积量算工作所得到的面积数据是调整土地利用结构、合理分配土地、收取土地税（费）的依据。另外还为制定国民经济计划、区域规划、土地利用规划等提供数据基础。因此，土地面积量算是地籍测量中一项很重要的必不可少的工作内容，其技术和方法比较复杂。

概括起来，土地面积量算的方法有两种，即解析法与图解法。解析法是根据实测的数值计算面积的方法，包括几何图形法和坐标法。这是城镇普遍采取的面积量算方法。图解法通常是指从图上直接量算面积的方法，包括几何要素与坐标量算法、膜片法、求积仪法、沙维奇法、光电求积法以及电算法等。他们的共同特点是直接在图上量算，一般可以很快地得到图形的面积，没有复杂的计算；但由于各自使用的测量仪器工具与技术手段的不同，各种方法的精度是不一致的，有的精度比较高且有发展前途；有的虽然简单，但有一定的实用价值，但就精度而言都不如解析法。目前图解法主要用于土地资源调查。

4.3.2 土地面积量算方法

1. 几何图形法

几何图形法是指将多边形划分成若干简单的几何图形，如三角形、四边形、矩形、梯形等，在实地或图上测量边长和角度，根据面积计算公式，计算出各简单几何图形的面积，再计算出多边形的总面积。

2. 坐标法

通常一个地块的形状是一个任意多边形，其范围内可以是某个单位的土地，也可以是某个特定的地块，或某个宗地。坐标法是指按地块边界的拐点的坐标计算地块面积的方法。其坐标可以在野外直接实测得到，也可以从已有地图上图解得到，面积的精度取决于坐标的精度。

当地块很不规则，甚至某些地段为曲线时，可以适当增加拐点，测量其坐标。曲线上加密点越多，就越接近该曲线，计算出的面积越接近实际面积。当然，外业测量和内业计算的工作量也相应增大。

许多地块都会被图廓线分割，通常需要计算出地块在各图幅中的地块面积，此时应计算出界址线与图廓线交点的坐标，然后分别组成地块，并计算出面积。

如图 4-7 所示，已知多边形 $ABCDE$ 各顶点坐标分别为 (X_A, Y_A)、(X_B, Y_B)、(X_C, Y_C)、(X_D, Y_D)、(X_E, Y_E)，则多边形 $ABCDE$ 的面积 S 为：

$$S = \frac{(X_A + X_B)(Y_B - Y_A)}{2} + \frac{(X_B + X_C)(Y_C - Y_B)}{2} + \frac{(X_C + X_D)(Y_D - Y_C)}{2} +$$

$$\frac{(X_D + X_E)(Y_E - Y_D)}{2} + \frac{(X_E + X_A)(Y_A - Y_E)}{2} \quad (4-1)$$

对于一般形式的多边形，可以使用以下公式计算其面积 S：

$$S = \frac{\sum_{i=1}^{n} X_i (Y_{i+1} - Y_{i-1})}{2} = \frac{\sum_{i=1}^{n} Y_i (X_{i+1} - X_{i-1})}{2} \quad (4-2)$$

式中 X_i、Y_i——该地块拐点坐标,当 $i-1=0$ 时,$X_0=X_n$;当 $i+1=N+1$ 时,$X_{N+1}=X_1$。

3. 膜片法

膜片法是指用伸缩性小且透明的透明塑料、玻璃或摄影软片等制成等间隔网板、平行线板等膜片,把膜片放在地图上适当的位置进行土地面积量算的方法。常用的方法有格网法、格点法、平行线法等。

4. 求积仪法

求积仪是一种以地图为对象量算土地面积的仪器,最早使用的是机械求积仪,由于科技的进步,近几年来研制出多种求积仪,如数字求积仪、光电求积仪等。

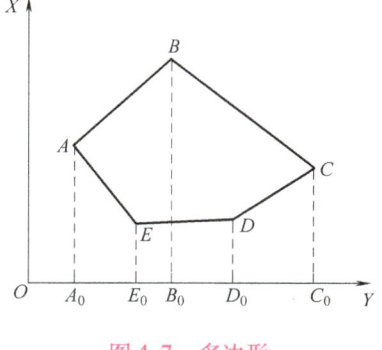

图4-7 多边形

4.3.3 面积量算的成果处理

1. 面积量算基本原则

(1) 一般要求

1) 土地面积量算应在聚酯薄膜原图上进行,若采用其他材料的图纸时,必须考虑图纸伸缩变形的影响。

2) 土地面积量算,无论采用哪种方法,均应独立进行两次量算。不同的方法与面积大小,对两次量算结果有不同的较差要求。

(2) 面积量算与平差原则 平差原则为"从整体到局部,层层控制,分级量算,块块检核,逐级按面积成比例平差",即分级控制、分级量算与平差。

1) 按两级控制、三级量算。

① 第一级控制:以图幅理论面积作为首级控制。当各区块(街坊或村)面积之和与图幅理论面积之差小于限差值时,将闭合差按面积比例配赋给各区块,得出各分区的面积。

② 第二级控制:以平差后的区块面积作为二级控制。当量算完区块内各宗地(或图斑)面积之后,其面积和与区块面积之差小于限差值时,将闭合差按面积比例配赋给各宗地(或图斑),则得宗地(或图斑)面积的平差值。

2) 采用直接解析法测算的面积,只参加闭合差的计算,不参加闭合差的配赋。

(3) 土地面积量算控制的方法 控制是相对的,二级被一级控制,又对下一级起控制作用,控制级别越高,精度要求就越高,根据不同情况,一般可采用以下方法:

1) 坐标法。直接沿某种土地外围界线拐点施测坐标。根据坐标组成的一个任意多边形计算面积。

2) 图幅理论面积。土地面积量算通常以图幅为单位。图幅按梯形与正方(矩)形分幅。图幅大小均是固定的,面积可直接查取或计算。

3) 沙维奇方法。在难以采用上述方法时,可采用沙维奇法,精度低于上述两种方法,但适用特殊情况。

(4) 平差方法 由于量测误差、图纸伸缩的不均匀变形等原因,使量算出来各地块面

积之和 $\sum S_i$ 与控制面积不等，若在限差内可以平差配赋，即：

$$\Delta S = \sum_{i=1}^{k} S_i - S_0 \tag{4-3}$$

$$K = -\frac{\Delta S}{\sum_{i=1}^{k} S_i} \tag{4-4}$$

$$V_i = KS_i \tag{4-5}$$

$$S_i' = S_i + V_i \tag{4-6}$$

式中　ΔS——面积闭合差（m^2）；

S_i——某地块量测面积（m^2）；

S_0——控制面积（m^2）；

K——单位面积改正数；

V_i——某地块面积改正数；

S_i'——某地块平差后的面积（m^2）。

2. 土地面积量算的精度要求

（1）两次量算较差要求

1）求积仪量算。使用求积仪对同一图形两次量算，分划值的较差不超过表4-1的规定。

表4-1　求积仪对同一图形两次量算的分划值较差要求

求积仪量测分划值数	允许误差分划数
<200	2
200~2000	3
>2000	4

注：上述指标适用于重复绕圈的累积分划值。

2）其他方法量算。使用其他方法量算，同一图斑两次量算面积较差与其面积之比应小于表4-2的规定。

表4-2　同一图斑两次量算面积较差与其面积之比要求

图上面积/mm^2	允许误差比例
<20	1/20
20~100	1/30
100~400	1/50
400~1000	1/100
1000~3000	1/150
3000~5000	1/200
>5000	1/250

注：可以适当放宽图上面积太小的图斑。

(2) 土地分级量算的限差要求　为了保证土地面积量算成果精度，通常按分级与不同量算方法来规定它们的限差。

1) 分区土地面积量算允许误差。分区土地面积量算允许误差，按一级控制要求计算，即：

$$F_1 < 0.0025 S_1 \tag{4-7}$$

式中　F_1——与图幅理论面积比较的限差（m²）；

　　　S_1——图幅理论面积（m²）。

2) 土地利用分类面积量算限差。土地利用分类面积量算限差，作为二级控制，分别按不同公式计算。

图解法：

$$F_2 = \pm 0.06 \times \frac{M}{10000} \sqrt{15 S_2} \tag{4-8}$$

求积仪法：

$$F_3 = \pm 0.08 \times \frac{M}{10000} \sqrt{15 S_2} \tag{4-9}$$

方格法、网点板法、平行线法：$F_4 = \pm 0.1 \times \frac{M}{10000} \sqrt{15 S_2}$ (4-10)

式中　F_2、F_3、F_4——不同量算方法与分区控制面积比较的限差（m²）；

　　　M——被测图纸的比例尺分母；

　　　S_2——分区控制面积（m²）。

4.3.4　土地面积测算与汇总统计

土地面积测算流程与统计和土地面积测算的层次与方法有关，通常可以是解析法与图解法。前一种一般用于城镇地籍；后一种适用于农村地籍。在城镇地籍中，对宗地面积精度要求比较高。从土地面积测算的全过程来看，一般是三级测算两级控制，即以图幅土地面积量算作为第一级测算，其理论面积作为首级控制；街坊（或村）作为第二级测算，其平差后的面积和作为第二级控制；宗地（或农村地类）面积作为第三级测算。在农村地籍中，当要弄清农村居民地每户宅基地面积时，应用大比例尺测量居民地地籍图。

土地面积测算流程如图 4-8 所示。

1. 图幅面积测算

（1）图幅理论面积查算

1) 梯形图幅面积。根据不同比例尺，以图幅纬度为引数，直接在《大比例尺图幅元素表》中的"图廓大小与图幅面积"栏内查取图幅理论面积。

2) 正方（矩）形图幅面积。可以根据不同比例尺和图廓边的理论尺寸，直接计算其图幅的理论面积。

（2）图幅实际面积测算　当图纸为聚酯薄膜，其伸缩变形较小时，可以直接引用图幅的理论面积；否则应在图纸上量取图廓尺寸与对角线长度，然后组成两组不同的三角形，根据三边的面积公式，计算其面积。两组结果可以起检核作用。具体量测时可以利用格网尺量至 0.1mm。同理，将图上面积根据比例尺换算为实地面积。

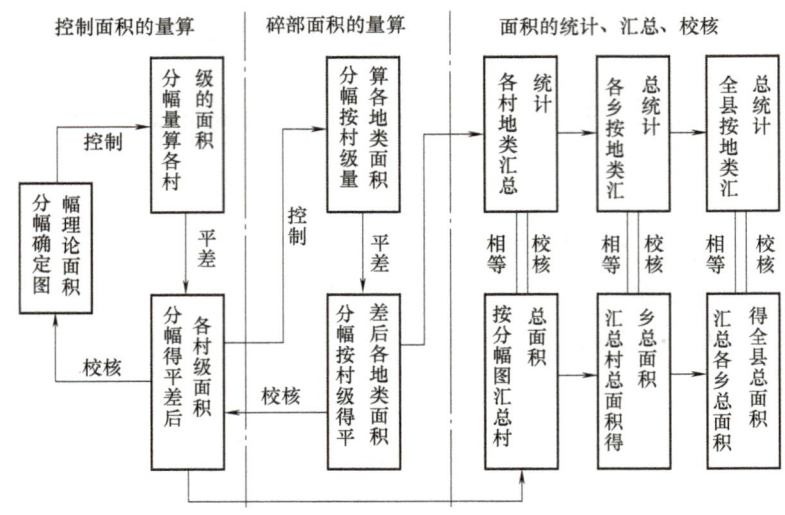

图 4-8　土地面积测算流程图

2. 街坊（村）面积测算

（1）解析法测算街坊（村）面积　用解析法野外施测出各街坊拐点的坐标，组成一个闭合多边形，计算出各街坊面积，并以此直接控制街坊内各宗地和其他地类面积。

（2）图解法测算街坊（村）的面积

1）以图幅为单位，用数字面积仪法或其他方法，在图上量测出各街坊或村的面积。

2）求其闭合差。将其图幅内各街坊面积相加，与图幅理论面积比较，求出面积闭合差。

3）闭合差在限差内，将不符合值配赋到各街坊或村的面积中。

4）检核。平差配赋后各街坊或村的面积之和，应与图幅理论面积相等。

3. 宗地与地类面积测算

宗地面积可采用解析法和图解法测算。地类面积采用图解法测算。平差方法和误差分配同前。

4. 土地面积汇总统计

控制面积和碎部面积测算工作结束之后，要对测算的原始资料加以整理、汇总。整理、汇总后的面积才能为土地登记、土地统计提供基础数据，为社会提供服务。为准确、迅速地测算并统计汇总出面积，面积测算工作需按一定的程序进行：分别按村、乡（镇）内权用单位分类面积进行统计汇总；按村、乡（镇）、县行政界内分类面积统计汇总，并分别编制土地利用现状分类面积统计表。

面积汇总统计与面积测算的程序及原则有关。汇总内容取决于社会对资料的需求。汇总工作可分两个阶段进行：

第一阶段为村、乡（镇）、县土地总面积的汇总。可在控制面积测算之后进行，它是第二阶段的控制基础。

第二阶段为村、乡（镇）、县分类面积汇总，在碎部面积测算之后，按权属单位及行政单位汇总统计分类土地面积，它是第一阶段工作的继续。两个阶段的工作不一定相继进行，但两者汇总统计结果应起到相互校核的作用，发现问题应及时处理。

（1）村、乡（镇）、县土地总面积汇总　村、乡（镇）、县土地总面积汇总以分幅图上的村级控制面积量算原始记录为汇总的基本单元，自下而上，按行政界线汇总出村、乡（镇）、县三级行政单位的土地总面积。先以乡（镇）为单位填写，汇总各村及乡（镇）的土地总面积，然后以县为单位，汇总各乡（镇）及县的土地总面积。汇总过程中，用图幅理论面积作校核。

乡（镇）、县土地总面积往往分布在较大数量的图幅上，是为了便于检查接边，计划工作进度，标出土地调查单位所在图幅间的关系以及避免面积量算和汇总过程中因图幅数量太多而出现遗漏或重复。在面积量算前，要预先编制乡（镇）、县级图幅控制面积接合图表。乡（镇）、县级图幅控制面积接合图表上应标出乡（镇）、县界，相邻乡（镇）、县的名称及图幅号。有乡（镇）、县穿越的图幅，需按图幅分别量算出乡（镇）、县的内、外面积，并标在图幅上。无乡（镇）、县界穿越的图幅，可直接标出该乡（镇）、县行政范围所包括的图幅数，编制面积接合图表，计算出该乡（镇）、县行政范围所包括的图幅数。其中有效图幅数和乡（镇）、县穿越的图幅数等，进而汇总土地总面积。

（2）分类土地面积汇总统计　第二阶段汇总工作以碎部面积量算成果为对象，分别按权属单位和行政单位整理、汇总统计各分类土地面积及土地总面积。

1）权属单位分类面积的汇总。权属单位分类面积汇总按村、乡（镇）两级进行。先汇总出村级权属单位分类面积，再汇总出乡（镇）级不同所有制土地总面积及分类面积。

① 村级权属单位分类面积汇总。**村级权属单位面积**是指村集体经济组织所有的集体土地、国有农场分场使用的国有土地、乡（镇）级各用地单位使用国有或集体土地的面积。以碎部面积测算原始记录人中的图斑为基本单元进行汇总。它们直接为土地登记和土地统计提供依据。

② 乡（镇）界内权属单位分类面积汇总。在村界内权属单位土地面积的基础上，乡（镇）行政界内土地总面积等于集体所有土地、使用国有土地、国家后备土地及乡（镇）界内的飞地的面积总和。乡（镇）土地使用总面积等于乡（镇）行政界内土地总面积减去乡（镇）界内的外单位飞地面积，加上乡（镇）界外本乡（镇）的飞地面积。

2）村、乡（镇）、县行政界内分类面积汇总。在村、乡（镇）、县级分类面积汇总中，以村级行政界内的分类面积汇总为基础，乡（镇）行政界内土地总面积及分类面积等于各村的界内权属分类面积与各村界内其他用地单位分类面积之和。县土地总面积及各分类面积则由各乡（镇）的土地总面积及各分类面积汇总而来。

（3）汇总统计中的几种地块的处理

1）飞地利用《飞地通知书》通知所属单位，由该单位汇总。

2）图面上按规定未绘出的零星地块，须根据外业调查记载的实勘面积，汇总在相应地类中，并在相邻地类中扣除。

3）线状地物与上述零星地同样处理，其长度可在图中量出，宽度应是实测值，如宽度不等可分段勘丈。

4）田坎或田埂也是线状地物，由于数量过多而不能逐个量测，可划分若干类型。依不同类型，抽样实测，计算面积。

课题4　地籍调查与测量成果检查验收

4.4.1　地籍调查与测量成果资料的整理

地籍调查的主要目的是核实宗地的权属和确认宗地界址的实地位置，并掌握土地利用状况；通过地籍测量获得宗地界址点的平面位置、宗地形状及其面积的准确数据，为土地登记、核发土地权属证书等工作做好技术上的准备。地籍调查与测量是一项涉及面广、政策性强、工作复杂、准确性要求高的综合性系统工程，对测量成果资料的整理也提出了较高要求。

1. 成果资料整理要求

1）测量的图件成果、图面整饰应美观，各项内容应齐全，符合规定要求；控制网布点图、地籍索引图的尺寸适中，一般不小于50cm×50cm。

2）图件以外的其他测量成果（包括文字总结、报告等），应按其所属类别分别装订成册。

3）装订成册的成果资料，必须加具封面，封面必须注明本项成果的名称。同一项成果分为若干册的，应进行顺序编号，封面应注明本册成果资料的范围。

4）全解析法数字化测量提供的磁盘文件应注明所属内容、范围和测量时间。

2. 权属调查成果整理

权属调查成果是地籍档案的重要组成部分，也是地籍测量的依据，成果的整理应符合档案管理规定，便于地籍测量工作的实施。

1）宗地调查资料按宗进行立卷。立卷资料的规格必须一致，不得参差不齐。卷内资料按一定次序统一编排。资料属复印件的，应加盖管理机关印章后才能归档。

2）调查资料立卷后，应逐宗用资料（档案）袋装放。档案封面必须说明土地使用者名称和土地编号、卷内资料的编号及名称目录，并按街道、街坊汇总。同一街道、街坊的宗地档案按宗地编号的先后顺序统一排列。

3）违法用地的调查资料整理参照宗地调查资料的整理办法进行。整理后的资料按街道、街坊汇总，与宗地资料集中存放，并造册摘录违法用地者名称、块地编号、面积、用途和违法用地性质，以便处理。

4）街道、街坊分区示意图可与地籍图分幅接合图一起编制成地籍索引图。

5）调查底图应以街道、街坊为单位进行整理。

6）在整理过程中，应核查调查资料是否齐全、是否符合要求，凡发现资料不全、不符合要求或调查存在遗漏的，应及时进行补调、修正。

权属调查成果整理过程中，应根据地籍测量成果检核共有面积及其分摊情况、边长等有关调查数据；对地籍调查过程中没有填写的宗地面积、建筑占地面积、界址点间距、界址点坐标等有关栏目内容，应进行补填；数字化测量形成的宗地图，应归入宗地调查档案，保证宗地调查内容和资料的完整性。

3. 控制测量资料的整理

（1）控制测量资料检核

1）原始观测记录手簿各项记录是否齐全和符合要求，计算有无错误，观测成果有无超限。

2）仪器检定资料是否齐全和符合要求。

3）点之记是否按要求绘制。

4）各等级控制网布点图绘制有无遗漏。

5）平差计算是否符合要求、有无超限，平差报告编写是否符合相关标准规范要求。

6）控制点成果表是否从高等级到低等级列出，有无错漏。

7）有无提交控制测量阶段小结。

（2）控制测量资料整理

1）原始观测记录手簿应装订成册，封面应符合技术设计要求。

2）点之记按要求绘制，应提供电子文档数据格式。电子数据应按技术等级分别命名存放。

3）各等级控制网布点图绘制可根据测区大小比例尺选择 1∶50000 或 1∶100000。

4）各等级控制网平差报告及成果应装订成册，封面应符合技术设计要求。

5）技术总结、工作报告和自检报告应装订成册，编写应符合《测绘技术总结编写规定》（CH/T 1001—2005）的要求。

4. 地籍要素测量资料的整理

地籍要素测量资料主要包括地籍分幅图、宗地图、地籍图图幅接合表等。

（1）地籍图分幅图　地籍图分幅图应用三色表示。界址线和界址点、街道街坊线及注记等权属信息用红色表示；图斑界线及注记用绿色表示，其他注记一律用黑色表示。

（2）宗地图　宗地图采用双色表示。界址线和界址点用红色表示，其他注记一律用黑色表示。图幅规格：一般为 A4、A3、A2 幅面，较大、较小宗地可适当缩放。

宗地图的电子文档数据格式应符合当地主管部门的要求，文档的命名可参阅以下格式：以行政区街道街坊宗地编号命名，例如，重庆市沙坪坝区 001 街道 015 街坊第 0048 宗地可命名为"5001060010150048.dwg"。

（3）地籍图图幅接合表　地籍图图幅接合表要能够正确反映各图幅的相对位置关系，图幅的命名应以本图幅的主要地物或单位进行命名。图幅接合表的比例尺可根据测区大小选择 1∶5000 或 1∶10000。

（4）地籍一览表　以街坊为单位制作，图中表示权属界线、宗地号，比例尺根据街坊大小确定。

（5）地籍要素测量技术小结　地籍要素测量技术小结应装订成册，封面应符合技术设计要求。

5. 面积量算资料的整理

(1) 面积量算资料检核

1) 收集面积量算表及原始计算记录，检查有无错漏。

2) 检查宗地面积汇总表、分类面积统计表和共用土地分摊面积表是否按规定填写、汇总。

(2) 面积量算资料的整理

1) 以街道为单位宗地面积统计数据。

2) 土地统计台账及以城镇行业类别、土地使用权类型、土地使用者性质等统计的土地面积数据。

3) 不同权属性质面积统计数据。

4) 城镇土地利用情况调查统计数据。

以上面积量算数据经整理后装订成册，以便使用时查阅。

4.4.2　地籍调查与测量成果检查验收

现阶段在我国开展地籍调查与测量工作，是以国家测绘地理信息局和国土资源部所制定的技术标准进行的。因此，检查验收时，应以国家测绘地理信息局 1994 年 11 月 28 日发布、1995 年 2 月 1 日实施的《地籍测绘规范》（CH 5002—1994）和国土资源部 2012 年颁发的《地籍调查规程》（TD/T 1001—2012），以及测区的具体技术规定为标准。凡是满足不了规范和规程的规格标准和精度要求的，应查明原因进行返工。

地籍调查与测量成果具备下列条件方可提交验收：

1) 各项工序全面完成，并经自检、互检、专检合格。

2) 阶段性检查程序完备、记录齐全。

3) 权属调查成果达到法律程序完备、权属合法、界址清楚、面积准确、地类和土地利用情况属实。

4) 成果资料齐全，整理规范。

1. 检查验收的组织、程序及内容

(1) 检查验收的组织

1) 成果的检查验收工作，由各级地籍调查领导小组统一领导，领导小组办公室具体组织。

2) 地籍调查与测量队伍应当设 1~2 名专职或兼职成果检查人员。作业班（组）应当设一名兼职检查员，负责监督本班（组）的作业成果自检和班组之间的交换互检工作。

3) 建立监理制度。应选择技术实力强并经领导小组认定的单位承担监理工作。

(2) 检查验收的流程　地籍调查与测量成果实行"三检一监一验"制度。包括作业员自检、作业组互检、作业队专检、省级验收，同时建立监理制度，由监理单位全程跟踪检查成果质量，在自检、互检、专检和监理合格的基础上进行省级验收。只有每道工序检查合格后，方可进行下一步的工作。检查验收流程如图 4-9 所示。

(3) 检查验收的内容

1) 作业员自检。作业员自检主要应检查以下内容：

① 检查权属调查结果。主要检核权属调查确认的土地所有者和土地使用者与土地登记

申请书上的土地所有者、使用者是否一致；认定界址的法律手续是否完整、规范；界址点的实地位置是否设立了固定标志；界址边的走向是否合理；界址点有无遗漏等。

② 检查地籍调查表。主要检查地籍调查表填写的内容是否符合规定要求。

③ 检查宗地草图。主要检查宗地图形及宗地与邻户关系是否与实地一致；勘丈数据是否齐全；注记位置是否清晰准确；勘丈数据有无检查条件；结果是否符合《地籍调查规程》（TD/T 1001—2012）的要求；宗地的坐落、门牌号、宗地号、界址点号、相邻宗地号、指北方向及作业日期等记录有无错漏。

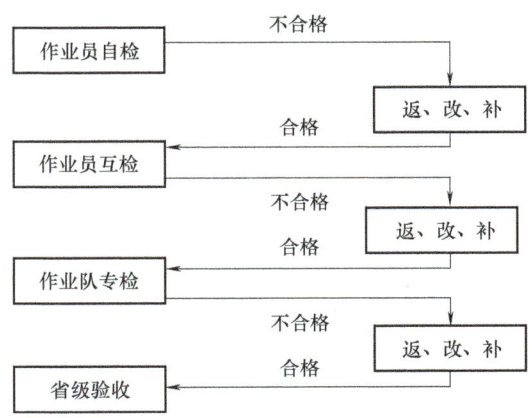

图4-9　检查验收流程图

④ 检查地籍测量的成果。参照《地籍调查规程》（TD/T 1001—2012）检查控制测量、细部测量及地籍原图绘制的各项精度指标和有关成果是否符合要求。

2）作业员互检。主要检查项目与自检相同。先进行内业检查，后进行外业检查。内业检查出的问题应做好记录，待外业检查时重点核对，需纠正改动的，由检查人员会同作业人员确认后实施。

3）作业队专检。主要检查地籍调查成果的图、表、册中所对应内容的一致性及其与宗地权属状况的一致性；对经过自检和互检的调查成果进行全面内业检查和重点外业检查。重点检查原始调查记录和原始测量数据的正确性；检查项目及步骤与自检基本相同，在检查后提出专检记录。对需要修改纠正的问题会同作业人员确认后实施。

4）省级验收。省级验收是在三级检查的基础上进行的，省级验收必须参照《地籍调查成果评定标准》对各验收项目进行打分，最后通过加权平均得出总分值，进而确定最终评定结果。

2. 检查验收的实施

测量成果实行"三检一监一验"制度，各环节应按前述规定严格执行，各环节成果交接须手续完备，并形成相应的检查记录和检查报告，以及监理记录和监理报告。

（1）各级检查验收的比例

1）作业人员自己重复检查，检查比例可根据自身作业水平确定。

2）作业组之间的交换互检：检查比例内外业均为100%。

3）专职员检查内业为100%，外业实际操作检查不低于20%，巡视不低于70%。

4）监理应贯穿整个作业过程，即实时监控。

5）验收时，内业抽检30%~50%，外业检查比例视内业抽查情况决定，一般为3%~5%。

（2）自检、互检、专检　工作应分工序阶段进行，保证把差错消灭在本工序、本阶段内。

（3）检查验收　发现调查成果有不符合《地籍调查规程》（TD/T 1001—2012）、《地籍测绘规范》（CH5002—1994）和调查区的技术设计书及相关规定时，要根据其性质和对成果影响的程度，分别提出书面处理意见，交实施单位改正或返工。

（4）成果评定　成果评定分优、良、合格三个等级。

4.4.3　地籍调查与测量报告编写

地籍调查与测量报告是对地籍调查与测量全作业过程进行分析研究、认真总结后，作出的客观描述和评价。地籍调查与测量相关报告为用户对成果的合理使用提供方便，为测量单位持续改进质量提供依据，同时也为技术设计及有关技术标准、规定的制定提供资料。地籍调查与测量技术报告是与成果有直接关系的技术性文件，是长期保存的重要技术档案。

地籍调查与测量相关报告主要包括技术总结、工作报告及检查验收报告。

1. 技术总结

调查区特别是试点区的地籍调查与测量工作完成后，需进行该区地籍调查与测量技术总结。针对技术路线的选择、技术方法的实施及成果资料的质量、工作中的问题等加以总结分析，以便为更好地开展今后的地籍调查与测量工作提供借鉴，并作为技术档案保存。

（1）编写要求

1）对调查与测量成果的质量作出评价。

2）反映调查过程中出现的问题及采取的处理方法。

3）语言应规范、文字应简练。

（2）技术总结的内容

1）概述。主要包括以下内容：

① 调查区概况：地理位置、用地特点、宗地密度等。

② 作业依据：政府文件、技术规程及规范等。

③ 队伍情况：权属调查人员的情况、培训情况、地籍测量队伍情况、技术力量和设备等情况。

④ 工作量的统计：建议列表按工期统计，如培训时间、权属调查时间、控制测量及细部测量时间等。

⑤ 完成的主要成果：控制网覆盖的面积、各等级控制点数、完成的测区面积、调查的宗地数、测定坐标界址点数和地物点数、地籍图份数、宗地图份数及面积统计成果等。

2）地籍调查与测量的技术措施。地籍调查与测量的技术措施主要包括权属调查、地籍控制测量和地籍碎部测量三方面内容。

① 权属调查主要包括以下内容。权属调查的实施及技术流程；界标设置：界标种类设置方法、费用，有无不合理的现象及其造成的原因，界标管理措施等；界址边长等长度的丈量方法与工具；宗地草图的绘制：草图制作方法；地籍调查表的填写：各部分填写的情况，特别要总结新的适合当地情况的具体经验。

② 地籍控制测量主要包括以下内容。坐标系的选择（包括投影带、投影面的选择）、起

始点、起始方向；点位情况（包括埋石、标志、标石质地等）、埋设深度与方法、点之记或点位说明情况，经验与建议；施测情况，平差方法及精度评定。

③ 地籍碎部测量主要包括以下内容。界址点测定方法；制作地籍图方法，内容的取舍标准，图的分幅与编号等；面积量算方法，面积统计结果；宗地图制作方法。

3）其他方面。其他方面主要包括以下内容：采取先进的技术方法；质量检查结果综述，经验教训的总结、分析、建议等。

2. 工作报告

地籍调查与测量工作报告主要反映工作组织、计划安排及执行情况、经费落实情况等内容，一般由项目主持单位编写。

（1）编写要求

1）报告应准确地反映整个工作过程的组织、计划、程序等。

2）报告语言应简练，经验教训分析应具体、确切。

（2）工作报告的内容

1）基本情况：指地理位置、自然条件和社会经济条件，如交通便利程度、工商业发展状况、宗地密集程度等。

2）工作组织：指领导班子的形成、职责，准备工作，人员的组成，与其他部门关系的协调及组织实施等。

3）工作计划：指时间安排、经费安排、工作进度。

4）工作程序：指调查与测量工作的流程。

5）工作质量：指调查与测量成果质量的评定。

6）体会与建议。

3. 检查验收报告

按照检查验收的内容，在各级检查完成后均应提交检查报告，检查报告的编写要求与内容如下。

（1）编写要求

1）报告中检查的内容要详尽，检查的方法应明确。

2）报告语言应简练，检查出的问题及处理意见应明确。

（2）检查报告的内容

1）项目概述：项目区的地理位置、自然条件和社会经济条件及项目的主要任务等。

2）检查工作概况：主要包括检查人员、检查的技术依据、检查的方法、检查的内容和检查工作的重点。

3）各项检查的情况：根据检查方法描述各项检查的情况，包括室内检测情况和室外设站检查情况；应详尽地描述检查的内容是否满足规范的要求及不合格内容的情况。

4）存在的质量问题：主要包括各项检查内容中发现的需要整改的质量问题。

5）遗留问题。

6）质量评定及结论：通过对项目的检查情况，对项目的实施进行质量评定。

单元小结

地籍管理进入信息化时代，外业调查与测量的成果信息用计算机来进行管理。本单元对数字地籍软件进行了介绍，同时对地籍管理信息系统软件和地籍数据库进行了简要的说明。面积量算也是地籍内业的一项重要工作，课题3对面积量算的方法做了详细叙述，最后，对地籍调查与测量项目的检查与验收的内容和精度要求做了说明。

复习与思考题

4-1　简述数字地籍成图软件的主要功能。

4-2　CASS 9.0 地籍模块的特点主要有哪些？

4-3　如何用 CASS 9.0 软件编绘数字地籍图？

4-4　什么是地籍数据库？简述地籍数据库建库的流程。

4-5　什么是地籍管理信息系统？地籍管理信息系统有哪些功能？

4-6　土地面积量算有哪几种主要方法？各有什么优缺点？

4-7　某多边形地块 $ABCDEF$，其各拐点坐标分别为：A（80000.626，60000.898），B（80000.088，60010.126），C（80010.602，60020.988），D（80000.901，60029.986），E（80025.511，60024.763），F（80018.888，59996.158）。试用坐标法计算地块 $ABCDEF$ 的土地面积。

4-8　简述土地面积测算的基本流程。

4-9　简述地籍测量成果资料整理要求。

4-10　简述检查验收的流程。

4-11　地籍测量技术总结的主要内容有哪些？

4-12　地籍测量工作报告的主要内容有哪些？

4-13　简述地籍测量检查验收报告的内容。

单元 5 日常地籍测量

【单元概述】

初始地籍调查与测量工作完成以后，形成了一整套地籍资料。随着社会经济活动的发展，土地及其附着物的权属、位置、数量、质量和利用状况经常发生变化，为了保持地籍资料的现势性，有必要对日常地籍事物中的地籍进行调查和测量。日常地籍工作中，城镇地籍部分主要涉及土地权属发生变化以后地籍调查的变更和土地界址发生变化后的界址调查和测量；农村地籍部分主要是一年一度的土地利用变更调查，新开工的建设项目的土地勘测定界工作。

【学习目标】

1. 了解变更地籍调查与测量的作用与特点。
2. 掌握城镇地籍变更界址测量方法与内业资料的处理。
3. 掌握"3S"技术在农村土地利用现状变更调查中的应用。
4. 了解土地勘测定界的概念以及土地勘测定界的特点。
5. 熟练掌握土地勘测定界的内容。
6. 掌握土地勘测定界的工作流程。
7. 能够独立完成小块土地的勘测定界工作。

课题 1 变更地籍调查与测量

5.1.1 变更地籍调查与测量概述

1. 变更地籍调查与测量的任务与特点

初始土地登记后，依照《中华人民共和国土地管理法》的规定："依法改变土地的所有权和使用权的，必须办理土地权属变更登记手续，更换证书。"因此，土地管理部门要通过变更地籍调查与测量随时掌握土地所有权或使用权的权利主体及权利客体经常发生的转移和变动情况，并以变更登记的法律手段把上述的转移和变动限制在合法的范围内。通过变更地籍调查与测量,不仅可以使地籍资料保持现势性,还可以使地籍成果提高精度、逐步完善。

(1) 变更地籍调查与测量的任务

1) 根据土地变更登记申请的变更项目进行变更地籍调查。

2) 界址点变更测量,或重新测量宗地新增界址点坐标或按宗地的设计坐标实地放样界址点。

3) 地籍图修测。在原有地籍图上标绘权属界址点,修测新增地物并编绘地籍图。

4) 面积量算。

5) 填写土地变更调查记录表、土地证。

(2) 变更地籍测量的特点

1) 区域分散、范围小。变更地籍测量一般不进行控制测量及测绘地籍图,而利用原界址点或原控制点作为控制,利用原地籍图作为基础图件。

2) 变更地籍测量精度要求高。变更地籍测量精度应不低于变更前地籍测量精度。

3) 变更同步,手续连续。进行了变更测量后,与本宗地有关的表、卡、册、证、图均需进行变更。

4) 变更地籍测量任务急。在接受变更权属调查移交的资料后,应立即进行变更地籍测量,才能满足变更土地登记或设定土地登记的要求。变更权属调查和变更地籍测量,通常由同一个外业组一次性完成。

2. 变更地籍调查的内容与类型

(1) 变更地籍调查的内容 变更地籍调查的内容包括变更权属调查和变更地籍测量。**变更地籍调查**是要查清每一宗地变更后宗地的位置、权属、界线、数量和用途等基本情况及对土地出让、转让、出租等的复核性调查,满足土地变更登记及土地使用者的要求,同时使地籍资料保持现势性。

从土地变更登记内容看,按地权主客体的变更,可归结为三类:地权主体的变更只是土地所有权、使用权和他项权利的变更;地权客体的变更只是宗地权属界址和主要用途的变更;地权主客体的同时变更,即宗地的权属和界址都发生变更。按界址变更情况又分为更改界址和不更改界址两类。随着土地变更登记申请内容的不同,变更权属调查和变更地籍测量的具体内容和方法也有所不同。

(2) 变更地籍调查的类型 变更地籍调查可分为更改地籍调查和更新地籍调查。

1) **更改地籍调查**是指原调查区内分散宗地的变更调查,调查的内容取决于土地变更登记申请的内容,调查工作要及时连续。按界址变更情况又可分为更改界址调查和不更改界址的变更地籍调查。发生宗地的分割、合并、边界调整属于前者,发生宗地的出让、转让、抵押和地类变化及更名、更址属于后者。通常将更改地籍调查称为变更地籍调查。

2) **更新地籍调查**是指原调查区内全部或局部地籍资料已失去作用的情况下,重新进行的全面调查,如地籍图图幅内由于旧城改造、更改界址的变更调查面积达50%,又如在特殊情况下原有地籍资料发生失散和损坏,或逐步用解析法更新部分用解析法和图解法建立的初始地籍资料。

5.1.2　变更权属调查

1. 变更地籍调查申请

地籍变更申请一般有两种情况：一是间接来自于社会的申请，二是来自于国土管理部门的日常业务申请。所谓**间接来自于社会的地籍变更申请**是指土地管理部门接到房地产权利人提出的申请或法院提出的申请后，根据申请报告由国土管理部门的业务科室向地籍变更业务部门提出地籍变更申请。土地管理部门的业务科室在日常工作中经常会产生新的地籍信息，例如监察大队、地政部门、征地部门等，这些业务科室应向地籍变更业务主管部门提出地籍变更申请。

地籍变更的资料通常由变更清单、变更证明书和测量文件组成。一般说来，如变更登记的内容不涉及界址的变更，并且该宗地原有地籍几何资料是用解析法测量的，则经地籍管理部门负责人同意后，只变更地籍的属性信息，不进行变更地籍测量，而沿用原有的几何数据。

2. 变更地籍调查资料的准备

变更地籍调查与测量的技术、方法与初始地籍调查和测量相同。变更地籍测量前必须充分检核有关宗地资料和界址点点位，并利用当时已有的高精度测量仪器，实测变更后宗地界址点坐标。所以，进行变更地籍调查与测量之前应准备下述主要资料：

1）变更土地登记或房地产登记申请书。
2）原有地籍图和宗地图的复制件。
3）本宗地及邻宗地的原有地籍调查表的复制件（包括宗地草图）。
4）有关界址点坐标。
5）必要的变更数据的准备，如宗地分割时测设元素的计算。
6）变更地籍调查表。
7）本宗地附近测量控制点成果，如坐标、点的标记或点位说明、控制点网图。
8）变更地籍调查通知书。

3. 变更地籍编号和界址点编号

（1）变更地籍调查　无论宗地分割或合并，原宗地号一律不得再用。分割后的各宗地以原编号的支号顺序编列；数宗地合并后的宗地号以原宗地号中最小的宗地号加支号表示。如 18 号宗地分割成三个宗地，分割后的编号分别为 18-1、18-2、18-3；如 18-2 号宗地再分割为两宗地，则编号为 18-4、18-5；如果 18-4 号宗地与 10 号宗地合并，则编号为 10-1；如果 18-5 与 25 号合并，则编号为 18-6。

（2）界址点编号　如果初始地籍调查的界址点为街坊统一编号，变更权属调查时，已废弃的界址点号不得再用，新增界址点按原编号原则，续编新的界址点。如果初始地籍权属调查以宗地为单位编号，则变更后的界址点以变更后的宗地为单位重新编号。

4. 发送变更地籍调查通知书

根据地籍土地登记申请书发送变更地籍调查通知书，通知书的内容如下：

地籍与房产测量

变更地籍调查通知书

根据你（或单位）提交的变更土地登记或房地产登记申请书，特定于　月　日　时到现场进行变更地籍调查。请你（单位或户主）届时派代表到现场共同确认变更界址。如属申请分割界址或自然变更界址的，请预先在变更的界址点处设立界址标志。

国土管理机关盖章
年　月　日

5. 实地调查

不更改界址的变更权属调查应根据实际需要决定是否进行实地调查；更改界址的变更权属调查应进行实地调查。

实地调查时，首先要核对变更土地登记申请者和委托代理人的身份证明、指界委托书（同初始地籍调查）和核实申请变更的项目及原因，并全面复核原地籍调查表内容与实地情况是否一致，如：土地使用者名称、单位法人代表或户主姓名、身份证号码、电话号码等；土地坐落、四邻宗地号或四邻使用者姓名；实际土地用途；建筑物、构筑物及其他附着物的情况等。

实地调查还应检查恢复界址点。对于更改界址的变更调查，在认定变更界址点前，应用原宗地图的勘丈数据和界址点坐标检查原界标是否移动。如果界标丢失，应用测量数据恢复。对于不更改界址的变更调查，如用解析法重新测定界址点坐标，亦应检查界址点。对于变更后废弃的界址点不恢复界标，如有废弃的界标应从现场清除。

实地调查中，发现检查界址点与邻近界址点或地物点间距离同原记录不符，但在限差内或经检查属新勘丈值错误时，应保留原数据；如果超限且属原勘丈值错误，应以新勘丈为准；如属界标移动，应使其复位。

实地调查中，当宗地合并、分割或边界调整需增设界址点时，应根据申请者要求直接在实地设置界标或预先准备的数据确定其实地位置和设置界标，且必须经过变更申请者及相关邻宗地的土地使用者或委托人共同认定。如有违约或不签章的，按初始地籍调查相应规定处理。

6. 地籍调查表的变更

对于不更改界址的变更调查，可在原调查表的基础上进行变更。在原调查表更改部分加盖"变更"字样印章，将变更内容填写在变更记事表内，并经原土地使用者和现土地使用者签章，附在原调查表后，一并归档。变更地籍调查记事表见表5-1。

对于更改界址的变更调查需在实地调查时，对新形成的宗地按《地籍调查规程》（TD/T 1001—2012）要求填写地籍调查表，划去"初始"二字，并在原调查表封面盖"变更"字样印章，在该表说明栏内注明变更原因及新宗地号。对于新增设的界址点、界址线，应严格履行签章手续；对于未发生变化的界址点线，可不重新签字盖章，但必须在新调查表的备注栏内注记原地籍调查表号，并说明原因，如同一界址点变更前后的编号不同，还应注明原界址点点号。

如果原界址点、界址线确权时有误，应重新进行调查，按《地籍调查规程》（TD/T 1001—

2012）要求填写地籍调查表，其他调查资料也作相应修改。

表 5-1　变更地籍调查记事表

变更后土地使用者	姓名	
	性质	
	上级主管部门	
	土地坐落	

变更后法人代表或户主			代　理　人		
姓名	身份证	电话号码	姓名	身份证	电话号码

其他变更记事	
原土地使用者（法人代表或代理人）签章	现土地使用者（法人代表或代理人）签章
经办人	变更日期

7. 宗地草图的变更

无论何种类型的变更调查，都不得在原宗地图上划改、修测。

不更改界址的变更调查，如不进行实地调查，则不重新绘制宗地草图。如进行实地调查并发现原勘丈数据有误，则应在原宗地草图复印件上用红细线划去错误数据，注记新勘丈的数据，重新绘制宗地草图并归档。

对于更改界址的变更调查，应在原宗地图上加盖"变更"字样印章，在其复印件上变更部分的界址点和线上加红色"×"标记，错误数据用红色细线划去；新增界址点用红色圆圈"。"表示，新增界址线用红色表示，争议界址线用红色虚线表示；新的勘丈值用红色标在图上相应处。在现场依据变更的原宗地草图复制件，按《地籍调查规程》（TD/T 1001—2012）要求绘制新形成宗地的宗地草图，并将其归到原宗地的档案中。

对于原界址点和界址线确权时有误的，应在重新调查后绘制宗地草图。

5.1.3　变更地籍测量

在变更地籍调查过程中，对于确定依法变更后的权属界址、宗地形状、面积及使用状况的测量工作称为**变更地籍测量**。其主要任务是及时反映土地权属变更现状，为保持地籍资料的现势性提供测量技术保障。

不更改界址的变更地籍测量，一般仅在必要时对原界址点实地位置进行检查、鉴定和恢复；更改界址的变更地籍测量还要在测定变更界址点的位置后，对其他原地籍测量成果进行系统的变更。更新地籍测量与初始地籍测量基本相同。

变更地籍测量一般采用解析法，暂时不具备条件时，可采用《地籍调查规程》（TD/T 1001—2012）规定的其他方法，但不应低于原有成果的精度。无论采用何种方法，均以地籍平面控制点或界址点为依据，首先要检查控制点和原界址点精度，确认无误后方能进行。

属于土地出让等精度要求较高的变更测量应采用解析法，尽可能地采用城市统一坐标系统。

1. 变更地籍测量准备

1）变更宗地附近的地籍平面控制点资料和界址点坐标册。

2）变更宗地所在的基本地籍图的二底图及其复制件。

3）变更地籍调查表。

4）变更测量的数据准备（如按申请者给定的预分割面积和条件计算的分割点坐标）。

5）测量仪器和工具准备。

2. 界址点的恢复与鉴定

（1）界址点的恢复　在界址点位置上埋设了界标后，应对界标细心保护。界标可能因人为的或自然的因素发生位移或遭到破坏，为保护地产拥有者或使用者的合法权益，须及时地对界标的位置进行恢复。

在某一地区进行地籍测量之后，表示界址点位置的资料和数据一般有：界址点坐标、宗地草图上界址点的点之记、地籍图、宗地图等。对一个界址点，以上数据可能都存在，也可能只存在某一种数据。可根据实地界址点位移或破坏情况、已有的界址点数据和所要求的界址点放样精度以及已有的仪器设备来选择不同的界址点放样方法。

恢复界址点的放样方法一般有直角坐标法、极坐标法、角度交会法、距离交会法。这几种方法其实也是测定界址点的方法，因此测定界址点位置和界址点放样是互逆的两个过程。不管用哪种方法，都可归纳为两种已知数据的放样，即已知长度直线的放样和已知角度的放样。

1）已知长度直线的放样。这里的**已知长度**是指界址点与周围各类点间的距离，具体情况如下所述：

① 界址点与界址点间的距离。

② 界址点与周围相邻明显地物点间的距离。

③ 界址点与邻近控制点间的距离。

这些已知长度可以通过坐标反算得到，也可以从宗地草图或宗地图上得到，并且这些距离都是水平距离。在地面上，可以用测距仪或鉴定过的钢尺量出已知直线的长度，并且在作业过程中考虑仪器设备的系统误差，从而使放样更加精确。

2）已知角度的放样。已知角度通常都是水平角。在界址点放样工作中，如用极坐标法或角度交会法放样，才要计算出已知角度，此时已知角度一般是指界址点和控制点连线与控制点和定向点之间连线的夹角。设界址点坐标为（X_P，Y_P），放样测站点坐标为（X_A，Y_A），定向点坐标为（X_B，Y_B），已知角度为 α_{AB} 和 α_{AP}，则

$$\alpha_{AB} = \arctan\left(\frac{Y_B - Y_A}{X_B - X_A}\right) \quad \alpha_{AP} = \arctan\left(\frac{Y_P - Y_A}{X_P - X_A}\right) \tag{5-1}$$

此时放样角度为 $\beta = \alpha_{AP} - \alpha_{AB}$。把经纬仪架设在测站上，瞄准定向方向并使经纬仪读数置零，然后顺时针转动经纬仪的读数等于 β，移动目标，使经纬仪十字丝中心与目标重合即可。

（2）界址的鉴定　依据地籍资料（原地籍图或界址点坐标成果）在实地鉴定土地界址是否正确的测量作业，称为**界址鉴定**（简称鉴界）。界址鉴定工作通常是在实地界址存在问题，或者双方有争议时进行。

问题界址点如有坐标成果，且临近还有控制点（三角点或导线点）时，则可参照坐标放样的方法予以测设鉴定。如无坐标成果，则能在现场附近找到其他的明显界址点，应以其暂代控制点，据以鉴定。否则，需要新施测控制点，测绘附近的地籍现状图，再参照原有地籍图、与邻近地物或界址点的相关位置、面积大小等加以综合判定。重新测绘附近的地籍图时，最好能选择与旧图等大的比例尺并用聚酯薄膜测图，这样可以直接套合在旧图上加以对比审查。

正常的鉴定测量作业程序如下：

1）准备工作。

① 调用地籍原图、表、册。

② 精确量出原图图廓长度，与理论值比较是否相符，否则应计算其伸缩率，以作为边长、面积改正的依据。

③ 复制鉴定附近的宗地界线。原图上如有控制点或明确界址点（越多越好），尤其要特别仔细转绘。

④ 精确量定复制部分界线长度，并注记于复制图相应的各边上。

2）实地施测。

① 依据复制图上的控制点或明确的界址点位，判定图与实地相符以及正确无误后，如点位距被鉴定的界址处很近且鉴定范围很小，即在该点安置仪器测量。

② 如所找到的控制点（或明确界址点）距现场太远或鉴定范围较大，应在等级控制点间按正规作业方法补测导线，以适应鉴界测量的需要。

③ 用光电测设法、支距法或其他点位测设方法，须将要鉴定界址点复制图上的位置测设于实地，并用鉴界测量结果计算面积，核对无误后，报请土地主管部门审核备案。

3. 变更界址点的测定

更改界址的变更地籍测量中，当土地发生分割或调整时，须测定新增界址点的位置，废弃界址点的点号不得再用。当土地发生合并时，只需保留原界址点中合并后新形成宗地的界址点位置，原则上可不重新进行变更测量。

（1）用解析法进行变更测量

① 原为解析法，依据检查的原界址点，丈量新增界址点对原界址点的距离，用内分法或距离交会法计算新增界址点坐标，必要时依据新布设的图根点，用极坐标或支导线法测定其坐标。

②原为部分解析法，依据图根点增测的若干解析界址点或原界址点，用经检查的界址边长与补量的界址点间距，采取各种解算坐标的方法，解算新增的和需保留的原图解界址点的解析坐标，必要时还需增设图根导线。

③原为图解法，一般需要建立图根控制，甚至恢复或改造首级控制网，然后按解析法要求测定新增界址点坐标。

对于解析界址点坐标册的变更，用红色细线划去废弃或错误的坐标，注出正确的坐标值，编入新增界址点的坐标。原为图解法则需增编界址点坐标册。并将新界址点展绘在着墨二底图上。

（2）用图解法进行变更测量　原为图解法或原为部分图解法的街坊内部用图解法测定界址点，在暂不具备条件时，采用图解法变更。根据经检查的原界址点在着墨二底图上的位置、界址边长和新增界址点对原界址点的勘丈距离，用图解内分法、距离交汇法确定新增界址点在图上的位置，或用给定条件确定分割点的实地和图上位置。

（3）用部分解析法进行变更测量　原为部分解析法，因道路拓宽等使街坊外围宗地发生变更，需用解析法测定新增的街坊外围界址点。街坊内部原用图解法测定的，仍用图解法变更。

4. 地籍图的变更

地籍铅笔原图作为永久性保存资料，不随宗地变更而更改。地籍二底图随宗地变更而更改，以保持地籍图的现势性，在未发生变更前应将二底图复制两份，根据变更界址点在图上的位置，对照变更后宗地草图修改二底图，刮去废弃的点位、线条、注记，绘上变更后的地籍要素，并将其中一份复制件记录变更情况作为历史档案保存，但当其上同一宗地将发生第二次变更前，应用二底图再复制两份，以保证变更情况的连续。

5. 宗地图的变更

将原宗地图复制两份归档被查。依据变更后的地籍图或宗地草图，按《地籍调查规程》（TD/T 1001—2012）有关规定重新制作宗地图。

6. 宗地面积、宗地面积汇总表、城镇土地分类面积统计表的变更

1）宗地面积的变更。变更测量精度高于原测量精度时，则以变更后面积为准，如原图为图解法，采用解析法进行变更测量。原界址点、界址线错位或原面积计算错误时，用改正后的面积取代原面积。

不更改界址的情况下，变更前后均采用解析法或实丈规则几何图形计算面积时，原面积与检查计算的面积相等则采用原面积。变更前后均采用图解法，检查面积与原面积较差在限差内，则以原面积为准。

更改界址的情况下，变更前后均采用解析法或实丈规则图形计算面积时，合并后的宗地面积与被合并宗地面积之和的较差应小于凑整误差影响，边界调整或分割后宗地面积与新增界址点有关的原相邻宗地重新计算的面积之和同相应宗地的原面积之和的较差应小于凑整误差影响，以变更后计算面积为准，否则应查明原因。

更改界址的情况下，变更前后均采用图解法量算面积，合并宗地与被合并宗地面积之和的较差在限差内，以被合并宗地面积之和为准。各分割或边界调整后宗地面积之和与被分割

或边界调整的原宗地面积的较差在限差内，将较差按面积大小进行配赋。由于更改界址而产生的街坊内宗地面积之和与计算的街坊面积不符可不作处理。

2）宗地面积汇总表、城镇土地分类面积统计表，按有关规定要求定期进行变更。

5.1.4 土地利用变更调查与土地利用动态遥感监测

1. 土地利用变更调查

由于土地在利用过程中，其用途会发生变化，为保持原有土地利用调查资料的现势性，必须进行土地利用变更调查。**土地利用变更调查**是指在完成土地利用现状初始调查之后，为满足日常土地管理工作的需要而进行的土地权属、位置、数量的变更调查。通过变更调查，不仅可以使地籍资料保持现势性，还可以提高数据精度，修正以前的错误，逐步完善地籍内容。

土地利用变更调查的基本技术和方法与单元2课题3讲述的一致。在进行土地利用变更调查时，可以收集和运用日常积累的丰富资料，充分应用测绘新技术和信息管理技术，使调查工作更快捷、更方便。土地利用变更调查的作用和特点与变更地籍调查的作用和特点是一致的。下面就土地利用变更调查的几个关键问题进行简要说明。

（1）可使用的资料

1）原土地利用现状调查资料：包括土地利用现状图、土地权属图、各种文件资料等。

2）近期的航空摄影像片、正射像片和卫星影像等。

3）初始和日常城镇村庄地籍调查资料。

4）土地复垦、土地开发、土地征用、农业结构调整和土地整理等资料。

（2）变更调查的技术流程　近年来，摄影测量技术、GIS 技术、GPS 动态定位技术的迅速发展，为土地管理技术增添了新的技术手段。GPS 动态定位技术的飞速发展导致了 GPS 辅助航空摄影测量技术的出现和发展。实践表明，该技术可以极大地减少地面像片控制点的数量，缩短成图周期，降低成本。目前，该技术已进入实用阶段，北京市、海南省和中越边境地区等都相继成功实施了 GPS 辅助航空摄影测量。

借用已有的 GIS 平台和数字摄影测量技术，开发和建立土地信息方面的管理系统，实现数据的采集、处理、分析、应用的信息流过程，减少了中间环节，降低了错误发生率，提高了精度和效益，并为今后的变更调查提供了极大的方便。例如，根据收集到的资料，建立土地利用数据库、土地权属数据库和航空影像数据库（栅格）等。把土地利用现状线划图形与影像数据叠加，采用自动分析或人工分析技术，可自动或半自动地判定和提取地类变更区域，并输出正射影像图（含线划）用于外业调绘和修测，再利用数字摄影测量技术测制数字土地利用现状图和土地权属图，并建立更新数据库，实现面积的自动量算和汇总。基本技术流程如下：

1）航空摄影、像片控制测量。

2）已有资料的数据库建立。

3）图形叠加、分析，正射影像的输出。

4）外业地类调绘、权属调查。

5）内业修测、编辑。

6）图形回放、检查。

7）图形精编、面积计算和汇总。

8）坡向图制作和坡度、坡向数据库建立。

9）编写各项技术报告、说明书、成果资料等。

10）土地利用变更调查成果输出。

11）成果资料建档。

12）检查、验收

2．土地利用动态遥感监测

土地资源是人类赖以生存和发展的物质基础。自从20世纪80年代以来，随着经济的快速发展，土地利用结构发生了明显的变化，耕地资源数量减少，非农业用地大量增加，人多地少的矛盾日益突出。及时、准确地掌握土地资源的数量、质量、分布及其变化趋势，管理土地权属，是地籍工作的重要任务，它直接关系到国民经济的持续发展与规划的制定。由此，土地管理逐渐被提到国家重要的议事日程上来，地籍工作受到高度的重视。国务院从1984年开始组织了全国范围内以县为单位的土地利用现状调查（简称详查），展开了现代地籍工作的序幕。到1996年，基本摸清了我国土地资源的数量和利用方式。整个详查工作长达10余年之久，其间土地利用格局又发生了不小的变化。国家为了及时掌握土地资源的利用现状，保持土地利用数据的现势性，各县（市）每年都要进行土地利用变更调查和动态监测（以下简称土地利用动态监测），向国家土地管理局上报变更后的数据和监测结果。因此，如何准确快速地发现土地利用的变化并获取变化的数据，科学有效地掌握土地信息和管理土地权属，进行动态监测与更新是一个不能回避的问题。

（1）传统土地利用动态监测方法存在的问题　在历时10余年的详查工作中，土地利用数据获取的主要技术手段为航空摄影测量技术，这种方法对大面积的初始土地利用数据的获取非常有效和经济。同许多测量技术都存在两面性一样，如将该方法用于每年的土地利用动态监测，就显得成本高，周期长。传统的土地利用动态监测一般依靠人工野外调查发现变化信息，运用传统测量方法（如简易补测法和平板仪测量法）进行变化信息的空间测量和面积量算。传统方法的缺点是明显的。

1）不能主动监测变化。

2）测量方法落后且人为干扰大。

3）变更数据获取速度慢，存在多次清绘误差累积。

4）一旦发现变化，原来的图件即失去现势性。

5）土地利用图斑多为不规则多边形，运用平板仪等测量工具只能测量拐点，不能连续测量整个边界，而且难于精确标绘到原详查底图上。

（2）土地利用动态遥感监测的含义　近年来，遥感、地理信息系统和全球定位系统技术的发展日益成熟，给土地管理部门提供了土地利用动态监测新的思路与方法。将利用遥感技术进行土地利用变更调查和动态监测称作土地利用动态遥感监测。

土地利用动态遥感监测是以土地利用调查的数据及图件为基础，运用遥感图像处理与识别技术，从遥感图像上提取变化信息，从而达到对土地利用变化情况进行及时的、直接的、客观的定期监测，核查土地利用总体规划及年度用地计划的执行情况，并重点检查每年土地变更调查汇总数据，为国家宏观决策提供比较可靠、准确的土地利用变化情况，同时对违法或涉嫌违法用地的地区及其他特定目标等进行快速的日常监测，从而为违法用地的查处以及突发事件的处理提供依据。

与其他监测手段相比，遥感监测具有速度快、精度高、范围广等特点，并且能为国土资源管理工作提供基于事实影像的、可精确测量的、可作为基础信息的土地利用动态监测结果。近年来，随着遥感技术的不断发展，影像分辨率的不断提高，以及计算机技术和信息处理技术的不断增强，土地利用动态遥感监测技术不断完善并得到越来越广泛的应用。

1999 年，国土资源部首次利用高分辨遥感资料，对全国 66 个 50 万人口以上的城市在 1998 年 10 月～1999 年 10 月期间各类建设占用耕地的情况进行了监测，引起了各级土地管理部门的高度重视。1999 年土地利用动态遥感监测的数据源选择的是 1998 年（8～11 月）美国 LandsatTM、ETM+30m 多光谱数据，法国 SPOT 全色数据。重点地区使用了 1:3.5 万比例尺的航空像片，充分利用当时成熟的技术方法，选取两个时相的 SPOT、TM 为主要数据源，对其进行纠正、配准和数据融合，以提高地物的光谱识别能力和空间分辨率。2002 年，土地利用动态监测的主要数据源是数据质量更高的 10m SPOT5 卫星多光谱数据和 2.5m 全色数据。

除了国土资源部利用遥感技术动态监测土地利用状况以外，一些大中城市也进行了相关的尝试，并取得了一定的成果。沈阳市勘测院利用航空遥感图像，辅以实地判读，内业利用立体测图仪进行航片的解译，直接量取相关的数据，生成图形与数据文件，使地籍调查工作中的权属调查与地籍测量全部应用遥感图像一次处理完成，取得了令人满意的效果。中国科学院武汉测量与地球物理研究所利用遥感技术，对武汉市的土地利用类型变化进行了动态监测，得到了武汉市土地利用变化的专题图，得到 47 处变化图斑，经过野外抽样调查，正确率在 95% 以上。之后在地理信息系统软件 ARC/INFO 的支持下，以全数字化的方式量算各图斑的面积，得到了武汉市近几年来土地利用类型的变化情况。

（3）土地利用动态遥感监测的技术流程　土地利用动态遥感监测的主要思路是：对多元数据（包括多时相、多源遥感）进行纠正、配准、融合等预处理，通过图像处理和影像判读来确定变化属性及进行统计分析，结合人工判读目视解译，发现和提取土地利用的变化信息，实地核查并建立土地利用动态监测数据库。根据本思路所形成的土地利用动态遥感监测系统的技术如图 5-1 所示。

1）多源数据的选取。根据地籍管理所具有的连贯性、系统性、高精度等特点并结合当前遥感数据的具体情况进行选取，目前对数据源的选取主要采用的是美国的 Landsat TM 和法国的 SPOT 这两种卫星数据。此外，为提高监测精度，还要结合使用已有的地形图、土地利用调查图等图件资料，注意收集当地的人文、地质、作物生长信息；为实现对重点区域进行监测的需要，还要借助航片或更高分辨率的卫星影像数据资料。

2）数据预处理。多源数据的预处理包括辐射校正、影像增强、几何校正、影像配准、

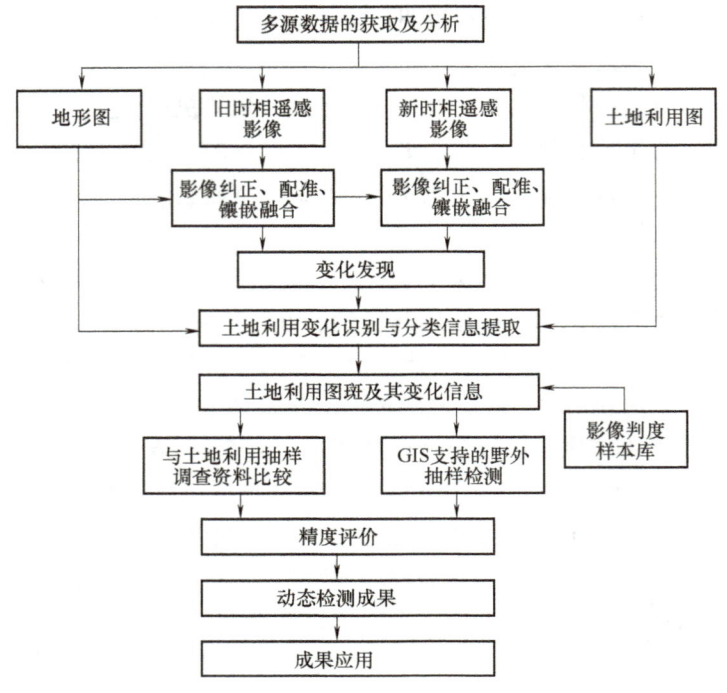

图 5-1　土地利用动态遥感监测系统

镶嵌及影像融合等工作。数据预处理能减少非变化因素的干扰，增强影像的可判读性，有效地提高监测的精度。

3）变化信息的提取及变化类型的确定。**变化信息**是指在确定的时间段内，土地利用发生变化的位置、范围、大小和类型。进行变化信息提取时，要对两个时相的遥感影像做点对点的直接运算，经变化特征的发现、分类处理以及人工辅助判读解译，获取土地利用的变化位置、范围，确定变化的类型。

4）外业核查。若在变化信息提取之后进行土地变更调查，可以根据变化信息提取的结果缩小核查的范围，减少野外土地变更调查的工作量，而核查的结果可以提高遥感监测的精度；当在变化信息提取之前已经有土地变更调查资料时，则可根据调查资料定性指导、定量判读，支持并确认变化信息提取结果。内外业相互验证，从而提高遥感监测的精度和可靠性。

5）变化信息后处理。外业核查提供了土地利用变化的准确信息。在核查的基础上，再借助有关统计资料和专题资料，对变化信息进行后处理，归并小图斑，辅助解决原内业工作中的困难问题。

6）监测精度评定。利用实地外业核查以及监测的变化图斑数据，对内外业变化监测的差异记录核实并进行统计分析及精度评定，最终的监测成果为管理提供可靠的基础资料和技术保障。

（4）土地利用动态遥感监测技术的优缺点　遥感信息是地表各种地物要素的真实反映，能清晰地显示各种土地利用类型的特征与分布。高分辨率的遥感图像还能正确显示出农业内部结构的调整信息，这样不仅可以减少外业调查工作量，还可以精确地量算出各种土地利用的面积，保证面积的准确性。遥感图像的多光谱及多时相特性为土地利用动态监测的定性、定量分析提供了丰富的信息，在原有土地详查图件和数据的基础上，将获取的遥感图像和原有的同区位土地利用空间信息进行叠加分析，不仅可以保证监测精度，还可以提高工作效率，缩短工作周期。因此，与传统的地籍调查方法相比，遥感监测技术有较多优势：

1）保证精度。遥感技术可在较大范围内准确地监测各类土地利用变化数据。

2）经济实用。可在大尺度空间条件下，利用遥感技术数据几何分辨率高的特点，对土地利用变化数据进行采集，与传统的地籍调查方法相比，更加经济和实用。

3）效率更高。利用遥感监测数据在复核地籍变更调查数据准确度的同时，还可以有针对性的指导和辅助变更调查工作，节省了外业查找变化地块的时间，提高了工作效率，保证了调查结果的可靠性。

4）直观实时。卫星遥感监测技术为配合土地执法检查，强化国土资源执法监察，贯彻"预防为主、防范和查处相结合"的国土资源执法监察新思路提供了强有力的科技支撑，为国土资源规划、管理、保护的快速决策提供了技术保证。

但就土地利用动态遥感监测来讲，还有不少问题：首先，数据预处理在实际工作中达不到要求，其有效算法和技术影响了动态监测成果的精度；其次，由于变化监测算法的差异性，所有变化监测算法的能力受空间、光谱、时域和专业内容的限制，所采用的方法在一定程度上影响了变化监测的精度。甚至对于同一环境，由于采用的方法不同，所产生的结果也会不同。同时，土地利用动态变化遥感监测有多种方法，各方法都有其优缺点。因此，选择合适的土地利用变化监测方法，也显得尤为重要。总之，今后还需对土地利用动态变化遥感监测技术和方法进行深入研究，以建立起我国宏观土地利用动态遥感监测体系，为我国国土资源管理提供技术支持。

课题2　土地勘测定界

5.2.1　土地勘测定界概述

1. 土地勘测定界的概念

土地勘测定界（以下简称勘测定界）是根据土地征收、征用、划拨、出让、农用地转用、土地利用规划及土地开发、整理、复垦等工作的需要，实地界定土地使用范围、测定界址位置、调绘土地利用现状、计算用地面积，为国土资源行政主管部门用地审批和地籍管理等提供科学、准确的基础资料而进行的技术服务性工作。勘测定界工作，在各级国土资源行政主管部门组织下，由有资格的勘测单位承担。

2. 土地勘测定界的意义

土地勘测定界工作的意义在于：保障用地审查，使用地审批工作更加科学化、制度化、规范化，健全了用地的准入制度；使项目用地依法、科学、集约和规范，严格控制了非农业建设占用耕地，是保障耕地保护制度的实施。土地勘测定界工作是项目用地从立项到审批程序中的重要环节，是用地审批的重要依据。

项目用地的环节为：项目立项→预审→项目可行性研究论证→初步设计论证→勘测定界→审查报批→取得建设用地批准书。

3．土地勘测定界的特点

1）综合性。土地勘测定界工作兼有地籍调查、土地利用现状调查以及放样测量三项内容。

2）专门性。是一项专门为用地审批服务而衍生出来的特殊性技术工作。

3）精确性。土地勘测定界成果直接服务于用地审批工作，同时也服务于土地管理的其他工作，其精确性应与土地管理，特别是地籍管理的工作要求相衔接。

4）及时性。土地勘测定界在一定程度上制约着工程进展速度，这就要求勘测定界人员准确、及时地提交勘测定界成果，提高审批效率。

5）法律性。土地勘测定界的成果是用地审批、土地登记等工作的重要依据，具有一定的法律性。

4．土地勘测定界工作的内容

1）收集资料、实地踏勘、制定技术方案。

2）实地调查用地范围、权属、地类等基本情况。

3）实地测设界址点并埋设界址桩。

4）界址点坐标测量。

5）编制土地勘测定界图及项目用地范围图。

6）土地勘测定界面积量算和汇总。

7）编写土地勘测定界技术报告书。

5．土地勘测定界工作程序

土地勘测定界工作按其工作的先后顺序，将其分为四个阶段：准备工作阶段、外业工作阶段、内业工作阶段、成果检查验收及归档阶段。各个工作阶段之间的关系如图5-2所示。

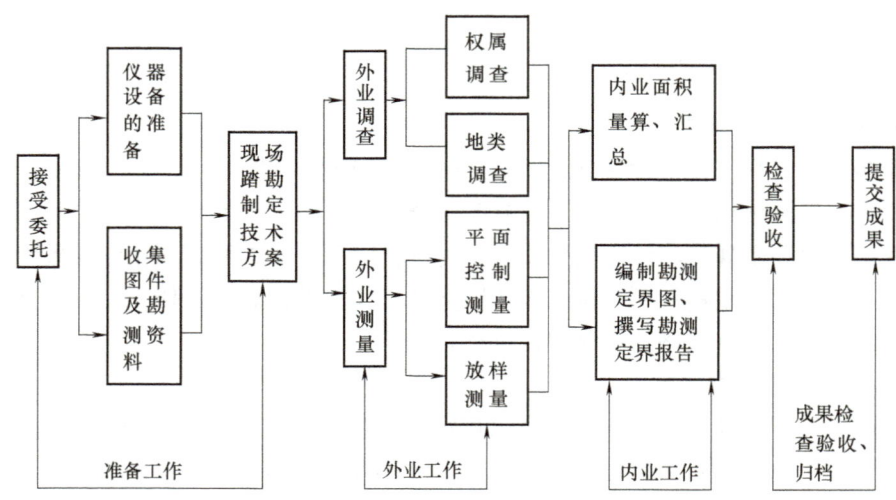

图5-2　土地勘测定界工作流程框图

5.2.2　土地勘测定界的准备工作

勘测定界的准备工作主要包括接受委托，组建队伍，收集查阅有关文件、图件和勘测资料，现场踏勘，制订技术方案等内容。

1. 接受委托

经审核后，具备勘测定界资格的单位，须持有用地单位或有权批准该建设项目用地的人民政府土地管理部门的勘测定界委托书，方可开展工作。

2. 组建队伍

根据建设项目的大小和土地勘测定界的工作程序，成立领导小组或确定项目总负责人，组建外业调查组、外业测量组、内业整理汇总组等具体工作小组，并配备相应的人员，各小组要分工明确。

3. 收集查阅相关文件、图件和勘测资料

（1）文件资料　查阅由用地单位提供的城市规划区内建设用地规划许可证或选址意见书及规划用地范围图、批准的施工设计和有关资料、国土资源行政主管部门在前期对项目用地的审查意见。

（2）图件资料　勘测定界工作应尽量收集用地范围内的地籍图、地形图、土地利用现状图（比例尺不小于1∶10000的）、土地利用总体规划图、基本农田界线图，测区范围内的航片图、土地利用权属界线图，用地单位提供的由专业设计单位承担设计的用地范围图以及比例尺不小于1∶2000的建设项目工程总平面布置图（大型工程、线形工程总平面布置图的比例尺不小于1∶10000）。

（3）勘测资料

1）用地范围附近原有平面控制点坐标成果、控制点点之记、控制点网图、原控制网技术设计书、有关坐标系统的投影带和投影面等资料。

2）用地界址点拟定坐标（设计坐标）或与定界有关的参考资料。

（4）权属证明文件　作为权属认定的依据，权属证明文件的收集包括土地权属文件、征用土地文件、土地承包合同（协议）、土地出让合同、清理违法占地的处理文件、用地单位的权源证明等。此外，还应收集工作范围内各种用地和建筑物（构筑物）的产权资料作为权属检核的依据。

4. 现场踏勘、制定技术方案

（1）现场踏勘　在审查有关资料的基础上，根据收集的控制点成果资料，了解项目用地附近的各级控制点的标石完好情况和现场通视条件，以便制定合理的勘测技术方案。对于线形和大型建设项目用地还应调查、了解交通和地理条件。

现场调查用地范围内的行政界线、地类界线以及地下埋藏物，要标绘在地形图上。

（2）制定技术方案　根据收集、查阅资料的情况和现场踏勘情况制定土地勘测定界工作技术方案，其主要内容包括：

1）用地范围、地理位置、交通条件、权属状况、地形地貌等。

2）工作程序、时间要求、经费安排、人员配备情况。

3）工作底图的选择、测量方法、成果要求。
4）控制网的布设方法、测量所需仪器状况、技术依据。

5.2.3 土地勘测定界的外业工作

1. 外业调绘

实地调查核实用地范围内的行政界线、权属界线、土地利用类型界线、基本农田界线和已批准的农用地转为建设用地的范围线。将其测绘或转绘于工作底图上，同时对土地利用现状类型进行调查核实。

（1）准备工作底图　**工作底图**是指土地勘测定界调查工作用图，是外业调查、转绘、面积量算、编制土地勘测定界图的基础图件。勘测定界所用工作底图应是用地范围内的现势性较好的地籍图、地形图以及标准分幅的土地利用现状图。工作底图的比例尺应与勘测定界图的比例尺相同，一般不小于1∶2000，大型工程工作底图比例尺不小于1∶10000。工作底图的现状不能满足勘测定界工作要求时应对界址线附近和界址范围内的地形地物进行修测或补测。

（2）权属界线调绘　在查阅用地范围内的土地利用现状调查及土地登记有关资料的基础上，经实地核实，将用地范围内的权属界线、行政界线转绘到工作底图上。

对用地范围内的各权属单位的土地，在土地利用现状调查、城镇地籍调查时已形成的土地权属界线协议书核定的权属界线，经复核无误的，勘测定界调查时可不再重新调查，否则应重新调查。因此，权属调查的工作程序根据准备工作阶段的收集资料情况分两种进行，一种是具备土地权属定界资料的调查；另一种是不具备土地权属定界资料的调查。工作程序如图5-3所示。

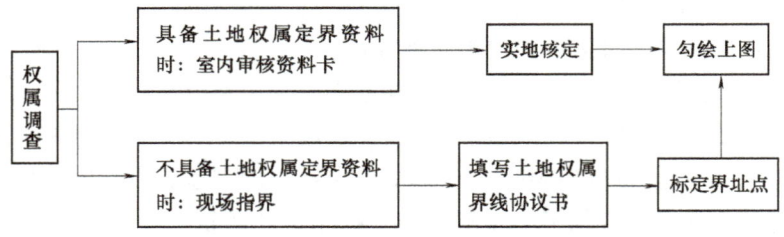

图5-3　勘测定界权属调查的程序

（3）地类调绘　依据全国统一的土地分类，利用地籍图、土地利用现状图或地形图上的有关土地利用类型界线，通过现场调查及实地判读，将用地范围内及其附近的各土地利用类型界线测绘或转绘在工作底图上，并标注末级土地利用类型编号，同时对土地利用现状调查的土地利用类型进行核实，与实地不一致的，按变更地籍调查的有关规定处理。

（4）基本农田界线调绘　在当地国土资源行政主管部门，查阅用地范围区域的土地利用总体规划资料、基本农田保护区规划资料。将用地范围及其附近的基本农田界线测绘或转绘在工作底图上，图上确定项目用地占用基本农田的范围，并实地核定。

(5) 农用地转用范围线的调绘 如果项目用地占用土地利用总体规划经批准确定的农用地转用范围的农用地，应将用地范围内及其附近的已批准的农用地转用界线绘制在工作底图上。

2. 外业测量

土地勘测定界外业测量是指根据项目用地的初步设计图或规划用地范围图实地放样界址点并埋设界址桩，然后对用地界址点（包括权属界址点、行政界址点）进行解析测量界址点坐标的工作。土地勘测定界外业测量工作主要包括平面控制测量、界址点放样、埋设界址桩、界址点坐标测量。

(1) 平面控制测量 勘测定界平面控制测量作业及精度的基本技术要求应遵照《地籍调查规程》（TD/T 1001—2012）、《第二次全国土地调查技术规程》（TD/T 1014—2007）、《卫星定位城市测量技术规范》（CJJ/T 73—2010）等。在充分调查和分析原有控制点成果质量的基础上，如果原有控制点能够满足勘测定界需要，则可直接利用原有控制点进行界址点放样及坐标测量。若首级控制网点密度不能满足土地勘测定界，应在首级控制点的基础上布设一级或两级加密控制点。加密控制测量可采用 GPS–RTK 测量和导线网加密控制网，也可用单一附合导线，插点仅限于个别地点使用。若项目用地范围附近没有控制点，则应根据实地情况，重新布设控制网。

(2) 界址点放样 当测区的控制网逐级布设完成后，在此基础上，进行界址点的勘测放样。界址点放样的依据是建设项目用地条件。建设项目用地条件多为用地边界与规划道路或指定地物的相对关系，在地物稀少的地区也可确定为界址点的设计坐标。建设项目用地条件是用地测量的法定文件，作业者不得擅自改动。

1）确定放样数据。经现场踏勘后确定界址点坐标和界址点与邻近地物的关系距离等两种放样数据。

① 界址点坐标。确定界址点坐标一般采用两种方法：一是在初步设计图纸上通过图解而获得；二是利用建设项目工程总平面布置图上已有的界址点坐标。

② 界址点与邻近地物的关系距离。它是通过对图纸上的图解或根据实地踏勘等方式而获得的关系数据。在确定了放样数据后，可根据实地踏勘及边界界址点的具体分布情况，拟定合理的平面控制及施测方案。

2）解析法及关系距离法放样。

① 基本要求。勘测定界或放样界址一般采用极坐标法。其角度观测使用精度不低于 J6 级的经纬仪，采用半测回法测定，距离丈量则应采用钢尺或测距仪二次读数。

② 平面控制图。勘测定界的平面控制坐标系统应采用国家或城市平面控制网的坐标系。对于条件不具备的地区，也可采用任意坐标系统，可用图解法在地形图或土地利用现状图上直接量取。

③ 解析法放样。利用已确定的界址点坐标及控制点坐标数据，计算出放样所需的元素，再利用界址点的邻近控制点来放样界址点的桩位。

④ 关系距离放样。根据用地界址点、界址线与邻近地物之间的关系距离，在实地确定出关系地物及地界，可利用钢尺量距，采用交会方法，放样出界址点的桩位。

3）线性工程与大型工程放样。

① 线性工程的放样。线性工程包括公路、铁路、河道、输水渠道、输电线路、地上和地下管线等。线性工程的勘测定界，放样方法可根据工程的具体情况，采用图解法或解析法进行。

在线性工程线路不太长而且线路基本呈直线时，可采用图解法进行放样。根据设计图纸上所给出的定线条件，即现状物中线与线状地物的相对位置关系，在现场利用有关地物点作为基准点，采用经纬仪、测距仪、钢尺测出线状地物的中线位置。对于直线应每隔150m确定一个中线点位置。

在线性工程比较长而且有折点或曲线时，则应采用解析法进行放样。首先应沿线性工程布设测量控制点。依据设计图纸所给出的定线条件，线路中线的断点、中点、折点、交点以及长直线的加点坐标，反算出这些点与控制点之间的距离。然后以控制点为基准，采用经纬仪、钢尺或测距仪放样出线路的中线，也可采用全站仪来放样出线路中线的具体位置。

平曲线测设可采用偏角法、切线支距法、中心角放射法或极坐标法等。圆曲线及复曲线则应定出起点、中点及终点；对于同心曲线则应定出半径、圆心、起点和终点。

② 大型工程的放样。大型工程放样则应根据具体的情况，利用比例尺不小于1：10000的土地利用现状调查图或地形图，依据设计图纸上的折点及曲线点，在实地进行判读，并确定桩位。

3. 界标的埋设

界址点是用地相邻界址线的交点，界址标是埋设在界址点上的标志。界址标之间的距离，直线最长为150m，明显转折点应设置界标。如果项目用地范围行政隶属不同，应在用地界线与省（自治区、直辖市）、市、县、乡（镇）的行政界线交点上加设界标。基本农田界线与用地界线的交点、国有土地与集体土地的分界线同用地界线的交点应加设界标。若界址点在河流池塘水域中，界标可埋设在岸边，待有条件时再补设界标。

（1）界址点的编号　界址点的编号原则上应以用地范围为单位，从左到右，自上而下统一编号。铁路、公路等线形工程的界址点编号可以采用里程＋里程尾数编号。新用地的界址点与原用地界址点重合时，采用原界址桩编号。

项目用地界线的界址点一般采用"JX"表示。土地权属界线、行政界线与用地范围线的交叉界址点编号应冠以字母表示。S表示与省界的交点；E表示与地区（市）界的交点；A表示与县界的交点；X表示与乡（镇）界的交点；C表示与村界的交点；Z表示与村民小组界的交点。

铁路、公路等线形工程的界址点编号可以采用里程＋里程尾数编号。按公里里程增加为前进方向，在里程数前冠以字母L为左边界桩，R为右边界桩，如RK45＋400表示45.4km处的前进方向右边界桩。

（2）点之记　界址桩位置在实地确定以后，对埋石点或主要转折点均应在现场测记"界址点点之记"。"界址点点之记"略图应反映界址桩邻近四周地形、地物情况和必要的文字注记（如村名、路名、水系名等），并量取与附近地物点的撑线三条（不少于两条，如附近地物稀少，可借助于附近的明显地物，如田埂交叉点、道路交叉点和池塘边角打辅助桩量取撑线），用红漆在地物点上标出点号和尺寸，以便他人能根据点之记在现场寻找界址桩位置。"点之记"用 0.2mm 线条绘制，撑线用虚线表示，测量数据注记精确到厘米，文字注记力求端正整齐，避免倒置，界址桩点用相应图例符号绘制。界址点撑线应尽量选取用地范围外不拆除的建筑物。"界址点点之记"格式见表 5-2。

表 5-2　界址点点之记

图号：

点号		界标材料		点号		界标材料	
略图：				略图：			
点号		界标材料		点号		界标材料	
略图：				略图：			

制图者：　　　　　　　　　　　　　年　　月　　日

4. 界址点测量

为检核界址放样的可靠性及界址坐标的精度，在界标放样埋设后，需用解析法进行界址点测量。界址点测量应按照《地籍测绘规范》（CH 5002—1994）的要求进行。政府用于审批的项目用地的界址点必须进行界址测量，经测量的界址点坐标才能作为审批坐标。项目用地初步设计的界址点坐标和项目工程总平面布置图上的界址点坐标只能作为勘测定界放样数据准备的依据，不能作为审批坐标。

（1）测量方法　界址测量可采用全站仪或 GPS – RTK 测量。也可用经纬仪采用极坐标法测量，测量时需在已知控制点上设站。角度采用半测回法测定，对中误差不得超过 ±3mm，一测站结束后必须检查后视方向，其偏差不得大于 ±30″。距离测量可用电磁波测距仪或钢尺，用钢尺测量时一般不得超过二尺段；使用电磁波测距仪测量时一般不超过 200m，个别放宽至 300m。

（2）精度要求

1）解析测定界址点坐标相对邻近图根点的点位中误差不得大于 5cm。

2）两相邻界址点间，界址边丈量中误差控制在 ±5cm 范围内，坐标反算距离与实地丈量距离的较差应控制在 ±10cm 范围内。

3）解析法测定的界址点坐标与原拟用地界址点坐标的中误差应控制在 ±5cm 范围内，允许误差应控制在 ±10cm 范围内。

5.2.4　土地勘测定界的内业工作

土地勘测定界内业工作是指在完成土地勘测定界的外业调查和外业测量工作后，对外业成果进行整理、量算、汇总及制图的过程。土地勘测定界内业工作包括土地勘测定界图的编制、土地勘测定界面积量算和汇总、撰写土地勘测定界技术报告书。

1. 土地勘测定界图的编制

勘测定界图是用于建设用地审批的主要图件材料，是量算项目用地占用各权属单位土地面积、基本农田面积、不同地类面积的基本图件。土地勘测定界图不但要保证一定的精度，同时还要准确地反映出用地周边的土地利用状况。勘测定界图是集各项地籍要素、土地利用现状要素和地形、地物要素为一体的区域性专业图件。勘测定界图是利用实测界址点坐标和实地调查测量的权属、土地利用类型等要素在地籍图或地形图上编绘或直接测绘。为了便于土地勘测定界图件资料的储存、管理、编辑和资料更新，土地勘测定界资料和图件应尽可能地采用计算机进行数字图形管理。

（1）土地勘测定界图的内容　土地勘测定界图的主要内容包括：用地界址点和界址线、用地总面积；用地范围内各权属单位名称及土地利用类型代号；用地范围内各地块编号及土地利用类型面积；用地范围内的行政界线、各权属单位的界址线；基本农田界线、土地利用总体规划确定的城市和村庄集镇建设用地规模范围内农用地转为建设用地的范围线、土地利用类型界线；地上物；文字注记、数学要素等。

1）界址点、用地界线。**用地界线**是建设项目占用土地的范围线，建设项目完工后，它就是该宗地的界址线。为了与地籍工作衔接及利用勘测定界成果进行土地登记发证，在编制勘测定界图时，用地界线及界址点的绘制应与地籍图一致。

2）用地范围内的行政界线、权属界线。用地范围内的行政界线及各权属单位的界址线是量算建设项目占用各权属单位土地面积的主要依据。用地范围内的行政界线主要有：省、自治区、直辖市界；自治州、地区、盟、地级市界；县、自治县、旗、县级市及城市内的区界；各权属单位的界址线；乡、镇、村界、国有农、林、牧、渔场界及国有土地使用界线。两级行政界线重合时取高级界线，境界线在拐角处不得间断，应在拐角处绘出点或线。用地范围内的行政界线及各权属单位的界址线用红色表示，图例遵循《地籍调查规程》（TD/T 1001—2012）的要求。

3）地上物、地貌、地类界线及文字注记。地上物及地貌包括用地范围内及外延区域的各类垣栅管线、房屋、水面界线、道路界线、斜坡、陡坎、路堤、台阶等。地上物及地貌图例遵循《国家基本比例尺地图图式》（GB/T 20257—2007）的要求，地类符号图例遵循《第二次全国土地调查技术规程》（TD/T 1014—2007）的要求。地上物、地貌、地类界线原则上采用原有的地形图或地籍图上所反映的一切信息。在现场进行调绘时如发现地上物的增减与变化，或者用地界线的改变时，要及时进行修测或补测。**地类界线**是用地范围内各种不同图斑的界线，它是量算建设项目占地各权属单位的不同地类面积及征地补偿的主要依据。**文字注记**包括地名、权属单位名称、道路名称、水系名称及有特色的地物名称等。

4）用地范围内占用各权属单位土地面积及地类面积。用地范围内占用各权属单位土地面积及地类面积在编辑好的勘测定界图上量算,用红色分式在相应的权属单位或地块上表示,分子为用地范围内占用各权属单位土地面积及地类面积,单位为 m^2 或 ha,分母为地类编号或权属单位名称。

5)基本农田界线和农用地转用范围线。**基本农田界线**是项目用地占用基本农田的范围界线,是量算项目用地占用基本农田面积的主要依据。**农用地转用范围线**是项目用地占用已批准的土地利用总体规划确定的城市和村庄、集镇建设用地规模范围内农用地转为建设用地的范围线。

6)数学要素。数学要素包括:图廓线;坐标格网线、坐标注记及具体整饰注记;控制点及其注记;图框外的比例尺说明及图幅整饰。

(2)土地勘测定界图的绘制　**土地勘测定界图**是利用放样后复测的界址点坐标及调查成果,在地籍图或地形图上编绘或直接测绘的区域性专用图。利用现有的地籍图或地形图时,应检查其现势性,发现有变化的,应及时进行修测或补测。没有现势性较好的地籍图或地形图时,应在勘测定界前直接测绘地形图,作为调查工作底图及编绘底图。勘测定界图的编绘应在工作底图的蓝晒图上或复印图上进行,编绘完成后应透绘在聚酯薄膜上。有条件的地区,应将工作底图扫描或数字化形成电子底图,编绘工作直接在电子底图上进行。土地勘测定界图的比例尺一般不得小于1:2000,大型工程经有权批准项目用地的政府土地管理部门批准,勘测定界图比例尺不小于1:10000。因此,在编绘土地勘测定界图时,注意选择适当的比例尺,以保证用图的精度。按《土地勘测定界规程》(TD/T 1008—2007)的要求,土地勘测定界图的平面位置精度,以其相对于邻近图根点的点位中误差及相邻平面点的间距中误差,在图上不得大于表5-3的规定。

表5-3　勘测定界图的精度指标　　　　　　　　(单位:mm)

图纸类型 \ 比例尺	1:500	1:1000　1:2000
薄膜图	±0.8	±0.6
计算机绘图、蓝晒图	±1.2	±0.8

1)土地勘测定界图的图纸分幅。土地勘测定界图的图纸分幅方式原则上采用地形图或地籍图的分幅方式,即幅面采用50cm×50cm和50cm×40cm。线形用地或大型项目用地的勘测定界图,可以采用自由分幅。项目用地范围涉及多幅图纸的,应编绘图幅接合表。

2)界址点及界址线的编绘。利用放样后复测的界址点坐标,直接展绘在工作底图上,图上连接界址点形成界址线。如果没有实测界址点坐标,可在实地丈量界址点与附近明显地物的关系距离,在图上用距离交会的方法绘出界址点位置。界址点分埋石(包括建筑物拐角界址点)和不埋石两种。将界址点按一定的顺序连接成界址线。界址桩在图上必须从左到右,自上而下统一按顺时针编号,距离可适当延长。界址点位置用直径为1mm的红色圆圈表示。界址点编号形式为:如用地面积较小,可按阿拉伯数字1,2,3,…,n顺序编制;如用地面积较大,可采用地名或工程名的汉语拼音头一个字母作为代号顺编。所有界址点的编号或代号一律写在用地范围的外侧。

3) 行政界线、权属界线、基本农田界线、农用地转用范围线及地类界线的绘制。为了清楚地表示各种界线，土地勘测定界图上项目用地边界线可根据用地范围的大小，用 0.3mm 红色实线表示；基本农田界线使用绿色实线绘制，并注明基本农田；农用地转为建设用地范围线使用黄色实线绘制；土地利用类型界线用直径为 0.3mm、点间距为 1.5mm 的点线表示。

用地范围内的行政界线、各权属单位的界址线的编绘，应充分利用土地利用现状调查资料或农村集体土地产权调查资料进行编绘。按照土地利用现状调查时签署的土地权属界线协议书及界址走向描述或农村集体土地产权调查时填写的集体土地权属调查表，直接在工作底图上绘制用地范围内的行政界线、各权属单位的界址线。

当土地权属界线协议书或集体土地权属调查表上界线走向模糊且文字说明较简单，无法直接编绘时，应由相邻权属单位代表实地指定用地范围线与行政界线及各权属单位界址线的交点，并实地丈量其与附近明显地物的关系距离，在图上用前方交绘的方法绘出用地范围线与行政界线及各权属单位界址线的交点位置。当进行较高精度的勘测定界时，应实地测量用地范围线与行政界线及各权属单位界址线的交点坐标，并将其展绘在工作底图上。

在外业期间，一定要分清行政界线、权属界线；在内业绘图时，应按《地籍调查规程》(TD/T 1001—2012) 及《第二次全国土地调查技术规程》(TD/T 1014—2007) 的规定执行。基本农田界线应根据土地利用现状图或土地利用总体规划上的基本农田界线转绘到工作底图上；农用地转用范围线应按照土地利用总体规划或土地利用年度计划等进行转绘；地类界线应利用地籍图、地形图及土地利用现状图上的地类或图斑界线转绘，当有变化时，应根据地类调查资料修改。

4) 用地面积、各种符号绘制及文字数字的注记。勘测定界图上用地范围内每个权属单位均应在适当位置注记权属单位名称和面积；每个地块均应在适当的位置注记地块编号、土地利用类型号和面积。其注记方式为：

$$\frac{04}{241}3368.067$$

其中，分母表示土地利用类型编号；分子表示该地块的编号；右侧数字表示该地块的面积。

$$\frac{RK10 \pm 350}{31.30}$$

其中，分子代表点号；分母代表该点到中线的距离。

若同一块用地由多幅图纸拼接，面积数字应注记在较大一块的图幅内，其他图幅内只注记权属单位名称等文字。定界范围窄长或范围太小无法注记时，可用引线（黑色）标注在空余处。加盖勘测定界专用章，应加盖在"××土地勘测定界单位"处。每张图纸加盖一个勘测定界专用章。

对注记字体的要求为：图名，字体为黑体，字高 5mm；用地总面积，字体为楷体，字高为 4mm，颜色为红色；权属名称，字体为楷体，字高为 2.4mm，权属"国有"为楷体，字高为 4mm；界址点号、地块号、地类号、地块面积等，字体为楷体，字高为 2.4mm。

勘测定界图图式按照《地籍调查规程》(TD/T 1001—2012) 及《第二次全国土地调查

技术规程》（TD/T 1014—2007）的规定执行。对两个规程未作规定的图式，应按照国家颁布的现行比例尺图式执行。图 5-4 和图 5-5 为土地勘测定界图的样图。

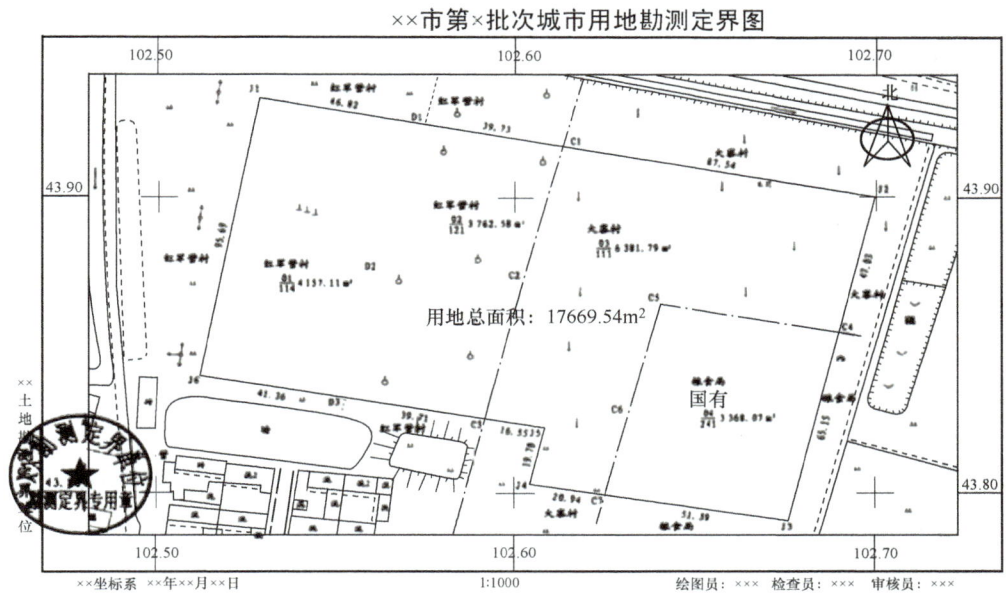

图 5-4　土地勘测定界图

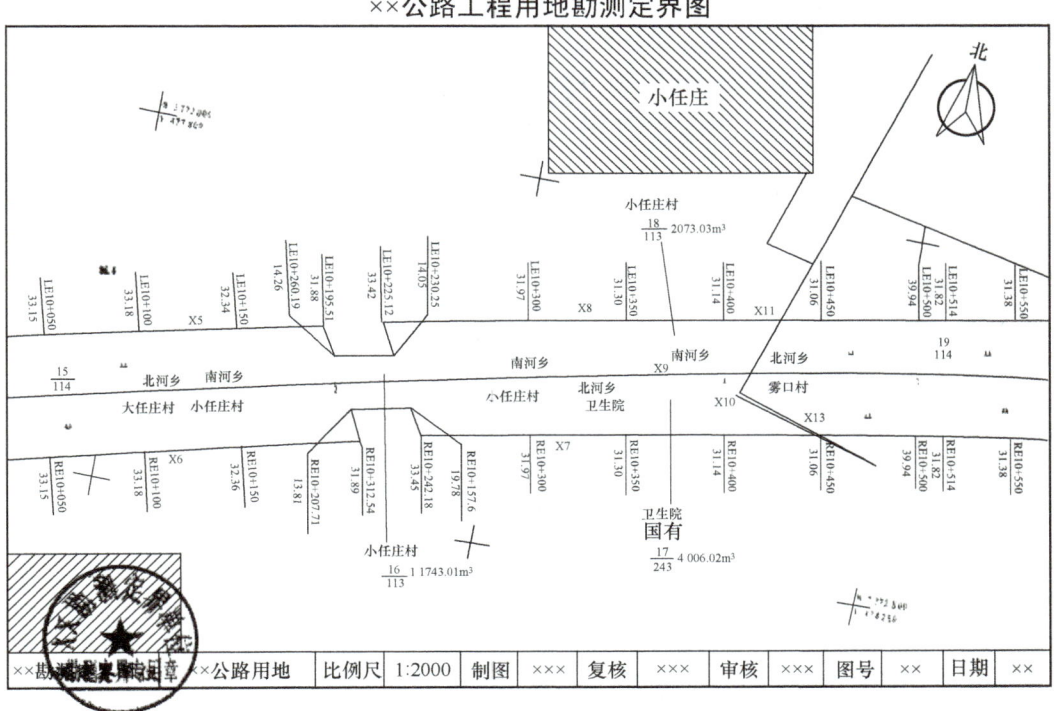

图 5-5　土地勘测定界图（线性）

(3) 土地勘测定界用地范围图的编绘　为满足建设用地审批的需要，勘测定界图编制完成后，应依据勘测定界图，将用地范围展绘到比例尺不小于 1∶10000 的土地利用现状图上，制作土地勘测定界用地范围图，该用地范围图即为建设用地审批中要求的拟占用土地范围。用地范围图的绘制应力求点位精确，并与勘测定界图、土地分类面积表的内容相一致。条件具备的地区，尽量采用计算机图形处理技术，进行土地勘测定界用地范围图的制作。大型项目土地勘测定界用地范围图的比例尺不小于 1∶50000。

2. 土地勘测定界面积量算和汇总

土地勘测定界面积量算和汇总的数据是用地审批中一项关键的数值，因此要求作业人员必须具有严谨的工作作风和认真负责的态度，在量算面积及汇总统计时，必须按规定的表格认真填写，字迹工整清晰，不得涂改。面积量算应在土地勘测定界图上进行，面积量算单位为 m^2，精确至 $0.01 m^2$。

（1）面积量算内容　勘测定界面积量算内容包括项目用地面积、项目用地占用基本农田面积、用地范围内原不同权属单位及不同土地利用类型面积。

（2）面积量算的方法　项目用地面积、用地内部原不同权属面积应用解析坐标计算面积；用地内部不同土地利用类型面积可用解析坐标或图解坐标计算面积，也可以采用几何图形法、求积仪法量算面积。如果是数字图，可由计算机直接进行统计面积。

（3）面积量算的原则与精度

1）面积量算的原则。图上面积量算应遵循分级量算，按照比例平差的原则，利用勘测定界用地总面积控制用地范围内原不同权属单位或不同土地利用类型面积之和，当其相对误差小于 1/200 时，将误差按面积比例分配。

2）精度要求。坐标法计算面积需独立计算两次进行检核。

$$P = \frac{1}{2} \sum_1^n X_i (Y_{i+1} - Y_{i-1}) \tag{5-2}$$

$$P = \frac{1}{2} \sum_1^n Y_i (X_{i-1} - X_{i+1}) \tag{5-3}$$

式中　P——量算面积（m^2）；

(X_i, Y_i)——界址点坐标（m）；

n——界址点个数。

图解法量算面积需进行两次，较差在限差之内时，取两次量算的均值。两次面积量算的误差应满足：

$$\Delta \leq 0.0003 M \sqrt{P} \tag{5-4}$$

式中　P——量算面积（m^2）；

M——勘测定界图纸比例尺分母。

满足要求后，取其平均值为地块面积。

几何图形法计算面积的误差应满足：

$$\Delta < 2.04 ML/P \tag{5-5}$$

式中　　P——量算面积（m^2）；

M_L——界址边量算的中误差（m）。

满足要求后，取其平均值为地块面积。

在量算不同权属、不同土地利用类型面积的基础上，分别以市（县）、乡（镇）、村（组）为单位按不同的土地利用类型进行面积汇总，项目用地若占用基本农田，则基本农田保护区内的土地和基本农田保护区外的土地分别统计汇总。

3. 撰写土地勘测定界技术报告书

土地勘测定界最后成果体现于土地勘测定界技术报告书中。土地勘测定界技术报告书内容有：土地勘测定界技术说明、土地勘测定界表、土地分类面积表、界址点坐标成果表、界址点点之记、项目用地地理位置图。将上述内容按封面、目录、说明、表格、略图等装订成册。

5.2.5　土地勘测定界成果的检查与验收

勘测定界成果实行二级检查一级验收制度。一级检查为过程检查，在全面自检、互查的基础上，由作业组的专职或兼职检查人员承担。二级检查由施测单位的质量检查机构和专职检查人员在一级检查的基础上进行。检查验收工作应在二级检查合格后由勘测定界单位的主管机关实施。二级检查和验收工作完成后应分别写出检查、验收报告。

1. 提交的成果

1）勘测定界图。

2）勘测定界技术报告书。

3）勘测定界用地范围图。

4）检查验收报告。

2. 检查、验收项目及内容

（1）控制测量　控制测量网的布设和标志埋设是否符合要求；各种观测记录和计算是否正确；各类控制点的测定方法、扩展次数及各种限差、成果精度是否符合要求；起算数据和计算方法是否正确；平差的成果精度是否满足要求。

（2）外业调查　权属调查的内容与填写是否齐全、正确；土地面积汇总表中的土地利用类型与土地利用现状图上的情况是否一致。

（3）地籍要素测量　地籍要素测量的测量方法、记录和计算是否正确；各项限差和成果精度是否符合要求；测量的要素是否齐全、准确；对有关地物的取舍是否合理。

（4）勘测定界图绘制　勘测定界图的规格尺寸、技术要求、表述内容、图廓整饰等是否符合要求；勘界要素的表述是否齐全、正确，是否符合要求；对有关地形要素的取舍是否合理；图面精度和图边处理是否符合要求。

（5）面积测算　勘测定界面积的计算方法是否正确，精度是否符合要求；用地面积的测算是否正确，精度是否符合要求。

（6）变更与修测成果的检查　变更与修测的方法、测量基准、测绘精度等是否符合要求；变更与修测后房地产要素编号的调整与处理是否正确。

地籍与房产测量

单元小结

地籍资料的管理是动态的,要保持地籍资料的现势性,必须要进行地籍的变更调查与测量。本单元从变更地籍调查与测量的特点入手,详细阐述了各种变更地籍调查与测量的方法。建设项目用地是日常地籍工作中的一个内容,课题2详细介绍了建设项目用地的勘测定界的完成流程和最后应提交的成果资料。

复习与思考题

5-1 什么是变更地籍调查与测量?其目的、特点各是什么?
5-2 界址点鉴定的程序是什么?
5-3 为什么要进行界址点的恢复?恢复界址点放样方法有哪几种?
5-4 日常地籍测量的内容包括哪些?
5-5 简述勘测定界的工作流程。
5-6 土地勘测定界外业调查包括哪些主要内容?
5-7 土地勘测定界图包括哪些内容?
5-8 简述土地勘测定界外业测量工作的主要内容和方法。
5-9 土地勘测定界上交的成果资料有哪些?

单元 6 房地产调查与房产测量

【单元概述】

房地产调查与房产测量是房地产测绘的两个重要工作，房地产调查的目的是弄清测区所有房屋及其用地的位置、权属、权界、数量和利用状况等基本情况；**房产测量**是按一定的比例尺和精度测绘出房屋及其用地的平面图，从而为房地产管理，特别是为产权产籍管理与房地产开发提供必要的数据、图表和资料。

【学习目标】

1. 掌握房地产调查的基本内容、要求及工作程序。
2. 能够根据具体的房地产项目，选定合适的测量设备进行现场丈量房屋。
3. 掌握房产控制网的建立方法与测量精度要求。
4. 掌握房产要素的测量方法。
5. 能够根据测量的基本房产图编绘房产分幅图、分丘图和分层分户图。

课题1 房地产调查与房屋勘丈

6.1.1 房地产调查概述

房地产调查是房地产测绘的重要工作之一，目的是弄清测区所有房屋及其用地的位置、权属、权界、数量和利用状况等基本情况。通过实地的详细调查，获得房屋及其用地情况的真实可靠的第一手资料，这些资料既是测绘和编制房地产图件必不可少的基础材料，也是房地产档案的重要组成部分，直接为产权产籍等各项管理及城市建设提供依据。由于房地产调查的内容多，且其成果与后续工作及有关管理工作关系密切，因此，这是一项需要认真细致地完成的工作。

房地产调查包括房屋与用地两个方面的调查，其中，房屋调查的内容是房屋坐落、产权人、产权性质、产别、层数、所在层次、建筑结构、建成年份、用途、占地面积、建筑面积、分摊面积、墙体归属、权源、产权纠纷和他项权利等基本情况，并绘制房屋权属界线示意图：房屋用地调查内容是用地的坐落、产权性质、等级、税费、用地人、用地单位所有制性质、权源、四至、界标、用地分类、用地面积和用地纠纷等基本情况，并绘制房屋用地范围示意图。此外，房地产调查还包括测区内地理名称和行政境界的调查。

1. 房地产调查工作底图

进行房地产调查时，为了便于开展工作，应使用能基本反映调查范围内房屋及其用地的平面位置和布局的图样作为工作底图。有了工作底图，可以方便地安排调查顺序，避免遗漏和重复，调查时还可在底图上表示有关的文字标注，提高工作效率和准确度。

2. 房地产调查的权源资料

权源是指获得某种权利的时间和方式，**房地产权源**包括房屋的权源和用地的权源，是房地产调查时确认房屋及其用地边界和归属的重要依据。权源资料准备充分，调查工作才能顺利开展。

由于历史和制度的原因，房屋的权源往往很复杂，而用地的权源则相对简单。收集房地产权源时，房地产管理部门和土地管理部门均是重要的途径。此外，各有关单位及个人也是重要途径之一，可在调查前发通知让他们准备各自的权源资料，以证明自己的房地产权利。另外，为了使调查工作口径一致、标准统一，保证调查质量和调查工作的顺利开展，必须制定确定权源的政策，例如哪些权利的获得是合法的，哪些是非法的。确定权源的政策依据是国家的有关法律、政策以及地方的实际情况。

3. 房地产调查单元的划分与编号

（1）丘与丘号

1）丘。房屋用地的调查以丘为单元分户进行。**丘**是指用地界线封闭的地块。一个用地单元的地块称**独立丘**，几个用地单元组成的地块称**组合丘**。一般将一个单位、一个门牌号或一处院落划分为独立丘；当用地单位混杂或用地单位面积过小时，几个权属单元用地可划分为一个组合丘。

2）丘的划分与编号。有固定界标的按固定界标划分，没有固定界标的按自然界线划分。丘的编号是按市、市辖区（县）、房产区、房产分区、丘五级编号。而房产区是以市行政建制区的街道办事处、镇（乡）的行政辖区，或房地产管理划分的区域为基础划定的，根据实际情况和需要，可以将房产区再划分为若干个房产分区。丘以房产分区为单元划分。

房产区和房产分区均以两位自然数字从 01 至 99 依次编列；当未划分房产分区时，相应的房产分区编号用"01"表示。

丘的编号以房产分区为编号区，采用 4 位自然数字从 0001 到 9999 编列；以后新增丘接原编号顺序连续编立。其具体的编号格式如下：

市代码 + 市辖区（县）代码 + 房产区代码 + 房产分区代码 + 丘号
（2 位）　　（2 位）　　　　（2 位）　　　（2 位）　　　（4 位）

丘的编号从北至南，从西向东以反 S 形顺序编列。组合丘内各用地单元以丘号加支号编立，丘号在前，支号在后，中间用短直线连接，称**丘支号**。

（2）幢与幢号

1）幢。房屋的调查以幢为单元分户进行。幢是一座独立的，包括不同结构和不同层次的房屋。同一结构的互相毗连的成片房屋，可按街道门牌号适当分幢。一幢房屋有不同层次的，中间用虚线分开。

2）幢号。幢号以丘为单位，自进大门起，从左到右，从前到后，以数字1，2，3，……的顺序按S形编号。幢号注在房屋轮廓线内的左下角，并加括号表示。

3）房产权号。在他人用地范围内所建房屋，应在幢号后面加编房产权号，房产权号用标示符A表示。

4）房屋共有权号。对于多户共有的房屋，在幢号后面加编共有权号，共有权号用标示符B表示。

4．房地产调查的工作程序

房地产调查时，应先对测区的行政境界和地理名称进行调查，然后以丘为单位对房屋及其用地进行调查。对组合丘调查时，应以权属单元为调查单位。

具体调查时，先预计当天完成的调查任务量，安排调查路线、调查对象、大致范围、涉及人员等，再逐个对各丘的所有房屋和用地进行实地调查。如果是组合丘，应对丘内每个权属单元分别进行调查，然后在室内对调查到的原始数据、表格、图形及有关材料进行整理，进行诸如面积计算、表格复核及图纸加工等工作。整理工作要及时，一般是白天调查晚上整理，必要时头天调查次日整理，最多不要超过三天，以免出现杂乱不清的情况，最后是资料的归档，将全部调查资料分类装订成册，以便使用和保管。

6.1.2 房屋用地调查

房屋用地不仅指房屋的占地，它还包括房屋周围由房屋产权人使用的其他土地，如园地、空地、水域等。用地调查一般也是以丘为单位进行的，其中一些项目与房屋调查相似，但由于土地属性比较特殊，故在有些地方要特别注意。

1．房屋用地坐落的调查

房屋用地坐落是由地名办统一命名的行政区划名称、自然街道名称和门牌号组成的。调查中，当房屋用地实地位于较小里弄、胡同、小巷时，坐落前要加注主要自然街道名称；房屋用地坐落在两个以上的街道或有两个以上的门牌号时，均应分别注明，并按其主次顺序注明；当房屋用地暂缺街道门牌号时，可以与毗邻或邻近房屋用地坐落的相对位置加以说明，也可以房屋用地中主要标志性建筑物名称代替；组合丘内，应根据各权属单元实际用地的位置加以说明，实际地名改变时，应在老名称前加注一"老"字，新名称前加注一"新"字。

2．用地权属状况的调查

（1）产权人及产权性质　在我国，城镇地区的土地及独立于城镇以外的工矿企业用地、交通用地等土地的所有权属国家（全民）所有。因此这些地区的土地产权人是国家，产权性质是国家所有。郊区和农村地区中，除已被国家征用的土地外，土地属集体所有。产权人是各乡政府和村委会，产权性质是集体所有。

（2）使用人及其所有制性质　用地使用人就是有权使用该土地者姓名，用地者是单位的，应该注明单位全称。用地人所有性质的划分与房屋产权性质的划分相同，分为全民、集体、私有三种，外产、中外合资按实注明。国有土地的使用权可以通过各种方式转让给不同的使用人，因此使用人的所有制性质是多种多样的。集体所有的土地使用人与产权人相同，其所有性质不改变。

（3）权源　**用地权源**指取得使用土地权利的时间和方式，如买卖、征用、划拨、继承等，权源有两种以上的，应全部注明。

（4）四至　**用地四至**指用地范围与四邻接壤的情况，一般按东、南、西、北四个方向，注明邻接丘的丘号或街道名称。

（5）界标　**用地界标**是指用地界线上的各种标志，包括道路、河流等自然界线，房屋墙体、围墙栅栏等人工维护物体，以及界碑、界桩等埋石标志。调查时，除注明界标的名称外，还应注明界线位于界标的哪一侧以及界标是属自有、他有还是共有。

与房屋权界的确认一样，用地界标的确认也应由用地人和邻户共同认证。无法提供证据或有争议的，应根据实际使用范围标注其部位，按未定界线处理。

3. 用地使用状况的调查

（1）用地分类　用地的分类一般按房屋用途划分，用地范围内有多种类别土地的，应分清其类别界线，以便分别测算其面积，一幢房屋楼上、楼下用途不同的，以第一层房屋用途为准；第一层有多种用途的，以主要用途为准。

（2）用地等级　在同一个城镇中，不同地段用地的人口稠密程度、工商业分布、交通运输条件、市政公共设施等条件往往不同，地质条件、地理环境等因素也不同，因此不同地段的土地利用价值是不同的。为了表示这些差异，以便实现城市土地管理、土地价格评估等需要，由政府有关部门将城市土地划分为若干等级，并在地图上标明各地段所属的等级。调查房屋的用地等级时，只需对照该图即可以确定其等级。

（3）用地税费　**用地税费**是指用地人每年向土地管理部门或税务机关缴纳的费用。国家要求土地使用者交纳用地税费，可以促使各经济组织和个人充分、合理地利用城镇有限的土地资源，国家从中也可获得一定的收益。国家在征收用地税费时，根据各建筑地段之间的差异，以其所属土地等级为准，计算不同用地的税费。

调查时，用地税费以年度交纳的总金额为准。免收土地税的丘和地块，应注明"免税"。免税的范围是：

1）国家机关、人民团体、军队自用的土地。

2）由国家财政部门拨付事业经费的单位自用的土地。

3）宗教寺庙、公园、名胜古迹自用的土地。

4）市政街道、广场、绿化等公共用地。

5）交通用地，水利用地，油气管道用地，直接用于农、林、牧、渔生产用地。

6）矿区、林区、油区、盐田内建筑物以外的土地，炸药库安全区用地。

7）经批准开山填海整治土地和改造废弃土地，从使用日期起未满五年者。

8）经财政部批准的其他免税土地。

（4）用地面积　用地面积以丘为单位进行测算，包括房屋占地面积、室外楼梯用地面积、院落面积、分摊公用院落面积以及其他各类用地面积。

4. 填写房屋用地调查表并绘制用地示意图

房屋用地调查的结果应按规定的格式填写到"房屋用地调查表"（见表 6-1）中，并在其中绘出房屋用地范围示意图。其中，用地范围示意图是以用地单元为单位绘制的略图，表示房屋用地的位置、四至关系、用地界线、界线边长以及界标的类别和归属等。与房屋调查表一样，房屋用地调查是房地产调查工作的主要成果，因此应及时认真填写和整理。表中的文字、数据和图件应注意检查复核，以避免出错。

表 6-1 房屋用地调查表

市区名称或代码_____房产区号_____房产分区号_____丘号_____序号_____

坐落		区（县）街道（镇）胡同（街巷）号				电话				邮政编码	
产权性质		产权主		土地等级		税费					
使用人		住址				所有制性质				附加说明	
用地来源						用地用途分类					
用地状况	四至	东	南	西	北	界标	东	南	西	北	
	面积/m²	合计用地面积		房屋占地面积		院地面积		分摊面积			
	用地略图										

6.1.3 房屋调查

1. 房屋坐落的调查

房屋坐落是指房屋所在街道的名称和门牌号。房屋坐落在小的里弄、胡同或小巷时，应加注附近主要街道的名称，以便于了解该房屋的实地位置。缺门牌时，应借毗邻房的门牌号并加注东、南、西、北方位；房屋坐落在两个以上街道或有两个以上门牌号时，应全部注明；单元式的成套住宅，应加注单元号、室号或户号，如"东风东路 218 号 406 户"。

2. 房屋权属状况的调查

房屋权属状况指房屋的产权人、产权性质、产别、四周墙体归属以及产权来源等，它全面地反映了房屋的产权状况，是房屋产权管理的重要依据。

（1）房屋产权人 **房屋产权人**是指房屋所有权人的姓名。若是单位或部门所有，产权人是单位或部门的全称。调查时的具体要求是：

1）私人所有的房屋一般以房屋产权证件上的姓名为准；产权人已死亡的，则注明代理人的姓名，若产权为几个人共有的，应注明全体共有人的姓名；房屋是典当的，应注明典当人姓名及典当情况，产权不清或无主的，可直接注明产权不清或无主，并作简要的说明。

2）单位所有的房屋应注明单位的全称，两个以上单位共有的应注明全体共有单位的名称。

3）房地产管理部门直接管理的房屋，包括公产、代管产、托管产、拨用产四种类别。

其中,公产应该注明房地产管理部门的全称,例如××市房地产管理局;代管产应注明代管人及原产权人的姓名,例如原产权人:李××。代管者:××市房地产管理局;托管产应注明托管及委托人的姓名或单位名称。

(2) 房屋产权性质 **产权性质**是指按照我国社会主义经济三种基本所有制的形式,对房屋进行所有制分类,共划分为全民、集体、私有三类;此外,对外方独资、中外合资不进行分类,而是按实际注明,例如"中美合资"。

(3) 房屋产别 **房屋产别**是指根据产权占有和管理不同而划分的类别,按两级分类。具体分类标准见表6-2。

表6-2 房屋产别分类

一级分类		二级分类		含 义
编号	名称	编号	名称	
10	国有房产	—	—	指归国家所有的房产。包括由政府接管、国家经租、收购、新建以及由国有单位用自筹资金建设或购买的房产
		11	直管产	指由政府接管、国家经租、收购、新建、扩建的房产(房屋所有权已正式划拨给单位的除外),大多数由政府房地产管理部门直接管理、出租、维修,少部分免租拨借给单位使用
		12	自管产	指国家划拨给全民所有制单位所有以及全民所有制单位自筹资金构建的房产
		13	军产	指中国人民解放军部队所有房产。包括由国家划拨的房产、利用军费开支或军队自筹资金购建的房产
20	集体所有房产	—	—	指城市集体所有制单位所有的房产即集体所有制单位投资建造、购买的房产
30	私有房产	—	—	指私人所有地房产。包括中国公民、港澳台同胞、海外侨胞、在华外国侨民、外国人所投资建造、购买的房产,以及中国公民投资的私营企业(私营独资企业、私营合伙企业和有限责任公司)所投资建造、购买的房产
		31	部分产权	指按照房改政策,职工个人以标准价购买的住房,拥有部分产权
40	联营企业房产	—	—	指不同所有制性质的单位之间共同组成新的法人经济实体所投资建造、购买的房产
50	股份制企业房产	—	—	指股份制企业所投资建造或购买的房产
60	港、澳、台投资房产	—	—	指港、澳、台地区投资者以合资、合作或独资在内地创办的企业所投资建造或购买的房产
70	涉外房产	—	—	指中外合资经营企业、中外合作经营企业和外资企业、外国政府、社会团体、国际性机构所投资建造或购买的房产
80	其他房产	—	—	凡不属于以上各类别的房屋,都归在这一类,包括因所有权人不明,由政府房地产管理部门、全民所有制单位、军队代为管理的房屋以及宗教用房等

（4）房屋墙体产权归属　**房屋墙体产权**归属是房屋四面墙体所有权的归属，分自有墙、共有墙和借墙三种。房屋的东、西、南、北四个方向的墙体都要注明产权归属。调查时，墙体的产权归属要取得墙体有关双方的认可，如有争议应作记录。

（5）房屋权源　**房屋权源**是指产权人取得房屋产权的时间和方式，如继承、分拆、买卖、受赠、交换、自建、征用、调拨、拨用等。产权来源有两种以上的，应全部注明。权源调查时，要以有效证件为依据对权源进行核实。产权不清的、有争议的以及违章建筑，应作出记录。若房屋已设有典当权或抵押权等他项权利的，也应注明。

（6）他项权利　**他项权利**是指房屋所有权人上设置有其他的权利。种类有典当权、抵押权等。当房屋所有权上发生他项权利时，相关调查应根据产权、产籍资料记载的事实结合实际情况加以记录。

3. 房屋建筑状况的调查

房屋建筑状况指房屋本身的结构、层数、建成年份、所在层次、建筑面积以及占地面积等，它反映了房屋的数量和质量。

（1）房屋建筑结构　房屋建筑结构是根据房屋的梁、柱、墙及各种构架等主要承重结构的建筑材料来划分的，共划分为六类：钢结构、钢和钢筋混凝土结构、钢筋混凝土结构、混合结构、砖木结构、其他结构。分类标准见表6-3。一栋房屋有两种以上结构的，应以面积大的为准。

表6-3　房屋建筑分类

分类		含义
编号	名称	
1	钢结构	承重的主要构件是用钢材料建造的，包括悬索结构
2	钢和钢筋混凝土结构	承重的主要构件是用钢、钢筋混凝土建造的。如一幢房屋一部分梁、柱采用钢、钢筋混凝土构架建造
3	钢筋混凝土结构	承重的主要构件是用钢筋混凝土建造的。包括薄壳结构、大模板现浇结构及使用滑模、升板等建造的钢筋混凝土结构的建筑物
4	混合结构	承重的主要构件是用钢筋混凝土和砖木建造的。如一幢房屋的梁是用钢筋混凝土制成，以砖墙为承重墙，或者梁是用木材建造，柱是用钢筋混凝土建造
5	砖木结构	承重的主要构件是用砖、木材建造的。如一幢房屋是木制房架、砖墙、木柱建造的
6	其他结构	凡不属于上述结构的房屋都归此类。如竹结构、砖拱结构、窑洞等

（2）房屋层数　**房屋层数**是指房屋的自然层数，一般按室内地坪以上计算。采光窗在室外地坪以上的半地下室，其室内层高在2.2m以上的要计算层数。地下室、假层（夹层）、阁楼（暗楼）、装饰性塔楼，以及凸出层面的楼梯间、水箱间不计层数。层面上添建的不同结构的房屋不计层数。

（3）建成年份　**房屋建成年份**是指房屋实际竣工年份。拆除翻建的，应以翻建竣工年份为准，一幢房屋有两种以上建成年份的，应以建筑面积大的为准。

（4）所在层次　**所在层次**是指本权属单位的房屋在该幢楼房中的第几层。如果整栋房屋都属一个产权人，则不必注层次。

（5）建筑面积和占地面积　**房屋建筑面积**是指房屋外墙勒脚以上的外围水平面积，还包括阳台、走廊、室外楼梯等建筑面积。房屋及其附属物的形式多种多样，在具体测算时有的要全部计算面积，有的不计算面积，有的则计算一半的面积，要根据情况，分别对待。如果一栋房屋中有多个产权人，则还涉及共有建筑面积分摊的问题。**房屋占地面积**是指房屋底层外墙（柱）外围水平面积，一般与底层房屋建筑面积相同。如果一栋房屋中有多个产权人，同样涉及占地面积分摊的问题。

建筑面积和占地面积的测算是房地产测绘的重要内容，测算成果为房地产登记、交易、评估、抵押、仲裁、产权、产籍、产业的管理以及房地产开发、房屋拆迁征收房地产税费、城镇规划建设等工作提供重要依据。建筑面积和占地面积测算是测绘技术与房地产政策相结合的一项技术性、政策性和法律性较强的工作，在房地产调查中往往成为工作的难点。

4. 房屋用途的调查

房屋的用途是指房屋目前的实际用途，也就是指房屋现在的使用状况。房屋的用途按两级分类，一级分8类，二级分31类，具体分类标准见表6-4。一幢房屋有两种以上用途的，应分别调查注明。

表6-4　房屋用途及用地分类

一级分类		二级分类		内　　容
编号	名称	编号	名称	
10	住宅	11	成套住宅	指由若干卧室、起居室、厨房、卫生间、室内走道或客厅等组成的供一户使用的房屋及用地
		12	非成套住宅	指人们生活居住的但不成套的房屋及用地
		13	集体宿舍	指机关、学校、企事业单位的单身职工和学生居住的房屋、宅基地和院落。集体宿舍是住宅的一部分
20	工业	21	工业	指独立设置的各类工厂、车间、手工作坊、发电厂等从事生产活动的房屋及用地
		22	公用设施	指自来水、泵站、污水处理、变电、燃气、供热、垃圾处理、环卫、公厕、殡葬、消防等市政公用设施的房屋及用地
	交通	23	铁路	指铁路系统从事铁路运输的房屋及用地
		24	民航	指民航系统从事民航运输的房屋及用地
		25	航运	指航运系统从事水路运输的房屋及用地
	仓储	26	公交运输	指公路运输和公共交通系统从事客、货运输、装卸、搬运的房屋及用地
		27	仓储	指用于储备、中转、外贸、供应等各种仓库、油库用房及用地
30	商业金融	31	商业服务	指各类商店、门市部、饮食店、粮油店、菜场、理发店、照相馆、浴室、旅社、招待所等从事商业和为居民生活服务所用的房屋及用地
		32	经营	指各种开发、装饰、中介公司等从事各类经营业务活动所用的房屋及用地
		33	旅游	指宾馆、饭店、游乐园、俱乐部、旅行社等主要从事旅游服务所用的房屋及用地

（续）

一级分类		二级分类		内　　容
编号	名称	编号	名称	
30	信息	34	金融保险	指银行、储蓄所信用社、信托公司、证券公司、保险公司等从事金融服务所用的房屋及用地
		35	电讯信息	指各种邮电、电信部门、信息产业部门等从事电信与信息工作所用的房屋及用地
40	教育	41	教育	指大专院校、中等专业学校、中学、小学、幼儿园、托儿所、职业学校、业余学校、干校、党校、进修院校、工读学校、电视大学等从事教育所用的房屋及用地
	医疗卫生	42	医疗卫生	指各类医院、门诊部、卫生所（站）、检（防）疫站、保健院（站）、疗养院、医学化验、药品检验等医疗卫生机构从事医疗保健、防疫、检验所用的房屋及用地
	科研	43	科研	指各类从事自然科学、社会科学等研究设计、开发所用的房屋及用地
50	文化	51	文化	指文化馆、图书馆、展览馆、博物馆、纪念馆等从事文化活动所用的房屋及用地
		52	新闻	指广播电视台、电台、出版社、报社、杂志社、通讯社、记者站等从事新闻出版所用的房屋及用地
	娱乐	53	娱乐	指影剧院、游乐场、俱乐部、剧团等从事文艺演出所用的房屋及用地
		54	园林绿化	指公园、动物园、植物园、陵园、苗圃、花圃、风景名胜、防护林等所用的房屋及用地
	体育	55	体育	指体育场、馆、游泳池、射击场、跳伞塔等从事体育所用的房屋及用地
60	办公	61	办公	指党、政机关、群众团体、行政事业单位等行政、事业单位等所用的房屋及用地
70	军事	71	军事	指中国人民解放军军事机关、营房、阵地、基地、机场、码头、工厂、学校等所用的房屋及用地
80	其他	81	涉外	指外国使、领馆、驻华办事处等涉外所用的房屋及用地
		82	宗教	指寺庙、教学等从事宗教活动所用的房屋及用地
		83	监狱	指监狱、看守所、劳改场（所）等所用的房屋及用地
		84	农用	指水田、菜地、旱地、园地等从事农业生产的房屋、附属设施及用地
		85	水域	指与房产有关的江、河、湖、海、塘、库、渠等水面
		86	空隙	指与房产有关的街道（街坊）内的夹地、空闲地

5. 填写房屋调查表并绘制房屋权界示意图

房屋调查的结果应按规定的格式填写到"房屋调查表"，并在表中绘出房屋权界示意图，见表6-5。其中，房屋权界示意图是以权属单位为单元绘制的略图，内容表示有：房屋及其相关位置并加注房屋的边长、权属界线并注明与邻户相连墙体的归属，有争议的权属界线应标注出来。

房屋调查表几乎包括了房屋调查的所有内容，是房屋调查工作的主要成果，因此应及时、认真地填写和整理。表中的文字、数据和图件应注意检查、复核，以避免出错。

表6-5　房屋调查表

市区名称或代码号_____　房产区号_____　房产分区号_____　丘号_____　序号_____

坐落		区（县）　街道（镇）　胡同（街巷）　号								邮政编码		
产权主			住址									
用途							产别			电话		
房屋状况	幢号	权号	户号	总层数	所在层次	建筑结构	建成年份	占地面积/m²	使用面积/m²	建筑面积/m²	墙体归属	产权来源
											东 南 西 北	
房屋权界线示意图											附加说明	
											调查意见	

6.1.4　行政境界与地理名称的调查

1. 行政境界的调查

行政境界是指各级行政区划界限。行政境界的调查就是依照地方各级人民政府的境界位置，调查区、县和镇以上的行政区范围，并标绘到图上。街道和乡的行政区划，可根据需要调查和标绘。

调查时可参照有关行政界限的权属协议书，到实地核实后认定境界线，对有争议的地段，以"未定界线"标明。

标绘界线时，如界线沿明显地物走，而且图上有此地物时可直接在图上标绘；如果界线附近有明显地物供参照，可采用简单的测量方法标绘，在困难地段可用仪器测定。

2. 地理名称的调查

地理名称调查简称地名调查。调查内容包括居民点、道路、河流、广场等自然名称，镇以上人民政府等各级行政机构名称，以及工矿、企事业等单位名称等。

自然名应以当地地名管理委员会颁布的标准名称为准。凡在测区范围内的地名及重要的名胜古迹均应调查。

行政名称与自然名称相同时，应分别注记，自然名称在前，行政名称在后，并加括号表示。地名的总名与分名一般应全部调查，用不同大小或粗细的文字分别注记。同一地名被线状地物和图廓线分割时，或者不能概括大范围及延伸较长的地域、地物时，应分别注记。

6.1.5　房屋勘丈

1. 房屋数据的采集

房屋边长是计算房屋面积的主要依据。房屋边长数据的来源有两种形式：一是依据设计图纸，即从建筑施工图上获取房屋边长数据；二是依据实测，即通过对已竣工房屋或现有房屋进行现场实测取得房屋的边长数据。根据边长数据来源不同，将计算所得的面积分为"预测面积"和"实测面积"两类，**"预测面积"的测绘称为预售测量，"实测面积"的测绘称为竣工测量。**

（1）预售测量房屋数据采集　**预售测量**指房屋竣工前，房产测绘单位根据房屋规划设计图样和资料，按照房产测绘技术标准，计算出房屋面积的行为。

1）房屋数据采集的资料来源。

① 房屋建筑设计图样。

② 房屋销售方案说明。

③ 建设单位提供的其他资料。

2）房屋数据采集的方法。

① 从建筑施工图上采集房屋边长数据时，应对对应边进行校核，对分段边长之和与总长度进行校核。校核不符时，应返回建设单位进行修正。

② 图纸尺寸经校核后可以直接采集。

③ 房屋的拐角无特殊注明或说明的，一律视为直角，其组成的房屋按矩形采集边长并计算面积。

④ 局部位置无标注尺寸并无法通过其他相关数据计算得出的，应向建设单位说明，并获取相应的数据。

（2）竣工测量房屋数据采集　**竣工测量**指房屋竣工后，到现场对房屋进行实地勘丈。基本规定如下：

1）测量过程应遵循先整体、后局部，先外后内的原则。

2）测量所得的边长数据应记录在边长记录手簿上或注记在草图上。

3）测点两端应选取房屋的相同参考点，测点位置一般应位于墙体（100±20）cm处。

4）测量时，测量仪器或钢尺两端均应处于水平状态，测量边长要独立测量两次，两次读数较差的限差按式（6-2）处理。

5）对于超过钢尺或测距仪测程的组合边长，应保持各测段处于一条直线上。

6）参与计算房屋面积的边长数据要进行平差处理，相关数据之间不能相互矛盾。

7）为校核测量数据的正确性，提高测量结果的准确度，施测时应有多余观测。

8）测量所使用的仪器、钢尺等必须经过计量检定。

2. 测量工具、丈量方法及其精度

（1）实地测量　实地测量房屋边长采用的设备一般包括：经检定的钢卷尺、纤维尺、手持式测距仪等。房屋边长的量测必须满足房产面积相应等级精度的要求。边长中误差公式为：

$$m = \pm(0.01 + 0.0002D) \quad (二等) \tag{6-1}$$

限差（即两次测量较差）计算公式为：

$$\Delta D = \pm(0.02 + 0.0004D) \quad (二等) \tag{6-2}$$

式中　D——实测房屋边长值（m），当 D 小于 10m 时，以 10m 计；

　　　m——边长中误差（m）；

　　　ΔD——限差（m）。

（2）精度　实测边长与经批准的图样设计尺寸较差绝对值满足下式要求时，可认为实际房屋边长与设计值相符（其中 D 为实测边长，以 m 为单位）：

$$|\Delta D| = 0.02 + 0.0004D \quad (二等) \tag{6-3}$$

（3）丈量方法

1）实量法。实地量距法是在实地用长度量测工具量取房屋的有关边长，从而计算出房屋的建筑面积。实地量距法是目前房产测量中普遍使用的面积量算方法。目前边长测量主要使用卷尺和手持激光测距仪。卷尺有钢卷尺和高精度玻璃纤维卷尺两种。钢卷尺前面已有介绍，高精度玻璃纤维卷尺由玻璃纤维束与聚氯乙烯构成，形状类似于普通钢卷尺，有 10m、20m、30m、50m 四种长度规格。其特点是不怕潮湿，受温度变化的影响很小，一般认为玻璃纤维卷尺的膨胀系数为钢尺的膨胀系数的 1/10，价格低于钢卷尺，使用方便且无需特别的护理和保养，不需加入湿度、温度改正，但应适当注意施加标准的拉力。手持式激光测距仪采用可见激光测距，目标点无须站人，在黑暗的环境条件下进行观测，仍清晰可见。其特点是重量轻，测量速度快，精度高，使用起来十分方便，完全能满足房产测量的精度要求。

2）检核法。在工作当中有时可按经规划部门审查批准的施工图核实房屋尺寸。如果实测外形尺寸与设计值相符，可重点检查各种户型结构尺寸是否有变化，成套住宅须对每种户型尺寸进行核实。非住宅须对每个产权单元尺寸进行核实。如与施工图不符，须实量变化部位尺寸。

3. 数据记录规则

测量草图纸可用 787mm×1092mm 的 1/32、1/16、1/8 规格图纸以及 2H 铅笔。

1）边长外业测量的记录应在实地完成，不得依据事后回忆或涂改。

2）记录字体要规整、清晰，测错、记错的数据划改应能辨别，严禁连环涂改、擦改、就字改字等违规行为。

3）边长数值平行于该边注记，并紧靠该边线。

4）个别边长很短难以在该边范围内注记时，可采用引出线方式注记。

5）测量记录应注记：测量员、记录员、测绘日期、使用仪器等基本信息。

课题2 房产测量

6.2.1 房产控制测量

1. 房产控制测量概述

房产测量的基本内容包括：房产平面控制测量、房产调查、房产要素测量、房产图绘制、房产面积测算、房产变更测量、成果资料的检查与验收。测量规范是测量工作所依据的法规性文件，各种测量工作都必须严格遵守。

房产平面控制测量一般有以下规定：

1）房产平面控制点的布设，应遵循从整体到局部、从高级到低级和分级布网的原则，也可越级布网。

2）房产平面控制点包括二、三、四等平面控制点和一、二、三级平面控制点。房产平面控制点均应埋设固定标志。

3）建筑物密集区的控制点平均间距在100m左右，建筑物稀疏区的控制点平均间距在200m左右。

2. 房产控制测量方法

平面控制测量是确定控制点的平面坐标，其常用形式有：三角测量、三边测量和导线测量。其中，导线测量是将选定的控制点用折线连接起来，依次观测其各边长度和各转折角，然后根据起始边方位角和起始点坐标推算各边的方位角，从而求得各点的坐标，通过计算，同样可获得它们之间的相对位置，这种控制测量叫做**导线测量**，其控制点（折点）叫做**导线点**。由于光电测距仪的出现，量距已经比较方便，因此导线测量现在用得很广泛。房地产测绘是在城市地区进行，而城市地区通视情况不好，由于导线测量只要求前后两点通视，布点灵活方便，所以成为房地产测绘平面控制测量的主要形式。

6.2.2 房产要素测量

1. 界址测量

1）界址点的编号，以高斯投影的一个整公里格网为编号区，每个编号区的代码以该公里格网西南角的横纵坐标公里值表示。点的编号在一个编号区内从1～99999连续顺编。点的完整编号由编号区代码、点的类别代码、点的编号三部分组成，编号形成如下：

编号区代码	点的类别代码	点的编号
（9位）	（1位）	（5位）
*********	*	*****

编号区代码由9位数组成，第一、第二位数为高斯坐标投影带的带号或代号，第三位数为横坐标的百公里数，第四、第五位数为纵坐标的千公里和百公里数，第六、第七位和第

八、第九位数分别为横坐标和纵坐标的十公里和整公里数。

点的类别代码用 1 位数表示，其中：3 表示界址点。

点的编号用 5 位数表示，从 1～99999 连续顺遍。

2）界址点测量从邻近基本控制点或高级界址点起算，以极坐标法、支导线法或正交法等野外解析法测定，也可在全野外数据采集时和其他房地产要素同时测定。

3）丘界线测量。需要测定丘界线边长时，用预检过的钢尺丈量其边长，丘界线丈量精度应符合国家相关规范规定，也可由相邻界址点的解析坐标计算丘界线长度。对不规则的弧形丘界线，可按折线分段丈量。测量结果应标示在分丘图上。供计算丘面积及复丈检测之依据。

界标地物测量应根据设立的界标类别、权属界址位置（内、中、外），选用各种测量方法测定，其测量精度应符合本规范规定，测量结果应标示在分丘图上。界标与邻近较永久性的地物宜进行联测。

2. 境界测量

行政境界测量包括国界线以及国内各级行政区划界。测绘国界时，应根据边界条约或有关边界的正式文件精确测定，国界线上的界桩点应按坐标值展绘，注出编号，并尽量注出高程。国内各级行政区划界应根据勘界协议和有关文件准确测绘，各级行政区划界上的界桩、界碑按其坐标值展绘。

3. 房屋及其附属设施测量

1）房屋应逐幢测绘，不同产别、不同建筑结构、不同层数的房屋应分别测量，独立成幢房屋，以房屋四面墙体外侧为界测量；毗连房屋四面墙体，在房屋所有人指界下，区分自有、共有或借墙，以墙体所有权范围为界测量。每幢房屋除按国家相关规范要求的精度测定其平面位置外，应分幢分户丈量作图。丈量房屋以勒脚以上墙角为准；测绘房屋以外墙水平投影为准。

2）房屋附属设施测量，柱廊以柱外围为准；檐廊以外轮廓投影为准；架空通廊以外轮廓水平投影为准；门廊以柱或围护物外围为准；独立柱的门廊以顶盖投影为准；挑廊以外轮廓投影为准；阳台以底板投影为准；门墩以墩外围为准；门顶以盖投影为准；室外楼梯和台阶以外围水平投影为准。

3）**房角点测量**指对建筑物角点的测量，其点的编号方法除点的类别代码外，其余均与界址点相同，房角点的类别代码为 4。

房角点测量不要求在墙角上都设置标志，可以房屋外墙勒脚以上（100±20）cm 处墙角为测点。房角点测量一般采用极坐标法、正交法测量。对正规的矩形建筑物，可直接测定三个房角点坐标，另一个房角点的坐标可通过计算求出。

4）**其他建筑物和构筑物测量**是指不属于房屋，不计算房屋建筑面积的独立地物以及工矿专用或公用的贮水池、油库、地下人防干支线等的测量。

独立地物的测量应根据地物的几何图形测定其定位点。亭以柱外围为准；塔、烟囱、罐以底部外围轮廓为准；水井以中心为准。构筑物按需要测量。

共有部位测量前，须对共有部位认定，认定时可参照购房协议、房屋买卖合同中设定的共有部位，经实地调查后予以确认。

4. 陆地交通、水域测量

1）**陆地交通测量**是指铁路、道路桥梁的测量。铁路以轨距外缘为准；道路以路缘为准；桥梁以桥头和桥身外围为准。

2）**水域测量**是指河流、湖泊、水库、沟渠、水塘的测量。河流、湖泊、水库等水域以岸边线为准；沟渠、池塘以坡顶为准。

5. 其他相关地物测量

其他相关地物是指天桥、站台、阶梯路、游泳池、消火栓、检阅台、碑以及地下构筑物等。

消火栓、碑不测其外围轮廓，以符号中心定位。天桥、阶梯路均依比例绘出，取其水平投影位置。站台、游泳池均依边线测绘，内加简注。地下铁道、过街地道等不测出其地下物的位置，只表示出入口位置。

6.2.3 房产图测绘

房产图是房屋产权产籍管理的基础资料，它全面反映了土地和房屋的基本情况和权属界线，是房产测量的主要成果。按房产管理的需要，**房产图**可分为分幅房产平面图（简称分幅图）、分丘房产平面图（简称分丘图）和分户房产平面图（简称分户图）。

1. 分幅房产平面图的测绘

分幅图是全面反映房屋及其用地的位置和权属等状况的基本图，是测制分丘图和分户图的基础。一般先测绘分幅图，然后据此测绘或绘制分丘图和分户图，房产分幅平面图样图如图6-1所示。

（1）分幅房产图测绘的内容和要求　房产分幅图是全面反映房屋、土地的位置、形状、面积和权属状况的基本图。分幅图的测绘范围包括城市、县域、建制镇的建成区和建成区以外的工矿企事业等单位及其相毗连的居民点，并应与开展城镇房屋所有权登记的范围一致。分幅图应包括下列内容：

1）**行政境界**：一般只表示区、县、镇的境界线，街道或乡的境界线根据需要取舍。

2）**丘界线**：指房屋用地范围的界线，包括共有院落的界线，由产权人指界与邻户认证确定。

① 对于明确而又无争议的丘界线用实线表示；有争议而未定的丘界线用虚线表示。

② 境界线与丘界线重合时，用境界线表示。丘界线的转折点即为界址点。

③ 房屋及其附属设施：分幢测绘，以房屋四面墙体外侧为界测量，临时性房屋不表示。同幢房屋层数不同，应测绘分界线（虚线）。

④ 每幢房屋除按《房产测量规范》（GB/T 17986—2000）要求的精度测定其平面位置外，还应分幢分户丈量作图。

⑤ 丈量房屋以勒脚以上墙角为准；测绘房屋以外墙水平投影为准。

（2）分幅房产图的测绘方法　分幅房产图的测绘方法与一般地形测量并无本质不同，主要是为满足房地产管理的需要。以房地产调查为依据，突出权属关系，以确定房屋所有权

地籍与房产测量

房产分幅平面图示例

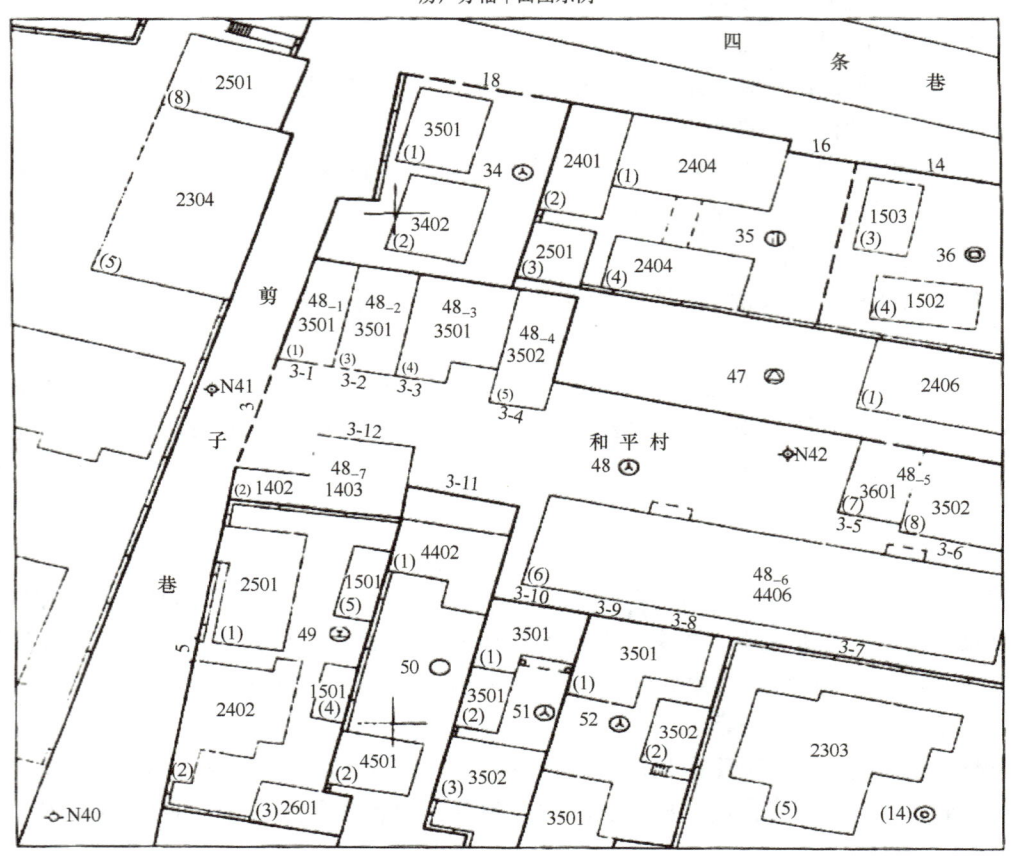

图 6-1　房产分幅平面图样图

和土地使用权的权属界线为重点，按地块正确、合理地编定丘号，准确反映房屋和土地的利用现状，精确测算房屋建筑面积和土地使用面积。

1）房产分幅图实测法。测图步骤与地形图测绘基本相同，在房产调查和房地产平面控制测量基础上，测量界址点坐标（一、二级界址点）、界址点平面位置（三级界址点）和房屋等地物的平面位置。

常用的实测法有：平板仪测绘法、小平板与经纬仪测绘法、经纬仪与光学测距仪测记法、全站仪采集数据法、RTK 采集数据法。

2）房产分幅图的增测编绘法。

① 利用地形图增测编绘法。利用城市已有 1∶500 或 1∶1000 大比例尺地形图，在房地产调查的基础上，以门牌、院落、地块为单位，实测用地界线，构成完整封闭的用地单元——丘。丘界线的转折点（界址点）如果不是明显的地物点则应补测，并实测界址边长，逐幢丈量外墙边长、各种距离关系，对不符合现状部分修测、补测，最后注记房产要素。

② 利用地籍图增补测绘。由于房产和地产密不可分，土地是房屋的载体，房屋依地而

建，因此，房屋所有权与土地使用权的主体应该一致，土地的使用范围和使用权限应根据房屋所有权和房屋状况来确定。总之，利用地籍图增补测绘是房产分幅图成图的发展方向。

2. 分丘房产平面图的测绘

房产分丘平面图是房产分幅图的局部明细图，是绘制房产权证附图的基本图，以门牌、户院、产别及其所占用的土地范围分丘绘制，且每丘单独绘成一张。房产分丘图是作为权属依据的产权图，具有法律效力，是保护房屋所有权人和土地使用权人合法权益的凭证，必须以较高精度绘制。测绘精度要求为：地物点相对于邻近控制点的点位误差不超过 0.5mm。房产分层分户图是在分丘图的基础上绘制的明细图，以一户产权人为单位，表示出房屋权属范围的细部图，以明确异产毗连房屋的权利界线，供核发房屋所有权证的附图使用。房产分丘平面图样图如图 6-2 所示。

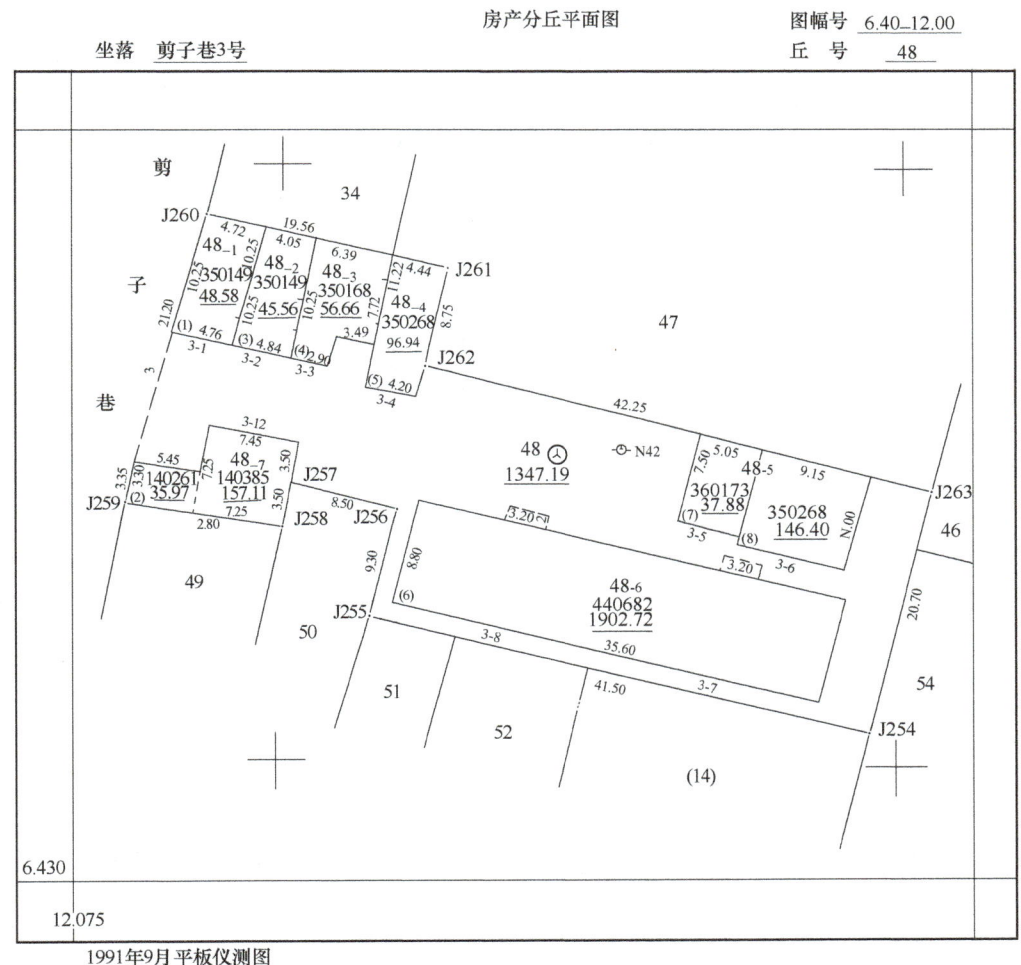

图 6-2　房产分丘平面图样图

分丘图的坐标系与分幅图的坐标系一致，比例尺可根据每丘房产面积的大小和需要在1:100～1:1000之间选用，尽可能采用与分幅图相同的比例尺。幅面大小在32～4开之间选用。分丘图可在聚酯薄膜上测绘，也可选用其他图纸。

（1）分丘图测绘的内容和要求　分丘图除表示分幅图的内容外，还表示房屋产权界线、界址点、挑廊、阳台、建成年份、用地面积、建筑面积、宗地界线长度、房屋边长、墙体归属和四至关系等房产要素。

分丘图中房屋注记内容有产权类别、建筑结构、层数、幢号、建成年份、建筑面积、门牌号、宗地号、房屋用途和用地分类、用地面积、房屋边长、界址线长、界址点号，各项内容分别用数字注记。

房屋权界线与丘界线重合时，用丘界线表示；房屋轮廓线与房屋权界线重合时，用房屋权界线表示。在描绘本丘的用地和房屋时，应适当绘出与邻丘相连的地物。界址点以"J"开头的数字编号，在每条界址边都注明其边长。

分丘图的丘号和房屋用地用途分类下方正中加划双线的数字为本丘用地面积。每幢房屋有8位数字代码：第一位——房屋建筑结构分类代码；第二位——建筑结构；第三、四位——层数；后四位——建筑年份。房屋代码下方正中加画单线的数字为本幢房屋的建筑面积，每幢房屋均注明长宽。

分丘图上，应分别注明所有周邻产权所有单位（或人）的名称，分丘图上各种注记的字头应朝北或朝西。

（2）分丘图测绘方法　测绘分丘图通常利用已有的房产分幅图，结合房地产调查资料，按本丘范围展绘界址点，描绘房屋等地物，实地丈量界址边、房屋边等长度，修测、补测成图。

房屋应分栋丈量边长，用地按宗地丈量边长，边长量测精确到0.01m，也可以界址点坐标反算边长。对不规则的弧形，可按折线分段丈量。丈量本丘与邻丘毗连墙体时，共有墙以墙体中间为界，量至墙体厚度的1/2处；借墙量至墙体的内侧；自有墙量至墙外侧并用相应符号表示；窑洞使用范围量至洞壁内侧。挑廊、挑阳台、架空通廊丈量时，以外围投影为准，用虚线表示。

3. 分户房产平面图的测绘

（1）分户图测绘的内容和要求

1）分户图的内容。主要是房屋、土地以及围护物的平面位置与各地物点之间的相对关系，并着重于房屋的权属界线、四面墙体的归属、楼梯、过道等公用部位，门牌号码、所在层次、室号或户号、房屋建筑面积和房屋边长。房产分户样图如图6-3所示。

2）分户图的表示方法与测绘要求。分户图以宗地为单位绘制，一宗地内的房屋，不论是一户或数户所有，均绘制在一张图纸上。一个宗地内的房屋、土地如果分属两幅图上的，应绘制一张分户图上，用铅笔标定其图幅的接边线。

一个宗地内只有一个产权时，房屋轮廓线用实线表示；一个宗地内有数户房产权时，房屋轮廓线用房屋所有权界线表示。房屋轮廓线、房屋所有权界线与土地使用权界线重合时，用土地使用权界线表示。

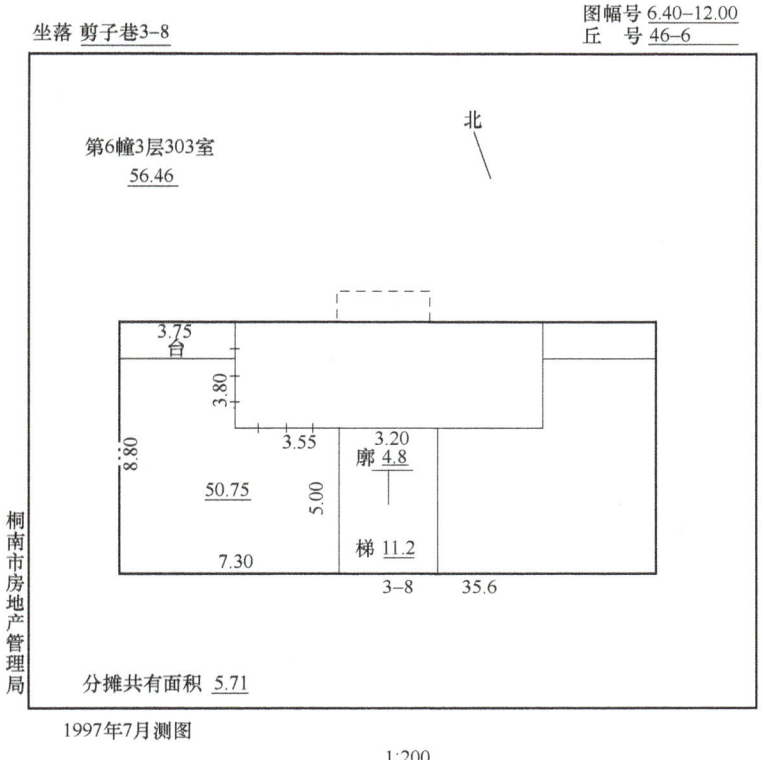

图 6-3 房产分户样图

房屋的权属界线，包括墙体归属，按图式要求表示。墙体归属应标示出自有墙、借墙、共有墙符号，楼梯、过道等共同部位在适当位置加注。

房屋边长应实地丈量，房屋前后、左右两相对边边长之差和整栋房屋前后、左右两相对边边长之差应符合有关规定。不规则图形的房屋边长丈量应加辅助线，辅助线的条数等于不规则多边形边数减 3，图形中每增加一个直角，可少量一条辅助线。

分户房屋权属面积应包括共有公用部位分摊的面积，注在房屋所在层次的下方；房屋建筑面积注在房屋图形内，下加一条横线；共有公用部位本户分摊面积注在左下角。户（室）号和本户所在栋号、层次注记在房屋图形上方。一幢楼中，楼梯、走道等共有部位需在图上加简注。

房屋边长的描绘误差不应超过图上 0.2mm，房屋权界线图上表示为 0.2mm 粗的实线。房屋轮廓线长度注记在房屋轮廓线内侧中间位置，注记精确至 0.01m。

（2）分户图的测绘方法　分户图是在分丘图的基础上绘制的，以一个产权人为单位，表示房屋权属范围内的细部图件，供核发房屋产权证使用。如为多层房屋，则为房产分层分户图。分户图采用的比例尺一般为 1∶200。当房屋过大或过小时，比例尺可适当放大或缩小，也可采用与分幅图相同的比例尺。幅面规格一般采用 32 开或 16 开两种尺寸，图纸图廓线、产权人、图号、测绘日期、比例尺、测图单位均应按要求书写。分户图图纸一般选用厚度为 0.07~0.1mm 且经定型处理后，变形率小于 0.02‰ 的聚酯薄膜，也可选用其他图纸。分户图的方位应使房屋的主要边线与轮廓线平行，按房屋的朝向横放或竖放，分户图的方向应尽可能与分幅图一致，如不一致，需在适当位置加绘指北方向。分户图表示的主要内容包括房屋权界线、四面墙体的归属、楼梯和走道等共有部位以及门牌号、所在层次、户号、室号、房屋建筑面积和房屋边长等。分户图的上房屋平面位置应参照分幅图、分丘图的关系位置，按实地丈量的房屋边长绘制。房屋边长量取和注记精确至 0.01m。

分户图的成图可以直接利用测绘的分幅图上属于本户地范围的部分，进行实地调查、核实、修测后，绘制成分户图。如没有房产分幅图可以提供，而房产登记和发证工作又亟待开展，可以按房产分宗分户的范围在实地直接测绘分户图，然后再按房产分户图的要求标注相应的内容。

为了能够明确表示各户占有房地的情况，对分户平面图的绘制可分为下列几类：

1）宗地内，房、地同属一户的。发证时，也只按用地范围复制房产分户图一份，用以表示该户占用土地和占有房产的情况。

2）宗地内，房、地不完全同属一户的。发证时，应复制多份房产分户图。这样，每户可以有一份房产分户图，用以表明各自占有的房地情况。

3）对其中一栋房屋有几户占有的，则将对该栋房屋绘制相应份数的分层分间平面图作为附图，分别表明各户占有房产的部位界线和建筑面积，以表明一户在该栋房屋中占有的房产情况。

4）各户占有的建筑面积应按具体情况分别计算。如各户房产是分层占有，或各户占有的房产有明确的界线，则各户占有的建筑面积应分层或按明确界线分开计算。如各户占有的房产无明确界线，则可按各户占有的房屋使用面积的比例，分摊计算各户建筑面积。

5）对多户共用的房屋，如果占有的部位界线不能明确划分开，则只能作为共有产一户处理，除应在图上标明共有的房屋部位共有界线和建筑面积外，尚应详细记载共有人姓名，说明共有情况，如有可能应详细记载各人占有房屋的比例。

单元小结

本单元介绍了房产调查的目的与内容，对房屋用地调查和房屋调查作了详细的阐述，对房屋的勘丈精度要求和方法也作了必要的说明。房产测量与地籍测量的要求不一样，但基本的方法是一致的，课题2重点对房产图的相关知识作了说明。

复习与思考题

6-1　房地产调查的目的是什么？

6-2　房地产调查的工作底图有哪几种？各有什么特点？

6-3　房屋用地调查的内容有哪些？

6-4　房屋调查的内容有哪些?
6-5　房地产调查的工作程序有哪些?
6-6　房产图有哪些分类？各有什么特点?
6-7　分幅平面图中应表示哪些要素?
6-8　分丘平面图测绘的内容和要求有哪些?
6-9　为了能够明确表示各户占有房地的情况，分户平面图的绘制可分为哪几类?

单元 7 房产面积测算

【单元概述】

房产面积测算是房产测绘的主要任务之一，其主要内容是测定房产权界、房屋的建筑面积、坐落位置形式、房屋的层次、结构、分户的建筑面积以及共有建筑面积分摊等基础数据。

房产面积测绘数据及房屋产权附图是房屋产权和产籍管理、核发权属证书、房地产开发利用和交易、保障房地产占有和使用者的合法权益必不可少的资料，经产权登记确定就具有法律效力，同时也是房产税费征收、城镇规划和建设的重要依据。房产面积测量是一项技术性强，精度要求高，十分细致而复杂的工作，其测算成果的正确与否，直接关系到国家、房地产开发单位、房地产权利人或利害人的切身利益。从事房产测量的技术人员必须认真负责地做好房产面积的测算工作，确保房产面积测算成果的可靠性。

房产面积测算主要通过量取房屋边长分别计算房屋的套内建筑面积、共有建筑面积，进行可共有建筑面积的分摊计算，计算房屋的建筑面积或产权面积。目前，房产面积测算在全国各地多采用单独测绘的方式进行生产和管理，有的称之为房产项目测绘。**房产项目测绘**是指通过测量，绘制房产分丘平面图和房产分层分户平面图，形成相关的图、表、卡、册、簿、数据等的测绘活动。房产项目测绘与房产产权和产籍管理、房地产开发利用和交易、房屋拆迁等房地产活动紧密相关，与房产基础测绘一起构成了房产测量的全部内容。

【学习目标】

1. 重点掌握计算房屋面积应具备的条件、计算建筑面积的技术规范。
2. 熟悉计算面积的工作程序和内容，房产测绘等概念。
3. 了解相关建筑术语和内容；掌握房产面积测算方法与精度要求；掌握房产面积测算的要求；重点掌握计算全部建筑面积的范围，计算一半建筑面积的范围，不计算建筑面积的范围；了解房屋用地面积测算要求和内容，熟悉特殊情况下的建筑面积计算。
4. 掌握成套房屋建筑面积的测算和层、功能区、幢面积的计算。
5. 掌握公共建筑面积的确认方式；熟悉公用建筑面积的所有权与使用权；重点掌握公用建筑面积的分类，应分摊的共有建筑面积和不应分摊的建筑面积的内容。
6. 掌握共有建筑面积分摊原则；掌握共有建筑面积的分类；掌握共有建筑面积处理的

一般原则，应分摊共有建筑面积的优先级；熟悉幢划分和功能区划分原则；熟悉特殊情况下的共有建筑面积计算及分摊；掌握共有建筑面积按比例分摊的计算公式；重点掌握共有建筑面积整体分摊和多级分摊方法；重点掌握共有建筑面积由上而下分摊计算模型。

7. 掌握单一功能建筑、商业办公楼、多功能综合楼的共有建筑面积分摊计算方法。

课题1　房屋面积计算规则

7.1.1　计算房屋面积应具备的条件

根据计算建筑面积的有关规定和规则，能够计算建筑面积的房屋原则上应具备以下普遍性的条件：

1）应具有上盖。
2）应有围护物。
3）结构牢固，属永久性的建筑。
4）层高在2.20m或2.20m以上。
5）可作为人们生产或生活的场所。

上述五条相互独立又相互联系，缺一不可，是进行房屋面积测算的基本原则。与房产面积计算有关的规定或细则均是上述五条原则的具体体现，也是判断和处理异形结构房屋面积测算的基本依据。

其中：**层高**是指房屋的上下两层楼面，或楼面至地面，或楼面至屋顶面的垂直距离。楼板面至屋顶面的垂直距离包括楼板面至房屋平台面的高度，但屋顶面或平台面都不含隔热层的高度。

现行国家标准《房产测量规范》（GB/T 17986—2000）中所指房屋层高2.20m以上的计算建筑面积都包括2.20m，表示层高在2.20m或2.20m以上的计算建筑面积。

房屋是否可作为人们生产或生活的场所，可根据《住宅设计规范》（GB 50096—2011）、《民用建筑设计通则》（GB 50352—2005）、《危险房屋鉴定标准》（JGJ 125—1999）等来进行评判。

另外，还可根据房屋是否具有明确的归属和建筑物的构成是否具有合法性等条件来判断是否计算房屋建筑面积。

7.1.2　一般规定

1. 房产面积测算的技术规范

1）《房产测量规范》（GB/T 17986—2000）是我国目前级别最高的有关房产测绘方面的技术标准。

2）《关于房屋建筑面积计算与房屋权属登记有关问题的通知》（建住房〔2002〕74号）。

3）房产测绘实施细则。各省、自治区建设厅（建委），直辖市房地产管理局，可遵循《房产测量规范》（GB/T 17986—2000）规定的基本原则和各地的实际情况，制定适合本地、本城市实际情况的实施细则或详细的技术补充规定。

4)《建筑工程建筑面积计算规范》(GB/T 50353—2005)。需要特别说明的是,《建筑工程建筑面积计算规范》(GB/T 50353—2005)是为满足工程造价计价工作的需要,不能作为房产测量的国家标准。

2. 房产面积测算的工作程序

房产面积测算工作可分为预测、实测。具体工作程序一般为:

1)测绘前期准备。进行房产测量之前需要签订测绘合同、进行资料审查和技术设计。房产测绘由房屋的权利申请人、房屋权利人或者其他利害关系人申请。房产测绘机构接受委托后应审查委托方提供的各种图纸、证明文件,与委托方签订书面测绘合同,并收集相关的基础测绘资料、建筑设计及变更资料,进行技术设计,拟定测量方案和技术方案。

2)外业测量。房产测绘机构组织测绘人员进行外业实地测量,主要完成房产调查和房产分幅平面图、房产分丘平面图、房产分层分户平面图的外业测绘数据采集。

3)内业绘图计算。根据外业测量采集房屋边长数据进行房产分幅平面图、房产分丘平面图、房产分层分户平面图的绘制和房产面积测算,编制测绘成果报告书。预测时依据测量规范和建筑设计图纸计算房屋建筑面积。

4)测绘成果检查、验收。房产测绘机构对完成自检后的测绘成果进行二级检查(过程检查和最终检查),对检查中发现的问题必须做好记录并提出处理意见。二级检查合格后,组织实施测绘成果验收。

5)技术总结、测绘成果归档和提交。房产测绘机构对实施的测绘项目进行技术总结,出具资料索引、测绘报告、技术总结、检查验收报告等测绘资料并存档,最后向委托方提交房产测绘成果。

6)测绘成果审核备案。房产测绘机构按照规定将出具的房产测绘成果上报各地房产行政主管部门进行审核备案。

7)根据各地建立房产管理信息系统需要,进行房产测绘成果数据入库。

3. 房产面积测算的内容

房产面积测算是指水平投影面积测算,包括房屋面积的测算和房屋用地面积的测算。

房产面积测算包括房屋建筑面积测算、房屋套内建筑面积测算、房屋使用面积测算、房屋产权面积测算、房屋共有建筑面积的测算与分摊计算。房产面积测算分幢进行。

4. 房屋面积测算精度要求

房产面积的精度分为三级,各级面积的限差和中误差不超过表 7-1 的规定。

表 7-1 房产面积的精度要求

房产面积的精度等级	限 差	中 误 差
一	$0.02\sqrt{S}+0.0006S$	$0.01\sqrt{S}+0.0003S$
二	$0.04\sqrt{S}+0.002S$	$0.02\sqrt{S}+0.001S$
三	$0.08\sqrt{S}+0.006S$	$0.04\sqrt{S}+0.003S$

注:S 为房产面积,单位为 m^2。

特殊房屋或产权人要求的房产面积精度可采用一级限差，新建商品房或进入房地产市场的房产面积精度一般采用二级限差，其他房屋面积精度采用三级限差。房产面积精度可根据委托方或申请人的需要执行。

房产面积精度等级的使用范围，由各城市房产行政主管部门根据当地实际情况决定。我国现在一般均按二级精度进行房产测绘，多数地区不许使用三级精度。

5. 房屋面积测算的一般要求和方法

（1）房屋面积测算的一般要求

1）房屋面积的测算以幢为单位分户进行，房屋用地面积的测算以丘为单位分户进行。

2）房产面积的测算，均指水平投影面积的测算。

3）各类面积测算必须独立测算两次，其较差应在规定的限差以内，取中数作为最后结果。

4）量距应使用经检定合格的卷尺或其他能达到相应精度的仪器和工具。

5）边长以 m 为单位，精确至 0.01m；面积以 m^2 为单位，结果精确至 $0.01m^2$。计算结果的取位，按照"四舍五入，单进双不进"。

6）共有建筑面积分摊系数保留至小数点后 6 位以上，应使房产面积计算过程中不影响小数点后第三位的结果。

（2）房屋幢、层、户的划分　进行房屋面积测算时，要先对所测量房屋幢、层、户进行划分。房屋幢、层、户的划分原则和方法参见单元 6 课题 1 的内容。

（3）房屋面积数据采集　**房屋面积数据采集**主要指房屋的边长采集，也可利用测量仪器直接采集房屋特征点或拐点的点位坐标。边长或坐标数据是计算房屋面积的主要依据，根据房屋数据来源的不同，将其计算所得的面积分为"预测面积"和"实测面积"两类。

1）基本规定。

① 测量过程应遵循先整体、后局部，先外、后内的顺序。

② 测点两端应选取房屋的相同参考点，测点位置一般应位于房屋室内、外墙体（100±20）cm 处。

③ 分层逐户实量。在测量草图上注记实测边长、墙体厚度、层高，边长单位为 m。实测一般房屋边长时，数据精确至 0.01m；实测特殊要求房屋（如商铺分割）边长时，数据宜精确至 0.001m。

④ 测量仪器或钢尺两端在测量时均应处于水平状态，测量边长、坐标均要独立测量两次，两次测量读数较差的限差应符合以下精度要求：经检定的钢卷尺，同尺两次测量读数之差 ΔD 应满足：$|\Delta D| \leq 0.0005D$（$D > 10m$ 时）；$|\Delta D| \leq 0.0001D$（$D \leq 10m$ 时）。经检定的手持式测距仪，两次测量读数之差 ΔD 应满足：$|\Delta D| \leq 0.005m$。经检定的红外测距仪，一测回读数较差 ΔD 应满足：$|\Delta D| \leq 0.005m$。经检定的全站仪，一测回读数较差 ΔD 应满足：$|\Delta D| \leq 0.005m$。

⑤ 为校核测量数据的正确性，提高测量结果的准确度，施测时应有多余观测。

⑥ 参与计算房屋面积的边长数据要进行平差处理，相关数据之间不能相互矛盾。

2）预测面积的房屋数据采集。**预测面积**指房屋竣工前，房产测绘机构根据房屋规划设计图纸和资料，按照国家有关法律、法规和房产测绘技术标准，计算出房屋面积。

① 房屋数据采集的资料来源：房屋建筑设计图纸（含施工平面图、立面图、剖面图、墙身节点大样图、结构施工图等）；房屋销售方案说明、公共部位的情况说明及共有建筑面积分摊协议认定表；委托单位提供的其他资料。

② 房屋数据采集的方法。图纸上经检核无误的尺寸可以直接采集；图纸上分段边长之和与总长度检核不符时，应返回建设单位及设计单位进行修正补充后再采集；图纸上局部位置无标注尺寸且无法通过其他相关数据计算得出时，缺少的房屋边长必要数据可以通过图解法采集；房屋的拐角无特殊注明或说明的，一般视为直角，其组成的房屋按矩形采集边长并计算面积。

3）实测面积的房屋数据采集。**实测面积**指房屋竣工后，房产测绘机构根据房屋现状实地测量采集的边长和坐标数据，计算得到的房屋建筑面积。

① 房屋外围测量。当房屋外围轮廓是矩形结构时，应测量房屋外围轮廓边长。测量时，房屋矩形的四条边均应测量。当边长无法直接测量时，应测量房角点坐标，解析出房屋边长值；当房屋外围轮廓不是矩形结构时，应测量房屋外围轮廓的所有特征点或拐点的点位坐标，通过坐标解析法计算房屋面积。测量时，可采用任意坐标系，并选取一个测站点（或尽量少）一次性测出所需的点位坐标。

② 房屋内部测量。根据建筑内分户权属界线分层逐户进行边长数据采集，共有建筑面积边长数据分层采集。矩形房屋应测量矩形的四条边，当房屋为非矩形时，应根据房屋现状的实际情况划分为圆形、椭圆形、扇形、弓形、梯形、三角形、菱形等规则几何形状，并根据计算面积的需要进行边长、高度、半径、直径、弦长等的测量。对于超过钢尺或测距仪测程的组合边长，应保持各测段处于一条水平直线上。当建筑物设计层高小于 2.10m 或大于 2.30m 时，可只量测一个层高值；当设计层高在大于 2.10m 和小于 2.30m 之间的范围时，应在不同位置测量 3 个以上层高值，并取平均值作为实测层高值。层高测量取位精确至 0.01m。

③ 墙体厚度的确定及测量。房屋勒脚以上的外墙体厚度不包括外墙保护层（粉刷层、抹灰层、装饰贴面等）、外墙保温层、凸出外墙面的结构柱、装饰柱或装饰性的幕墙。

实测房屋外墙的边长时，除记录包含外墙装饰贴面厚度的总长外，还应现场记录装饰贴面厚度。装饰贴面厚度应根据现场具体情况尽可能实测。墙体的抹灰层、外墙装饰贴面的厚度实测确有困难时，可按照经相关部门核准的建筑设计资料中规定的设计尺寸来确定。无法获得时，抹灰层、外墙装饰贴面的厚度按表 7-2 规定取值。

表 7-2　抹灰层、外墙装饰贴面的厚度

序　号	类　型	普通抹灰	中级抹灰	高级抹灰	外墙装饰贴面
1	内墙	0.018m	0.020m	0.025m	—
2	外墙	0.020m			0.025m
3	石墙	0.030m			—
备注	未注明抹灰等级的，按普通抹灰计算抹灰层厚度				

④ 外业测量记录要求。边长外业测量的记录应在实地完成，不得依据事后回忆补注或涂改擦拭。记录字体要规整、清晰，测错、记错的数据划改应能辨别，严禁连环涂改、擦

改、就字改字等违规行为。

采集所得的边长数据必须注记在房屋分层图（分户平面图）上，边长数值平行于该边注记并紧靠该边线，东西走向的边长数字字体朝上（北）方向注记，南北走向的边长数字字体朝左（西）方向注记。边长较短，观测数值不能在该边范围内注记时，应采用引出线方式注记。外业测量记录中应明确记录丘号、幢号、建筑物名称、单元号、自然层号、实测层号、房号、房屋拐角编号及建筑空间名称等。

外业测量时应在各房屋分层图（分户平面图）上注记实测墙体厚度，抹灰层、外墙装饰贴面厚度，并在房屋分层图（分户平面图）上注记实测层高数据和楼板厚度。

通过坐标解析法测量边长时，应以包含点位坐标和点位之间边长的记录表形式进行记录，图上对房屋拐角编号，并保持记录表上编号与图上编号一致。

测量记录应注记：测量员、记录员、检查员、测绘日期、使用仪器名称与型号等基本信息。

（4）房屋面积计算方法 房屋面积计算就是根据采集的房屋边长数据或房角点坐标数据，计算出各类面积。房屋面积内业计算方法包括解析法、图解法、计算机软件计算方法。解析法可分为几何图形解析法和坐标解析法两种。

1）基本规定。

① 外业测量数据必须进行整理配赋，满足相应几何条件的要求。

② 外业测量一条边的两次测量值符合限差要求时，取其中数作为边长观测值。

③ 房屋外轮廓的全长（含抹灰层和外墙装饰贴面）与室内分段丈量之和（含共墙和抹灰层）的较差在表7-3规定限差内时，应以房屋外轮廓数据为准，分段丈量的数据按比例配赋，超差时必须进行复测。

表7-3 边长测量限差规定

面积精度等级	边长测量限差/m	备注
1	± (0.014 + 0.0004D)	注：D为边长，单位为m，当$D<10$m时，以10m计
2	± (0.028 + 0.0014D)	
3	± (0.056 + 0.004D)	

④ 计算房产面积的实测边长应为经整理配赋后的边长观测值加（减）墙厚（含抹灰层和外墙装饰贴面）数据。

⑤ 实测边长与经批准的图纸设计尺寸较差绝对值满足$|\Delta D| \leq 0.03$m（$D \leq 10$m时）、$|\Delta D| \leq 0.003D$（$10\text{m} < D \leq 30\text{m}$时）、$|\Delta D| \leq 0.10$m（$D > 30$m时）时（其中$D$为实测边长，以m为单位），可认为实际房屋边长与设计值相符，计算房屋面积时可按房屋理论（设计）数据计算，以保持幢内同套型面积的一致性。

⑥ 实测边长与设计边长相符时，按设计边长计算房屋面积。否则，按实测边长计算房屋面积，并在房屋面积测绘报告中注出计算说明和在房屋分层平面图（分户平面图）相应位置进行边长数据变动的情况说明。

2）解析法。

① 几何图形解析法。**几何图形解析法**也称为几何要素解析法或实地量距法，即将多边形分割成多个简单的几何图形，在实地采用仪器或工具量测图形的边长、角度，根据面积计算公式计算出简单的几何图形的面积，再汇总计算出多边形的总面积。

对于规则图形，可根据实地丈量的有关要素直接计算面积；对于不规则图形，则将其分割成简单的几何图形，然后分别计算面积。

面积误差按表 7-1（即房产面积的精度要求）的规定计算。

② 坐标解析法。根据界址点（房屋特征点或拐点）坐标的数据，按下式计算面积：

$$S = \frac{1}{2}\sum_{i=1}^{n} X_i(Y_{i+1} - Y_{i-1}) \text{ 或 } S = \frac{1}{2}\sum_{i=1}^{n} Y_i(X_{i-1} - X_{i+1}) \tag{7-1}$$

式中　S——面积（m^2）；

　　　X_i——界址点的纵坐标（m）；

　　　Y_i——界址点的横坐标（m）；

　　　n——界址点个数；

　　　i——界址点序号，按顺时针方向顺编。

面积中误差按下式计算：

$$m_s = \pm m_j \sqrt{\frac{1}{8}\sum_{i=1}^{n} D_{i-1,i+1}^2} \tag{7-2}$$

式中　m_s——面积中误差（m^2）；

　　　m_j——相应等级界址点规定的点位中误差（m）；

　　　$D_{i-1,i+1}$——多边形中对角线长度（m）。

3）图解法。图解法测算面积是利用已有的图纸，采用各种不同的仪器、工具和方法量算出图上的图斑面积，然后按一定比例尺换算出所求多边形的面积。其中方法有：膜片法、求积仪法、几何图形法、沙维奇法等。但是，因这些方法计算面积精度太低，目前房产测量作业中几乎都不采用图解法。

4）计算机软件计算方法。多边形图形面积可利用制图软件，根据已有图纸标注尺寸或实地测量的边长和点位坐标数据绘制多边形图形后，利用制图软件功能查询属性的办法直接获取多边形面积。常用的计算机制图软件有：AutoCAD、MicroStation、ArcGIS、MapInfo、MapGIS、Supermap、GeoStar 等。

7.1.3　房屋面积计算规则

房屋面积计算的规则，按国家现行《房产测量规范》（GB/T 17986—2000）可以分为计算全部建筑面积、计算一半建筑面积、不计算建筑面积三类。

1. 计算全部建筑面积的范围

1）永久性结构的单层房屋，按一层计算建筑面积；多层房屋按各层建筑面积的总和计算。

说明：**房屋的建筑面积**是指房屋各层建筑面积的总和。这里的**多层房屋**指两层或两层以上的房屋。单层房屋层高高于 2.20m 也只能按一层计算建筑面积，层高低于 2.20m 的房屋都不能计算建筑面积。计算建筑面积的房屋，层高（高度）均应在2.20m以上（含2.20m）。

2）房屋内的夹层、插层、技术层、架空层、结构转换层、设备层等及其梯间、电梯间等其层高在2.20m以上的部位均计算建筑面积。

说明：计算建筑面积的房屋，层高（或高度）均应在2.20m以上（含2.20m）。夹层、插层、技术层也称**附层**，是建筑在房屋内部空间的局部层次，是安插于上下两个自然层中间的房屋。这些增加的房屋层从房屋外观不能分辨，有的是结构层，有的是加插进去的技术层，只要房屋层高高于2.20m都可以计算建筑面积，凡层高低于2.20m的房屋都不能计算建筑面积。

架空层层高2.20m以上的，按柱外围水平投影面积计算架空层建筑面积。

梯间、**电梯间**是指进出楼梯或电梯的房间，还包括凸出房屋屋面，具有顶盖和围护结构、永久性的、层高不低于2.20m的、供上升屋顶顶层维修房屋或安全出口的房间，或供停放检修、升降电梯用的房间。

3）穿过房屋的通道（不含市政通道），房屋内的门厅、大厅，均按一层计算面积。

门厅、大厅内的回廊部分，层高在2.20m以上的，按其水平投影面积计算。

说明：这里所讲的**穿过房屋的通道**，是指房屋内部的通道。房屋内的门厅、大厅因建筑设计功能需要，其层高较高，不论层高高于2.20m多少，均按一层计算建筑面积。凡层高低于2.20m的通道、门厅、大厅都不能计算建筑面积。

门厅、大厅因层高很高，一般在沿厅的周围设有楼层式的走廊称为**回廊**。回廊部分凡层高不低于2.20m的，按其水平投影计算建筑面积，回廊下方的厅，如其层高在2.20m和2.20m以上部位仍应计算建筑面积。

4）楼梯间、电梯（观光梯）井、提物井、垃圾道、管道井等均按房屋自然层计算面积。

说明：**楼梯间**是指供房屋各层间垂直上下步行的交通通道。**电梯井**是指房屋各层间垂直上下的电动交通通道。**提物井**是指专供房屋各层间垂直上下提升或放降物品用的通道道井。**垃圾道**是指专供房屋各层倾倒垃圾使用的井道。**管道井**是指房屋各层的各种管线（如：水、电、燃气、暖气管、通信线等）上下集中通过的井道。由于这些井道，并不构成明显的层，但都占用了房屋的建筑面积，因此应跟随房屋的自然层计算建筑面积，作为房屋自然层的一部分，一起计算建筑面积。

由于现代房屋建筑设计的多样化，楼梯、电梯等井道到达的部位不同，其服务对象和使用功能也不相同。因此在对这些共有建筑面积进行认定和测算时，应根据实际情况进行确认。

5）房屋天面上，属永久性建筑，层高在2.20m以上的楼梯间、水箱间、电梯间、电梯机房等及斜面结构屋顶高度在2.20m以上的部位，按其外围水平投影面积计算。

说明：**房屋天面**是指房屋屋顶面上，四周有围护结构且可供人们正常活动的平台。**房屋天面的水箱间**是指凸出房屋屋顶，有围护结构的，用于安放蓄水装置的建筑物。

房屋天面上经规划行政主管部门批准的具有明确使用功能的非装饰性建筑空间，按其外围水平投影计算建筑面积。未经规划行政主管部门核准的建筑空间以及装饰性建筑空间等不计算建筑面积。

6）挑楼、全封闭的阳台、高度为2.20m以上的落地窗按其外围水平投影面积计算。

说明：阳台封闭与不封闭的判定是以设计图纸或其他批准文件为准。所谓**封闭阳台**，是指阳台采用实体栏板作围护，栏板以上用玻璃等物全部围闭的阳台。

7）属永久性结构有上盖的室外楼梯，按其在各楼层水平投影面积之和计算。

说明：**室外楼梯**是位于房屋外部的，供人民生产、生活或上下各层步行通道之用的，属永久性有围护结构的房屋附属设施。

8）与房屋相连的有柱走廊以及两房屋间有上盖和柱的走廊，均按其柱的外围水平投影面积计算。

说明：此处所指**和房屋相连**是指走廊的顶盖和柱与房屋的结构相连，即两者的梁、柱、墙相连，走廊的柱为房屋承重的结构柱。

剪力墙是否视为有柱，应依据当地房产测绘细则的相应规定加以确认。

9）房屋间永久性的封闭的架空通廊，按外围水平投影面积计算。

说明：**封闭的架空通廊**是指架空通廊采用实体栏板作围护，栏板以上用玻璃等物全部围闭。架空通廊和房屋一样，由墙体全部围闭，并设有门和窗。架空通廊的层高低于2.20m的，无论是否封闭，均不计算建筑面积。

10）地下室、半地下室及其相应出入口，层高在2.20m以上的，按其外墙或柱（不包括采光井、防潮层及保护墙）外围水平投影面积计算。

说明：**采光井**是指为地下室提供光线和通风用的地下室墙体外的地下空间。**防潮层**是指一种用于防止地面上各种流体和地下水渗透地下室和地下室墙体的隔离层。**保护墙**是指和防潮层作用相同的隔离墙体，为抵抗周边的压力，外墙的厚度随着掩埋地下的深度而增厚。增厚的这部分墙体也是保护墙，它起到防潮和抗压的双重作用。上述这些增厚的墙体均不能计算建筑面积，地下室、半地下室的建筑面积计算所用尺寸为上口尺寸，即以地面以上部分的墙体为准计算。

11）有柱（非独立柱）或有围护结构的门廊、门斗，按其柱或围护结构的外围水平投影面积计算。

说明：门廊、门斗是房屋门外的房屋附属设施，是房屋门前有上盖、有柱或围护结构的进出大门的主要通道，支撑顶盖的柱称为**门廊**，支撑顶盖的承重墙体称为**门斗**。门廊和门斗必须具备与房屋相连的，永久性的，结构牢固的顶盖。无柱或无围护结构或围护结构残缺的都不计算建筑面积。

12）玻璃幕墙等作为房屋外墙的，按其外围水平投影计算建筑面积。

说明：**玻璃幕墙**作为房屋外墙，也称为围护性玻璃幕墙，是指玻璃幕墙内侧没有砖石、混凝土等结构的外墙体，是以玻璃幕墙直接作为房屋的外墙体，幕墙框架凸出主体结构并与结构相连。装饰性玻璃幕墙不计算建筑面积。

13）属永久性建筑有柱（非独立柱和单排柱）的车棚、货棚、站台、加油站、收费站等按柱的外围水平投影面积计算。

说明：这里所指的柱是指承重的结构柱。装饰性的柱、非承重柱，以及柱的装饰性部分应除外，不能据以计算房屋的建筑面积。

14）依坡地建筑的吊脚架空层、体育场（馆）看台下方空间，设计加以利用并有围护结构高度在2.20m以上的部位，按其围护结构的外围水平投影面积计算。

说明：依坡地建筑的吊脚架空层是具有一定高度围护物且属结构牢固的永久性建筑。当架空层内再整修有底板，可作为人民生产和活动的场所加以利用的，以层高不低于2.20m的部位计算建筑面积。如架空层内未整修有底板，也未利用，仅作为堆积余土，或作为架空防潮使用的，则可以不计算建筑面积。

15）室内体育馆按实际层数计算建筑面积。体育馆（场）看台下方空间加以利用的，以层高（高度）在2.20m（或净高超过2.10m）以上的部位，按其围护结构的水平投影面积计算建筑面积（有结构层的多层，按多层计算）。

16）有变形缝的房屋，若其与室内相通，则计算建筑面积。

说明：**变形缝**一般包括伸缩缝、沉降缝、抗震缝。变形缝不论其宽度，只要其与两边房屋中任一边相通，并能正常利用的，应计算建筑面积。与房屋不能相通和利用的，不能计算建筑面积。

17）立体书库、立体仓库、立体停车库，无结构层的，不论其高度和停放层数，按一层计算建筑面积；有结构层的，按其层高在2.20m以上结构层建筑面积的总和计算建筑面积。

18）有围护结构的舞台灯光及大型车间内的控制室，按其围护结构外围水平投影面积的实际层数计算。

2. 计算一半建筑面积的范围

1）与房屋相连且有上盖无柱的走廊、檐廊，按其围护结构外围水平投影面积的一半计算。

说明：**有围护结构的檐廊**应是具有顶盖，供人们在生产或生活中出入房屋或经常通行的通道，层高不低于2.20m的，才计算建筑面积。

走廊、檐廊没有顶盖或没有围护结构，或生产和生活都无法使用的，或层高低于2.20m的，均不宜计算建筑面积。

2）独立柱门廊，独立柱、单排柱的车棚、货棚、雨棚、站台、加油站、收费站等属永久性建筑的，按其上盖水平投影面积的一半计算。

说明：这里所指的柱是指承重的结构柱。装饰性的柱、非承重柱，以及柱的装饰性部分应除外。**单排柱**是指排列成一行的柱。

3）未封闭的阳台、挑廊，按其围护结构外围水平投影面积的一半计算。

说明：**未封闭**是指阳台、挑廊的围护结构为开敞式。未封闭的阳台、挑廊的围护结构应具有一定的高度。阳台与挑廊都必须具有顶盖，并且与室内相通。

阳台、挑廊的外围水平投影超过其底板外沿的，以底板水平投影计算建筑面积。

未经设计部门同意和规划部门核准备案，擅自更改设计建造的，均按原设计未封闭阳台、挑廊计算建筑面积，并将相关情况在房产测绘技术报告中加以说明。

4）无顶盖的室外楼梯按各层水平投影面积的一半计算。

说明：室外楼梯应是永久性的，结构牢固的，人民生产和生活可正常使用的建筑物。

当上层楼梯设计为下层楼梯的顶盖，且可以遮盖的，可视为该层室外楼梯有顶盖，按有上盖的室外楼梯计算建筑面积。室外楼梯无永久性顶盖或顶盖不能完全遮盖楼梯时，室外楼梯视为无盖。

5）有顶盖，不封闭的，永久性的架空通廊按外围水平投影面积的一半计算。

说明：不封闭的架空通廊应是永久性的，结构牢固，层高不低于2.20m的，并有结构牢固的围护物。

6）有顶盖、未封闭、层高不低于2.20m的入户花园、庭院、空中花园无论其是否有柱，按其围护结构内上盖水平投影面积的一半计算建筑面积。

说明：入户花园、庭院、空中花园等建筑空间从使用功能上与阳台类似。

3. 不计算建筑面积的范围

1）层高小于2.20m的夹层、插层、技术层、架空层、设备层、结构转换层等和层高小于2.20m的地下室和半地下室。

说明：为统一标准，所有层高低于2.20m的房屋、房间、房层、楼梯间、电梯间、水箱间、走廊、檐廊、阳台、挑廊、架空通廊、地下室、半地下室等建筑空间不计算建筑面积，这也是作为人民生产和生活空间的最基本的需求。

2）凸出房屋墙面的构件、配件、装饰柱、装饰性的玻璃幕墙、垛、勒脚、台阶、无柱雨篷等。

说明：**构件**是指凸出房屋墙面的梁、柱等构件。**配件**是指凸出房屋墙面的砖、瓦等部件。**装饰柱**是指起装饰作用或美化房屋造型而用的非承重柱，装饰柱或承重柱以及承重柱的装饰部分的认定，以设计图纸为准。**装饰性玻璃幕墙**是指依附于房屋主墙的外墙面上起装饰作用的玻璃幕墙。**垛**是指房屋墙上向上或向外凸出的部分，如凸出房屋墙面的砖、瓦以及水泥构件。**勒脚**是位于房屋外墙面下部，凸出房屋外墙面的，为保护墙基和墙体的，防水浸蚀、防腐蚀的，附在房屋外墙面下端的表面构筑层。台阶是指室外台阶，属于房屋的辅助设施，是房屋室内外地面联系的过渡构件，其下方为自然地形，不能够利用。**无柱雨篷**指的是无柱且位于房屋出入门上方或窗上方的，为防雨和防晒用的顶盖，顶盖下方无承重柱或承重墙支撑，没有围护结构或围护物。

3）房屋之间无上盖的架空通廊。

说明：房屋之间无上盖的挑廊也不计算建筑面积。

4）房屋的天面、挑台、天面上的花园、露天游泳池、独立水箱、花架、装饰性亭（阁）等。

说明：房屋的天面、挑台均为有围护结构无顶盖的平台，**天面上的花园、游泳池**指的是房屋天面上无顶盖的花园、游泳池。房屋天面上的独立水箱、装饰性亭（阁）作为房屋附属的构筑物，不应计算建筑面积。

5）建筑物内的操作平台、上料平台及利用建筑物的空间安置箱、罐的平台。

说明：这些平台没有自己的顶盖，也没有围护物。这些平台是指安置于建筑物内部的，供操作、上料、安放物品使用的平台。

6）骑楼、过街楼的底层、临街楼房、挑廊下的底层，用作道路街巷通行的部分。

说明：这里的骑楼、过街楼的底层，临街楼房、挑廊下的底层，是社会性公用通道的道路或街巷的那一部分，不论其是否有柱，是否有围护结构，均不计建筑面积。

7）利用引桥、高架路、高架桥、路面作为顶盖建造的房屋。

说明：这里指的是以引桥、高架路、高架桥、路面作为房屋的顶盖。没有利用引桥、高架路、高架桥、路面作为顶盖，而自备顶盖的房屋，应按规定计算建筑面积。

8）活动房屋、临时房屋、简易房屋。

说明：非永久性的房屋都不应计算建筑面积。

9）独立烟囱、亭、塔、罐、池、地下人防干支线、地沟、地铁隧道。

10）与房屋室内不相通的房屋间变形缝。

11）用于检修、消防的室外钢梯或爬梯。

4. 面积计算的其他相关规定

（1）成套房屋建筑面积的测算

1）**成套房屋的套内建筑面积**由套内房屋的使用面积、套内墙体面积、套内阳台建筑面积三部分组成。

在实际工作中，可以按照套型外围墙体的中线尺寸直接计算套内建筑面积，其中阳台面积应按外尺寸计算，即使用外墙至外墙的尺寸计算阳台面积，当两户阳台相邻共用分隔墙时，则按分隔墙中线尺寸计算阳台面积。

2）**套内房屋使用面积**为套内房屋使用空间的净面积，以水平投影面积按以下规定计算：

① 套内使用面积为套内卧室、起居室、过厅、过道、厨房、卫生间、厕所、贮藏室、壁柜等空间面积的总和。

② 套内楼梯按自然层数的面积总和计入使用面积。

③ 不包括在结构面积内的套内烟囱、通风道、管道井均计入使用面积。

④ 内墙面装饰厚度计入使用面积。

3）**套内墙体面积**是套内使用空间周围的维护或承重墙体或其他承重支撑体所占的面积，其中各套之间的分隔墙和套与公共建筑空间的分隔墙以及外墙（包括山墙）等共有墙，均按水平投影面积的一半计入套内墙体面积。套内自有墙体按水平投影面积全部计入套内墙体面积。

4）**套内阳台建筑面积**均按阳台外围与房屋外墙之间的水平投影面积计算。其中封闭的阳台按水平投影全部计算建筑面积，未封闭的阳台按水平投影的一半计算建筑面积。

（2）用地面积测算

1）用地面积测算的范围。用地面积以丘为单位进行测算，包括房屋占地面积、其他用途的土地面积测算，各项地类面积的测算。

2）下列土地不计入房屋用地面积。

① 无明确使用权限的冷巷、巷道或间隙地。

② 市政管辖的道路、街道、巷道等公共用地。

③ 公共使用的河沟、水沟、排污沟。

④ 已征用、划拨或者属于原房地产证记载范围，经规划部门核定需要作市政建设的用地。

⑤ 其他按规定不计入房屋用地的面积。

3）用地面积测算的方法。用地面积测算可采用坐标解析法、几何图形解析法和图解法、计算机软件计算方法等方法。

（3）特殊情况下的建筑面积计算方法　随着建筑设计的不断创新，房地产领域出现许多新的建筑形式。由于对国标《房产测量规范》（GB/T 17986—2000）理解的差异性，使各地在处理不同类型建筑的建筑面积时存在明显差异。各地可根据当地实际情况，以国标《房产测量规范》（GB/T 17986—2000）为依据，制定适合确本地区的房屋面积测算细则。以下就一些特殊情况下的建筑面积计算方法作简单介绍，各地应以本城市制定的实施细则或技术规定为依据进行相应建筑空间的房产面积测算。

1）同一楼层外墙，既有主墙，又有玻璃幕墙的，以主墙为准计算建筑面积，墙厚按主墙体厚度计算。各楼层墙体厚度不同时，分层分别计算。金属幕墙及其他材料幕墙（金属板幕墙、石材幕墙、组合幕墙等）参照玻璃幕墙的有关规定处理。

2）房屋屋顶为斜面结构（坡屋顶）的，层高（高度）在 2.20m 以上的部位计算建筑面积。

3）阳台、挑廊、架空通廊的外围水平投影超过其底板外沿的，以底板水平投影计算建筑面积。

4）与室内任意一边相通，具备房屋的一般条件，并能正常利用的变形缝（包括伸缩缝、沉降缝、抗震缝）应计算建筑面积。

5）对倾斜、弧状等非垂直墙体的房屋，层高在（高度）2.20m 以上的部位计算建筑面积。房屋墙体向外倾斜，超出底板外沿的，以底板投影计算建筑面积。

6）楼梯已计算建筑面积的，其下方空间不论是否利用均不再计算建筑面积。

7）与室内不相通的类似于阳台、挑廊、檐廊的建筑，不计算建筑面积。

8）室外楼梯的建筑面积，按其在各楼层水平投影面积之和计算。

9）位于房屋屋面且无结构层的隔热层、闷顶不计算建筑面积；设有结构层的且层高超过 2.20m 的部分计算建筑面积。

10）二层及二层以上的房屋建筑面积均按《房产测量规范》（GB/T 17986—2000）中多层房屋建筑面积计算的有关规定执行。

11）永久性上盖且有围护结构的场馆看台，层高在 2.20m 以上的，按围护结构外围水平投影计算全部建筑面积。

12）建筑物的墙体由内倾斜、弧形等非垂直墙体构成，按其室内净高在 2.10m 以上部分的水平投影计算全部建筑面积。坡屋顶、穹形顶建筑，按其室内净高在 2.10m 以上部分的水平投影计算全部建筑面积。

13）房屋主墙体外的保温层、防潮层，高度小于 2.20m 的采光井及其他装饰性材料的贴面不计算建筑面积。

14）广场式的室外楼梯、自动扶梯和用于检修、消防用的室外爬梯、挂梯等不计算建筑面积。

15）单层建筑物内分隔的操作间、控制室、仪表间等单层房间，不属结构层且层高小于 2.20m 的不计算建筑面积。

16）用作公共休闲的亭、塔，绿化带场所的小型公共设施，以及为建筑造型而建造无实用功能的装饰性建筑部位，不计算建筑面积。

17）临街楼房、挑廊下的底层作为公共道路街巷通行的公共通道，不论其是否有柱，是否有维护结构，均不计算建筑面积。

18）复式、跃层式房屋内上层的中空部分及其外墙体部分不计算建筑面积。

19）复式、跃层式、假层（阁楼）、夹层等预留的楼梯间（楼梯口），设计图纸上注明为业主自理的且根据规划行政主管部门核准的设计图纸，按自然层计算全部建筑面积。

20）上层室外楼梯的水平投影可以覆盖下层室外楼梯的，下层室外楼梯视为有顶盖，按有顶盖的室外楼梯计算面积。

21）房屋的飘窗（挑窗、凸窗），其窗台台面结构板不高于房屋地面，具有房屋同等使用功能，层高在 2.20m 以上的，按外墙的外边线与飘窗围护之间范围内的水平投影计算建筑面积。

说明：飘窗（挑窗、凸窗）与房屋地面为同一标高时为落地窗，层高在 2.20m 以上时计算建筑面积；飘窗（挑窗、凸窗）与房屋地面存在高差时，视为不落地，不计算建筑面积。各地对飘窗（挑窗、凸窗）与房屋地面存在的高差有不同的规定，飘窗（挑窗、凸窗）是否计算建筑面积，应具体依据当地的房产测绘细则确定。

22）房屋的未封闭阳台无顶盖时均不计算建筑面积；当上下层未封闭阳台水平投影线不重叠时（即左右或前后错开），若重叠部分≥下层阳台面积一半，按重叠部分的一半计算下层阳台建筑面积；若重叠部分＜下层阳台面积一半或投影进深＜1.00m，下层阳台不计算建筑面积。（顶盖不全的未封闭阳台参照执行）

说明：未封闭阳台的上盖水平投影在本层阳台具有隔层盖（或上盖高度超过本层自然层高）、镂空盖、大半盖、小半盖等部分有盖的特点时，本层阳台是否具有上盖和计算建筑面积，应依据当地的房产测绘细则确定。与阳台类似的建筑空间一般还有无柱走廊、檐廊、挑廊、入户花园、庭院、空中花园等形式。

23）位于地面一层与房屋相连的有盖、无柱、无围护结构及围护物，凸出建筑主体的走廊、檐廊，无论下方是否有台阶，均不计算建筑面积；凹入建筑主体的有盖、无柱的走廊和檐廊，如走廊在上盖水平投影范围内的地面设有围护物，则按围护物外围水平投影面积的一半计算走廊的建筑面积。

24）有柱走廊，无论其层高如何，均按柱外围水平投影计算全部建筑面积；无柱走廊当层高小于两个自然层时，按其结构及围护物外围水平投影计算一半建筑面积，当层高达到或超过两个自然层时，不计算建筑面积。

25）在楼梯面积计算时，楼梯上下行之间的间隔、自动扶梯及旋转楼梯等的梯间间隔，不论顶盖高度，按一层计算建筑面积。一般间隔的净空部分计入最下一层梯间面积内，计算其他层梯间面积时的梯间间隔空间按上空处理。

说明：楼梯上下行之间的间隔、自动扶梯及旋转楼梯等的梯间间隔大小的具体规定，上一楼层梯间间隔是否计算面积，以及梯间间隔处是否按上空处理，应依据当地的房产测绘细则确定。

26）设置于建筑物主体结构以外，仅有扶手栏杆，没有墙体封闭的楼梯视为室外楼梯。设置于建筑物外墙之外的有墙体封闭的专用楼梯为室外楼梯。从底层室外公共空间直通顶层的观光电梯视为室外专用电梯。

27）设置于建筑外墙或主体结构以内的楼梯、电梯，无论其有几面围护墙体，视为室内楼梯、电梯；设置于建筑物外墙之外的有墙体封闭的非专用楼梯视为室内楼梯；各层使用兼向外观光的电梯，视为室内电梯。

28）室内楼梯无论其本身如何设置梯间层，均按建筑物的自然层（不论自然层的高度）数计算建筑面积，无盖时，最上一层室内楼梯不计算建筑面积；穿越夹层的楼梯，夹层不使用的，其位于夹层的梯间不计算建筑面积。

29）楼梯、电梯前室无论是否对外开敞，均计算全部建筑面积。

30）穿越建筑的公共通道，当通道高度大于等于两个自然层高度，或通道属于市政道路的一部分时，该通道不计算建筑面积。当公共通道的高度小于两个自然层且不属于市政道路时，则通道应计算全部建筑面积。

31）位于地面一层的两建筑物之间的有盖连廊如为双排柱连廊，按柱外围水平投影计算全部建筑面积；有盖连廊如为单排柱及无柱连廊，其上盖高度小于两个自然层时，按上盖水平投影面积一半计算建筑面积；上盖高度达到或超过两个自然层时，不计算建筑面积。若上盖为圆拱形，则以拱形顶计算该连廊的高度。

32）连接两建筑物的有盖架空通廊全封闭时，通廊计算全部建筑面积；不封闭时，若上盖高度小于两个自然层，通廊计算一半建筑面积，否则，通廊不计算建筑面积。

33）建筑内多层共用的通风井、烟道，按其通过的使用层的层数计算建筑面积，通过的其他不使用楼层，不计算建筑面积。

34）供一户专用的外置及内置烟道均计入该户的套内建筑面积。烟道外置时，取其与室内的隔墙为外墙；位于阳台的烟道单独计算，不计入阳台面积；多户共用的烟道作为其服务范围的共有建筑面积。

35）位于阳台等建筑主体结构内的花池、空调机位等，应计算建筑面积；设置于建筑主体结构外侧的外挂式花池和空调机位不计算建筑面积。

36）房屋的飘窗向阳台凸出时，飘窗占用阳台空间部分仍计入阳台的建筑面积。

37）地下室或半地下室使用的采光井、通风井、烟道，在地下部分按其通过的地下室或半地下室的层数计算建筑面积；在地面且独立于建筑物之外时，有围护结构和上盖，且高度在 2.20m 以上的，按围护结构外围水平投影计算全部建筑面积，并计入地下室或半地下室的建筑面积中；在地面且位于建筑物内部或附着于建筑物外墙时，按以下情况分别计算建筑面积：

① 若通风井、烟道的高度在 2.20m 以上，地面部分按一层计算建筑面积，并计入地下室或半地下室的建筑面积中，其通过的地面以上各层应除去该部分的面积值；

② 若通风井、烟道的高度小于 2.20m，则不计算其建筑面积，其所占用的建筑面积从所在地面建筑空间的建筑面积中扣除。

课题 2　公用建筑面积的确定与分摊

7.2.1　公共建筑面积的确认

公共建筑面积的确认可采取以下方式确定：

1）依据经规划行政主管部门核准备案的建筑施工图，划分公用部位的使用功能和服务范围，其功能和名称以设计图纸的标注为依据进行确认。

2）依据建设单位提供的共有部位的相关说明（如共有部位设计说明、共有建筑面积分摊协议认定表等）进行确认。其中，共有建筑面积分摊协议认定表的格式见表7-4。

表7-4　共有建筑面积分摊协议认定表

幢号		丘号		房产分区号		房产区号	
坐　落							
房屋类别		房屋产别		房屋结构		层　数	
建成年代		总建筑面积		总分摊面积		总分摊系数	
序号	层号	共有建筑面积名称	共有面积		分摊方法	备注	

申报单位：　　　　　　　　　　申报人：　　　　　　年　月　日

认定单位：　　　　　　　　　　认定人：　　　　　　年　月　日

在进行共有建筑面积分摊之前，房屋内共有建筑面积由建设单位依据规划行政主管部门核准备案的图纸进行申报，经房产测绘机构按照房产测量技术规定对申报材料与房屋的共有部位进行认定和计算，以决定共有建筑面积的分摊层次和归属，并经房产行政主管部门审核确定。

3）依据建设项目的《土地使用权出让合同》、《建设工程规划许可证》、《建设用地规划许可证》中计容积率、不计容积率、核增等建筑面积分项功能指标，补充确定相关的共有共用建筑空间的内容与范围。

4）房屋进行竣工测绘、现状测绘、变更测绘等实测时，需根据设计图纸现场复核已使用建筑空间的实际使用功能，未使用的建筑空间或实地无法确认功能的建筑空间，其功能和名称以经规划行政主管部门核准备案的施工图上的标注为准。

7.2.2　公用建筑面积的所有权与使用权

公用建筑面积的所有权与使用权属于参与共有建筑面积分摊的所有产权人，开发单位、物管单位、业主均不得改变其功能或有偿出租（售）。简单而言，分摊的共有面积只有数量上的表示，而无位置上的表示。

共有建筑面积的分摊应保持各方产权关系明确清晰，共有建筑面积一经分摊，未经合法程序，任何人均不得侵犯和改变原始设计的使用功能。

共有建筑面积分摊后，不划分各套（户）在共有建筑面积上的产权界和具体部位，各产权人经分摊获得的共有建筑面积在空间上是无界的，所分得共有建筑面积代表权利人应对幢承担的义务。

7.2.3 公用建筑面积的分类

异产毗连房屋权属分割清晰，不存在共有共用部位的，各户面积在各自专有范围内单独计算；异产毗连房屋存在有无法分割的共有共用部位的，应进行共有建筑面积分摊计算。

公用建筑面积从是否可以被分摊的意义上讲，分为应分摊的共有建筑面积和不应分摊的公用建筑面积。

1. 应分摊的共有建筑面积

1）相关权利人合法协议约定的应分摊的共有建筑空间的建筑面积。

2）建筑物内共有的核心筒、楼梯间、电梯井（间）、观光井（梯）、提物井、套（单元）门以外的室内和外楼梯等垂直移动空间，以及各种管道井和垃圾井道的建筑面积。

3）建筑物内共有的门厅、大厅、梯厅、过道、走廊、檐廊、内外廊、门廊（斗）、入口大堂、疏散通道等平行移动空间的建筑面积。

4）套与公共建筑空间之间分隔墙墙体面积的一半、外墙（包括山墙）水平投影面积的一半的建筑面积。

5）为本幢服务的变（配）电室、消防控制室、监控室、泵房、设备间、工具间、值班警卫室等的建筑面积。

6）凸出屋面有围护结构的水箱间、电梯间、电梯机房、楼梯间、风机房、设备工具间等的建筑面积。

7）架空层内的大堂、值班警卫室、门厅、设备间、电梯间、楼梯间等的建筑面积。

8）层高在 2.20m 以上的消防避难层、结构转换层、设备层内的电梯间、楼梯间、设备间等的建筑面积。

2. 不应分摊的公用建筑面积

1）相关权利人合法协议约定的不分摊的共有建筑空间的建筑面积。

2）建筑物底层、顶层或裙楼顶层架空用于公共通行、停车、绿化、休闲使用的共有建筑空间的建筑面积。

3）建筑物内设置的层高 2.20m 以上的避难层中用于消防避难的建筑空间的建筑面积。

4）建筑物内设置的层高 2.20m 以上的结构转换层、设备层的建筑空间的建筑面积。

5）建筑物地下用于人防工程、公共停车、安置设备的建筑空间的建筑面积。

6）独立使用的地下室、半地下室、车库、车棚，地下室或半地下室中独立的车位、车库（包含自行车库）、杂物间等的建筑面积。

7）为小区内多幢建筑服务的警卫室、设备用房、管理用房等公共用房的建筑面积，小区内用作公共事业的市政设施的建筑物的建筑面积。

8) 为他幢建筑所有权人生活利用上不可缺少的共有建筑空间的建筑面积。

7.2.4 共有建筑面积分摊原则

1) 产权各方有合法权属分割文件或协议的，按文件或协议规定执行分摊；无产权分割文件或协议的，或产权分割文件、协议不合法的，可按相关房屋的建筑面积按比例进行分摊。

2) 共有建筑面积的计算和分摊应以幢为单位进行。非本幢的共用建筑面积不在本幢分摊，本幢的共用建筑面积也不分摊到其他幢去。

3) 幢共有建筑面积一般由幢分摊；功能区共有建筑面积一般由功能区分摊；层内共有建筑面积一般按层分摊。

4) 成套房屋的共有建筑面积，一般按幢内相关各套内建筑面积的比例进行分摊。

5) 多功能综合楼或商住楼的共有建筑面积分摊，一般应进行二级、三级，甚至更多级分摊。在对共有建筑面积分摊之前，应根据规划行政主管部门审核的图纸和设计方案与申报材料，对幢内的共有建筑面积进行认定，决定其分摊层次及归属。

6) 共有建筑面积分摊计算后，各分户的建筑面积之和应等于相应的幢、功能区、层的建筑面积。

7.2.5 共有建筑面积的划分

1. 共有建筑面积的分类

根据共有建筑面积的使用功能及服务范围可划分为：整幢共有建筑面积、功能区间共有建筑面积、功能区内共有建筑面积、层间共有建筑面积、层内共有建筑面积。

1) 整幢共有建筑面积：指为整幢服务（包括幢内全部功能区）的共有共用建筑空间的面积，该面积在整幢范围进行分摊。

2) 功能区间共有建筑面积：指仅为一幢建筑的两个以上功能区服务的共有共用建筑空间的面积，该面积在相关的功能区范围内进行分摊。

3) 功能区共有建筑面积：指专为一幢建筑的某一个功能区服务的共有共用建筑空间的面积，例如某幢建筑内某一商业区，或办公区服务的大堂、门厅、楼梯、电梯间、警卫值班室、卫生间、空调机房等，该面积在该功能区内进行分摊。

4) 层间共有建筑面积：指仅为某一功能区内的两个以上楼层服务的共有共用建筑空间的面积，该面积在相关楼层范围内进行分摊。

5) 层内共有建筑面积：指专为本层服务的共有共用建筑空间的面积，例如各层的卫生间、空调机房、公共走道等，该面积在本层内进行分摊。

6) 由于功能设计不同，仅由同一层内的多户使用的共有共用建筑空间的面积，应由相关多户进行分摊。

2. 共有建筑面积的区分及分摊方法示例

一幢裙楼和塔楼相连的综合楼立、剖面示意图如图7-1所示。其裙楼功能区为商业，塔楼功能区为住宅，G1~G5均为应分摊的共有建筑面积。其中G1为塔楼功能区专用的室外楼梯，G5为房屋天面上电梯间及电梯机房。G1~G5的共有建筑面积可以有如下分摊组合：

1）G1 只服务于塔楼功能区，则仅在塔楼住宅部分分摊。

2）G2 只服务于裙楼功能区，则仅在裙楼商业部分分摊。

3）G2 只服务于塔楼功能区，但 G2 通过裙楼功能区，则由塔楼住宅、裙楼商业两部分按比例分摊。

4）G3 只服务于塔楼功能区，但 G3 通过裙楼功能区，则由塔楼住宅、裙楼商业两部分按比例分摊。

5）G3 同时服务于裙楼功能区和塔楼功能区，则由塔楼住宅、裙楼商业两部分按比例分摊。

6）G4 只服务于塔楼功能区，则仅在塔楼住宅部分分摊。

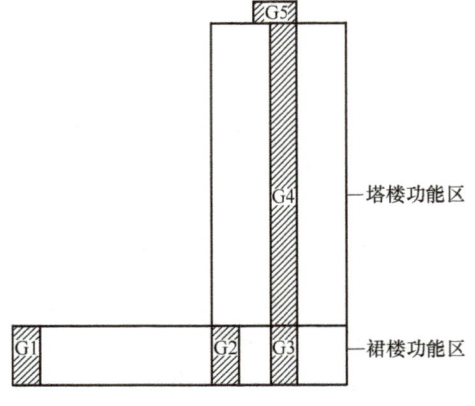

图 7-1 综合楼立、剖面示意图

7）G5 为房屋天面上设备用房，则整幢分摊。

一幢房屋塔楼中楼层示意图如图 7-2 所示。G1 为仅服务本楼层的层内过道、卫生间、空调机房的共有建筑面积，G1 仅服务于本层 01、02 两部分，01、02 两部分为本层功能不同或权利人不同的专有面积，而 01 + 02 + G1 相对整幢、塔楼功能区来说又是使用面积。本层中核心筒及外墙的一半已作为功能区共有建筑面积在塔楼功能区内进行分摊。G2 为该幢建筑中整幢、功能区共有建筑面积分摊至本层的共有建筑面积。

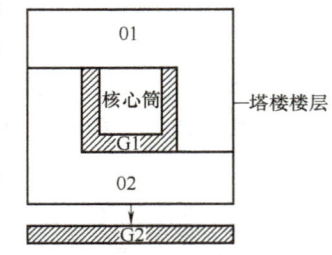

图 7-2 塔楼楼层平面示意图

图 7-1 和图 7-2 分别表示了共有建筑面积整幢分摊、功能区分摊、层分摊的情况，无论层次多复杂的共有建筑面积，其分摊计算均可由以上说明推算而出。

7.2.6　共有建筑面积计算及分摊的若干细规

1. 应分摊共有建筑面积的优先级

分摊共有建筑面积的优先级按服务范围由大到小、由整体到局部的顺序依次递减，即按照整幢、功能区间及功能区内、层间及层内、户等逐级分摊，整幢共有面积优先级最高，层内多户共有面积优先级最低。按照应分摊共有建筑面积的优先级高低，优先级低的共有建筑面积必须参与分摊优先级高的共有建筑面积。

共有建筑面积的分摊，执行按比例分摊的原则，由上而下依次进行，即先分摊幢共有建筑面积，然后分摊功能区间和功能区内共有建筑面积，再分摊层间和层内共有建筑面积，最后把共有建筑面积分摊至套或户。

2. 共有建筑面积处理的一般原则

（1）协议优先的原则　有合法的分割文件或协议时，以协议为准进行分摊计算；无分割文件或协议时，一般根据房屋公共建筑面积的使用功能，按与公共面积相关的房屋的套内（专有）建筑面积的比例进行分摊计算。

分割文件或协议应由公共建筑空间的所有相关权利人共同签署，协议内容不能侵犯公共利益和第三方利益，否则不能视为有效的分割协议。协议对产权分割的部位和分割方式应明确、一致且无异议，必要时该分割协议还需经公证。该协议应作为产权转让的要件之一，在产权变更时告知受让方。

（2）自上而下的原则　按照应分摊公用建筑面积的优先级高低，自高至低逐级进行分摊计算，优先级低的公用建筑面积参与分摊优先级高的公用建筑面积。小范围功能区间的公用建筑面积应参与分摊大范围功能区间的公用建筑面积，局部范围的公用建筑面积应承担整体的公用建筑面积。

说明：可采用由下而上的原则进行共有面积分摊计算数据的检核。

（3）按由大到小、由整体到局部划分应分摊公用建筑面积的优先级　按照这样的优先级，便于分摊计算时的有理有序，便于计算机公用建筑面积分摊计算程序的编制，也便于计算成果的检查复核，同时也符合国家标准《房产测量规范》（GB/T 17986—2000）的相关原则。

（4）向下兼容的原则　可以通过优先级高的公用建筑空间再进入优先级低的公用建筑空间，而不得先通过优先级低的公用建筑空间再进入优先级高的公用建筑空间。当电梯及前室为整幢公用时，连接公共出入口和电梯的走廊就应作为整幢公用建筑面积在整幢进行分摊计算，而不能将其作为本层的公用建筑面积在层内分摊计算。

3. 幢的划分原则

1）独立建筑的房屋为一幢。

2）地面以上由裙楼相连通的建筑视为一幢，裙楼以上的多幢塔楼，可作为不同功能区分别计算分摊系数。

3）地面以上由架空层相连通的建筑视为一幢。以架空层相连的各幢房屋，其功能单独使用的，架空层上的房屋可按多幢计算。

4）地面以上相互独立，但地面以下仅由地下车库及公共设备用房等相连通的视为多幢。

5）地面以上相互独立，地面以下由商业、办公等用途的地下室相连通的建筑视为一幢。

4. 建筑功能区的划分原则

1）依据规划、设计审图部门核准的建筑设计图纸，按建筑内布局和共有部位的使用功能和服务范围划分功能区。

2）根据房屋用途分类，将房屋内以不同布局和使用功能形成的特定区域划分为若干不同功能区。划分的区域一般按住宅、办公、商业、会所、地下室等不同的功能或共有部位布局差别较大的不同层来进行划分。

3）根据土地使用权出让合同、建设工程规划许可证、建设用地规划许可证中对建筑面积指标、建筑性质、建筑功能的规定进行划分。

4）一幢由裙楼相连的且有多个塔楼的房屋、裙楼以及多个塔楼应划分为不同功能区。

5）单一功能房屋存在多个单元时，可按单元划分功能区。

6）一幢建筑划分为不同功能区（单元）时，如功能区（单元）间无共有共用部分时，各功能区（单元）可采用整体分摊方法独立在各自功能区内进行。

7）成套住宅中，当幢内各单元间楼层、共有建筑面积差异较大时，各单元可分别作为幢内功能区，单独计算其分摊系数。

8）当商业、办公楼或综合楼的同一层内有两个以上功能或局部套型穿插有两功能时，可进一步细分功能区计算其分摊系数。

5. 共有建筑面积分摊的若干细则

1）在一幢建筑的计算数据进入计算系统之前，可按如下步骤对共有建筑面积进行分析确定：

① 确定一幢房屋中所有公共建筑面积的范围和名称。

② 将公共建筑面积划分为应分摊的和不分摊的两类，其中应分摊的公用建筑面积又称为共有建筑面积。

③ 分析每一部分的应分摊共有建筑的功能和服务范围，并按共有建筑服务范围确定其服务功能区。

④ 确定和分摊服务范围最高级别的共有建筑面积，仅服务于某一功能区的共有建筑面积为区内共有建筑面积，服务于多个功能区的共有建筑面积为功能区间共有建筑面积。

⑤ 将功能区间共有建筑面积分摊后各区所得的分摊面积，分别加到相应的区内共有建筑面积中，然后按本区内的套内建筑面积的比例进行分摊，即先将从高级别分摊得到的共有建筑面积加到低级别的共有建筑面积中，分别计算分摊系数，逐级分摊。

2）凡列为不应分摊的公用建筑应视为一个产权单元，并参与分摊该幢相应的共有建筑面积。

说明：列为不应分摊的公用建筑是否参与分摊，各地做法不一，建议根据当地细则规定处理。凡细则规定列为不分摊的公用建筑面积不参与分摊其他的公用建筑面积时，不分摊的公用建筑面积均在测绘报告中单独列出。

3）凡列为应分摊的共有建筑面积，功能区间的共有面积应参与分摊整幢的共有面积，功能区内的共有面积应参与分摊功能区间的共有面积，层间的共有面积应参与分摊功能区内的共有面积，层内的共有面积应参与分摊层间的共有面积。

4）当一幢建筑具有多个产权人，或者需要分层提供产权面积进行登记的，且存在无法分割的共有部位的，需要确定和计算共有建筑面积；独立产权人的房屋、独立幢产权或独立宗地的由若干单一产权组成的连体房屋，则可取该幢建筑各层外墙或结构外围水平投影面积之和计算该幢的建筑面积，不需进行共有建筑面积的划分与分摊计算。

5）设在幢内的管理用房（包括供管理公司存放工具、设备及其他用品的库房、储藏室、更衣室等）、会所、储蓄所、娱乐活动室、健身房、阅览室、托儿所、老人活动中心等，以及居委会、派出所、公厕、垃圾站使用的房屋，不以共有建筑面积认定，应为一个产权单元，参与分摊该幢相应的共有建筑面积。

6）多功能综合楼须按其使用功能和服务范围进行共有建筑面积的划分与分摊计算。

7）住宅楼底层为附属层（或架空层，层高2.20m以上），上部住宅部分为住宅单元构成，可将该楼划分为住宅和附属层两个功能区，采用二级分摊的方法进行共有建筑面积分摊。

8）穿过不同功能区，为各功能区服务的垂直公共通道、管井等共有建筑面积，应作为整幢共有建筑面积由整幢（各功能区）进行分摊；当其中某功能区不使用时，位于该功能区部分的垂直通道等则由垂直通道穿过的所有功能区共同分摊。

9）供整幢、或楼（电）梯通过的各功能区或层共同使用的楼（电）梯，或进口和出口处都是公共空间的楼（电）梯，视为非专用梯。位于建筑结构内部（外墙以内）的非专用梯为室内非专用梯，位于建筑结构外部（外墙以外）的非专用梯为室外非专用梯。

10）当各层梯间平面结构相同时，一幢房屋的非专用楼梯或电梯的服务范围为整幢或其通过的整个功能区。因管理工作所需对个别楼层或部分楼层不设停机或不开门的，不影响公用建筑面积的整体分摊，其中也包括不使用该楼梯或电梯的地面一层或一～二层复式房。

11）一幢建筑，按平面结构不同可分为上下两段，若上段的外围水平投影面积与下段的外围水平投影面积的差值，不大于下段外围水平投影面积的1/3，则当各层楼（电）梯均设计为开门使用或仅个别楼层不设停机或开门时，楼（电）梯的分摊范围应为整幢或其通过的各楼层。

若上段的外围水平投影面积与下段的外围水平投影面积的差值，大于下段外围水平投影面积的1/3，即该幢建筑为裙楼＋塔楼型建筑时，其贯穿裙楼与塔楼的楼（电）梯，无论在裙楼是否设计开门使用，其位于裙楼部分的楼（电）梯间的分摊范围应为整幢，其位于塔楼部分的楼（电）梯间的分摊范围为所在塔楼。此时可按下述情况分别处理：

① 各层楼电梯均设计为开门使用时，将各层楼（电）梯视为非专用梯，并作为整幢或其通过的各楼层分摊。

② 如建筑平面结构下段各层设计为不开门使用时，将建筑上、下段视为不同功能区，并将下段各层楼（电）梯视为非专用梯，将上段各层楼（电）梯视为专用梯。进行公用建筑面积计算时将下段非专用梯视为供上段功能区服务而必须通过下段功能区的垂直通道，作为上、下段功能区共同分摊。

12）高层建筑中设置的高、低区电梯。高、低区电梯之间在某一层可以互通，这些电梯的梯间建筑面积应作为整幢或功能区的公用建筑面积，其分摊范围为高、低区电梯通过的所有楼层。与高、低区电梯机房连接的缓冲电梯井道按自然层计入电梯间建筑面积。

13）对于内部设有扶梯的商场、办公楼等，如需进行分层或分户建筑面积计算，必须在主出入口层留出从室外公共空间连接扶梯与公共出入口的公共过道，在其他层留出用于扶梯回转上下的公共过道，否则该商场或办公用房只能按复式房计算总建筑面积。

14）由建筑物上部的一层或连续多层的楼层所专用，建筑物的下部连续各楼层均不开门（设计不开门）使用，同时"使用"与"不使用"部分的用途不同的楼（电）梯，称为专用梯。楼梯的出口或入口仅位于一户套内时，该楼梯也视为专用梯。

位于建筑结构内部（外墙以内）的专用梯为室内专用梯，位于建筑结构外部（外墙以外）的专用梯为室外专用梯。

15）室内专用楼梯、电梯，其通过"不使用"楼层部分的梯间公用建筑面积和其凸出屋面的梯间、机房面积，列为"不使用"和"使用"两部分建筑的区间公用建筑面积；通过"使用"楼层部分的梯间公用建筑面积列为"使用"部分建筑的区内公用建筑面积。

16）室外专用楼梯、电梯。其梯间公用建筑面积全部列为"使用"部分建筑的区内共有建筑面积。为不同功能区服务的，其面积列为相应功能区的共有建筑面积；为同一功能区服务的，计入该功能区共有建筑面积。

17）当裙楼有多座塔楼时，通过"不使用"楼层部分的室内楼（电）梯间有多个，在裙楼不能按多个划分成多幢建筑的情况下，列为"不使用"和"使用"两部分建筑的区间公用建筑面积为裙楼部分的多个梯间面积的总和。

18)室内专用楼梯、电梯,其通过"不使用"楼层部分的梯间面积,不包括使用专用梯楼层所专用的,落在一层(地面)通往梯间的过道(走廊)、门厅、大堂等的公用建筑面积。这些公用建筑面积应列为"使用"部分建筑的功能区内应分摊的公用建筑面积。

19)地下室中用作人防、公共设备用房、公共车库用途部分的建筑面积,均计为不分摊的公用建筑面积。

说明:地下室主要用于为公共利益服务的公共设备、公共停车、人防等,全国一般城市规划行政部门均将其建筑面积不计入容积率。位于地下不计容积率的公共空间,计入不分摊的共有建筑面积是否视为一个产权单元,并参与分摊该幢相应的共有,各地做法不一,建议根据各地细则规定处理。

20)大型地下车库、架空层上建造的多幢房屋,其共有建筑面积的地下部分计入地下共有建筑面积,地上部分共有建筑面积按幢计算分摊系数。

21)地下室如果有部分区域用作商业、办公等其他用途,则该部分应列为专有面积,位于该区域内仅与商业或办公相通并使用的走廊、楼梯间、电梯间、扶梯、货梯、观光电梯、卫生间、通风井、烟道、管道井等,均在地下室商业或办公部分进行分摊。

22)当地下停车场中机动车位经规划、房管等行政主管部门批准,准予出售并可以拥有独立产权时,机动车位面积可按各停车位实际占用面积的方式计算,也可按实际占用面积加分摊的公用建筑面积的方式计算机动车位的建筑面积。此时,地面下地下室车道面积、其他专门服务于车位的公共通道面积和公共用房面积均列为各车位应分摊的公用建筑面积。

23)独立别墅、联排式别墅中为各户专用的且层高在2.20m以上的半地下室,无论作何使用,其建筑面积均计入各户建筑面积中。

24)由地面下地下室(空间)的地下室专用梯,当该专用梯地面出入口为独立出入口并位于建筑物外墙或主体之外时,若:

① 地下室为商业、办公等专有面积时,该专用梯及地面出入口的建筑面积计为地下室商业、办公应分摊的公用面积。

② 地下室为人防、停车或设备用房等用途时,该专用梯及地面出入口的建筑面积计为地下室应分摊的公用面积。

③ 地下室既有商业、办公等专有面积,也有人防、停车或设备用房等面积时,如该专用梯仅为商业或办公服务,该专用梯及地面出入口的建筑面积计为商业、办公部分的应分摊共用面积;如该专用梯同时服务于地下专有面积和人防、停车或设备用房等面积,该专用梯及地面出入口的建筑面积计为地下室专有面积和地下人防、停车或设备用房等面积应分摊的公用面积。

25)地面下地下室(空间)的地下室专用梯。当该专用梯地面出入口位于建筑物外墙或主体之内时,地面下地下室的楼梯及与之相通的地面一层的门厅、通道等(门厅、通道仅服务于地面以下时)一起在其地面以下的服务范围内共同分摊计算。如其位于地面一层的门厅、通道为其与地面以上相关空间共用,则门厅、通道等应一起在其地面以下和以上的服务范围内共同分摊计算。

26)地面下地下室的车道。其坡道下方回填无建筑空间的,或设计为不可利用的建筑空间的,或车道下方直接为地下二层建筑空间的,该车道对应的地面一层有盖部分作上空处理，车道有盖部分只计一层建筑面积并计入地下一层建筑面积中；如车道下方在地下一层为可利用空间，那么车道计两层建筑面积，并均计入地下室建筑面积中。

27）通往地下各层的电梯间，当其通过半地下室时，梯间面积与半地下室中其他公用建筑面积一起计入应分摊公用建筑面积中。

28）地下室或半地下室使用的采光井、通风井、烟道，在地下部分按其通过的地下室或半地下室的楼层数计算建筑面积；在地面且独立于建筑之外部分，有围护结构或柱和上盖，且高度大于2.20m的，按围护结构或柱外围水平投影面积计算并计入地下室或半地下室的建筑面积中。

地下室或半地下室使用的通风井、烟道，在地面部分是设于建筑物之内且有上盖的，地面部分按一层计算建筑面积，并计入地下室或半地下室的建筑面积中。地面其通过的各层应除去该部分的面积值。

地下室或半地下室使用的采光井、通风井、烟道位于地面的部分，均列为不分摊的公用建筑面积，并计入地下室或半地下室的建筑面积中。

29）位于核心筒内的通风井、烟道，与核心筒相连并为梯间服务的通风井、烟道，与核心筒一体作为应分摊的公用建筑面积，在其相关的服务范围内进行分摊。

供各层公用的风井、烟道是指非专用于地下室排风、排烟的管道井，按其通过的楼层数（使用层）计算建筑面积。当层内各套均有时，计入套内建筑面积，当层内局部套内拥有时，作为本层或功能区应分摊共有建筑面积。

说明：风井、烟道是否计入各层建筑面积或各户套内建筑面积中，以及风井、烟道的计算方法和分摊方式，各地做法不一，建议根据各地细则规定处理。

30）房屋除第一层（地面层）外的其他各层公用的内、外走廊，一般情况下，应作为本层应分摊的公用建筑面积。

位于房屋第一层的内、外走廊应根据其设计功能和服务范围并视其与整幢或功能区、层通行的垂直移动空间的连通情况，分别作为整幢分摊、功能区分摊、层分摊的公用建筑面积。仅在裙楼商业的某一层中设置了供全部商业使用的卫生间、空调机房、配电房且仅由本层过道、走廊连通时，与卫生间、空调机房、配电房等部位通行的层内过道应在卫生间等的服务范围进行分摊。

31）位于建筑物第一层（地面层）的柱廊、檐廊，当与城市街道或本宗地外的公共通道、公共开放空间相邻，或两端不封闭并可在平行于街道方向上通行时，如计算建筑面积的，其面积列为不分摊的公用建筑面积。

32）一户独立使用的门厅、大堂、中庭应列为专有面积，计入该户的套内建筑面积；公共门厅、大堂、中庭应列为应分摊的公用建筑面积，按其服务范围在相应的功能区间或区内进行分摊计算。

若酒店的接待处设于大堂中的某一部分并形成独立使用空间的，该独立使用空间的建筑面积计入酒店部分的建筑面积；若大堂为酒店、办公、住宅等的公共过道、休息场所，则将酒店的接待柜台以内部分及工作室、行李室等的建筑面积列为酒店部分的建筑面积，大堂的其余部分列为整幢应分摊的公用建筑面积。

公共门厅、大堂、中庭列为应分摊公用建筑面积时，应根据其服务范围在相应的功能区间或功能区内分摊。位于一层（地面）或架空层与室内专用梯相通的门厅、大堂若仅为使用该专用梯的楼层专用时，该门厅、大堂应作为使用该专用梯的楼层分摊。设于酒店大堂中的类似于大堂吧、咖啡吧等独立使用空间应作为专有建筑面积。大堂吧、咖啡吧以设计图纸上的分割界线计算建筑面积，竣工测绘时以实际使用范围线计算建筑面积。实地无明确分割界线或使用范围不清的，建设单位申请按照设计图纸位置计算建筑面积的，需由申请单位提供大堂使用情况的文字说明及略图，并经建设单位签章认可，出具测绘报告时应在房屋建筑面积分层位置图上对该部位加以说明。

33）一幢建筑的第二层以上有多个楼梯间（单元），并在第二层设有外走廊，从室外楼梯经走廊进各单元楼梯时，该走廊的建筑面积与各楼梯间面积一起列为第二层以上建筑的应分摊公用建筑面积。

34）商场内独立使用的商铺符合规划设计，经消防验收合格，有固定界址，且具有独立编号和利用价值的商铺时，可作为户（室）分摊计算。原设计为整体商场，后分割成若干商铺或铺位的，本层分割后所形成的过道的共有建筑面积由本层各商铺或铺位按其建筑面积比例进行分摊。

35）为一户独立设置的门廊、雨篷，计算建筑面积的，其建筑面积计入该户的套内建筑面积中；设置于公共大门口或楼梯口等处的门廊、雨篷，计算建筑面积的，建筑面积列为应分摊的公用建筑面积。

门廊、雨篷计入分户的套内建筑面积时，该门廊、雨篷还需相应承担分摊给分户的其他公用建筑面积。门廊、雨篷列为应分摊的公用建筑面积时，该门廊、雨篷应随与之相连接的公共空间确定其分摊范围。

36）在建筑功能区楼层内设置的与公共通道、楼梯连通的公共阳台，计算建筑面积的，均列为本层应分摊的公用建筑面积。

公共阳台指的是设计上或实际上由两户或两户以上共同使用的公共建筑空间，与房屋建筑楼层内（楼）电梯间、前室、内（外）廊等相连的阳台也视为公共阳台。

37）在建筑物底层、顶层架空设置的用于公共绿化、休闲的架空绿化空间，视为公共花园，均列为不分摊的公用建筑面积。

38）**值班警卫室**是指设于一幢房屋门口附近，供警卫员、保安员值班守卫用的房屋，包括与警卫室相连的供值班员休息用的睡房、与警卫室合并使用的接待室或传达室、自动报警控制中心。为一幢房屋服务的值班警卫室列为整幢应分摊的公用建筑面积；在一幢建筑之外独立设置的值班警卫室、为多幢建筑服务的值班警卫室，均列为不分摊的公用建筑面积。

39）宗地内仅建有一幢建筑时，设于其内的消防控制室列为本幢应分摊的公用建筑面积；宗地内建有多幢建筑，消防控制室仅设于其中的某一幢建筑内，该消防控制室列为不分摊的公用建筑面积。

如宗地内早期建设的建筑物内已设有消防控制室，新建的一幢建筑设有仅为本幢服务的消防控制室时，该消防控制室作为本幢应分摊的公用建筑面积；如宗地内早期建设的建筑物内未设有消防控制室，设于新建建筑内的消防控制室为整个小区的多幢建筑使用，则该消防控制室计为不分摊的公用建筑面积。

40）在一宗地内规划有多幢建筑物时，设备用房仅设在其中一幢的，其建筑面积列为不分摊的公用建筑面积；当宗地内只规划设计一幢建筑时，设在该幢建筑的设备用房列为本幢应分摊的公用建筑面积。

宗地内规划有多幢建筑，每幢均设计有配电室，则每幢的配电室面积均列为本幢应分摊的公用建筑面积。

宗地内多幢建筑中设有配电室的一幢为新建的大厦，其余多幢为早期建设的旧房，则新建大厦中的配电室为本幢应分摊的公用建筑面积。

41）设于建筑中某一层供本层多户或多层共同使用的空调机房、风机房、水泵房等设备用房，虽其被某一户专有面积所包围，该设备房仍作为公用建筑面积在其相应服务范围内进行分摊。计为应分摊的公用建筑面积的设备房，其服务范围为本层或本层的某几户、层间、功能区或功能区间的专有建筑面积部分。

42）属于一个独立产权人的一幢房屋，可以不取半外墙，如独立别墅或整幢出具建筑面积的其他建筑。联排别墅应取半外墙，并作为整幢分摊的公用建筑面积。

43）当一幢建筑设计为具有主楼、附楼的形式，主、附楼仅通过消防通道或公共开放空间相连时，该建筑不视为一幢。此时，共用的消防控制室等应视为多幢服务的公用建筑面积，列为不分摊的公用建筑面积；为主、附楼各自服务的梯间、门厅等公用建筑面积，应分别在主、附楼按各自功能划分的功能区内进行分摊计算。如主楼设有消防避难层，位于消防避难层的层高在 2.20m 以上的电梯间等公用建筑面积仍在主楼分摊，附楼不参与主楼公用建筑面积的分摊。

7.2.7 共有建筑面积分摊

1. 共有建筑面积按比例分摊的计算公式

按相关建筑面积比例进行共有建筑面积分摊，按下式计算：

$$\delta S_i = K S_i \tag{7-3}$$

$$K = \frac{\sum \delta S_i}{\sum S_i} \tag{7-4}$$

式中　K——面积的分摊系数；

　　　S_i——各单元参加分摊的建筑面积（m²）；

　　　δS_i——各单元参加分摊所得的分摊面积（m²）；

　　　$\sum \delta S_i$——需要分摊的分摊面积总和（m²）；

　　　$\sum S_i$——参加分摊的各单元建筑面积总和（m²）。

2. 共有建筑面积面积分摊方法

（1）整体分摊　对于一幢使用功能单一、各户对共有建筑面积的共有共用状况基本一致的建筑，可采用整体分摊的方法进行分摊计算，即以幢为单位，按幢进行一次共有建筑面积的分摊，直接求得各套的分摊面积。

分户分摊的共有建筑面积 = 共有建筑面积分摊系数 × 套内建筑面积。

共有建筑面积分摊系数 = 共有建筑面积 ÷ 套内建筑面积之和。

整体分摊方法适用于单一功能的建筑，如普通住宅楼（宿舍）、办公（写字楼）、标准厂房等。

（2）多级分摊　对于一幢多功能的综合楼或商住楼建筑，当存在两个以上的功能区或存在为局部服务的共有建筑空间时，应采用多级分摊的方法，按照从整体到局部、从大到小、自上而下逐级分摊的原则进行计算。采用多级分摊方法时，应首先对本幢楼的共有建筑面积进行认定，决定其分摊层次和归属。多级分摊方法适用于一幢建筑存在两个以上功能区的情况。

1）第一级分摊。根据房屋的使用功能和各共有建筑部位的服务范围划分若干功能区，一般按住宅、办公、商业、地下车库、仓库等不同的使用功能或共有部位不相同的区域进行划分。各功能区间共有建筑面积，即幢共有建筑面积，按各功能区范围内的自有建筑面积依比例分摊至各功能区。

功能区分摊的共有建筑面积＝第一级分摊系数×该功能区自有建筑面积。

第一级分摊系数＝功能区间共有建筑面积÷各功能区自有建筑面积之和。

各功能区自有建筑面积为功能区内各层外围水平投影面积之和减去作为第一级分摊的功能区间共有建筑面积部分。

2）第二级分摊。某一功能区通过第一级分摊得到的共有建筑面积加上本功能区内各层之间的共有建筑面积。即为该功能区的共有建筑面积。依照第一级分摊的方法，按各层套内的建筑面积依比例分摊至各层。

层分摊共有建筑面积＝第二级分摊系数×该层套内建筑面积。

第二级分摊系数＝（第一级分摊得到的共有建筑面积＋层间共有建筑面积）÷各层套内建筑面积之和。

层套内建筑面积为各层外围水平投影面积减去层内的层间共有建筑面积和作为第一级分摊的功能区间共有建筑面积部分。

3）第三级分摊。第二级分摊得到的共有建筑面积加上各层的层内共有建筑面积，按层内各套房屋的套内建筑面积依比例分摊至各套。

分套分摊共有建筑面积＝第三级分摊系数×该套内建筑面积。

第三级分摊系数＝（第二级分摊得到的共有建筑面积＋层内共有建筑面积）÷各套内建筑面积之和。

4）其他分摊。

① 房屋需要进一步分割时，参照上述方法在上一级分摊的基础上再进行分摊计算。

② 非成套房屋中的厅堂、壁柜、厨房、卫生间等由部分房屋产权人共同使用的部位，有协议的以协议为准进行分摊，无协议的参照上述方法按建筑面积依比例分摊。

3. 共有建筑面积分摊计算的检核

共有建筑面积分摊计算后，本幢总建筑面积＝房屋中各套（户）房屋产权面积之和＝本幢房屋中各套（户）房屋套内建筑面积之和＋本幢房屋中各套（户）分摊面积之和。其中，本幢房屋中各套（户）分摊面积之和＝本幢房屋中整幢共有建筑面积之和＋各功能区房屋共有建筑面积之和＋各层房屋共有建筑面积之和。

7.2.8 共有建筑面积分摊模型

1. 由上而下分摊计算模型

按照国家标准《房产测量规范》(GB/T 17986—2000) 规定，共有建筑面积的分摊采取由上而下的分摊模式按比例分摊，按照幢分摊、功能区间分摊、功能区内分摊、层间分摊、层内分摊的顺序由上而下进行共有建筑面积分摊（见图 7-3）。采用由上而下分摊计算的方法，首先分摊整幢的共有建筑面积，把它分摊至各功能区；功能区再把分到的分摊面积和功能区原来自身的共有建筑面积加在一起，再分摊至功能区各个层；然后再把功能区分到的分摊面积和层原来自身的共有建筑面积加在一起，最后分摊至各套或各户。套内建筑面积加上分摊面积，就得到了各套或各户的产权面积。如各功能区内各层的结构相同，共有建筑面积也相同，经功能区分摊后可将共有建筑面积直接分摊至各套或各户。

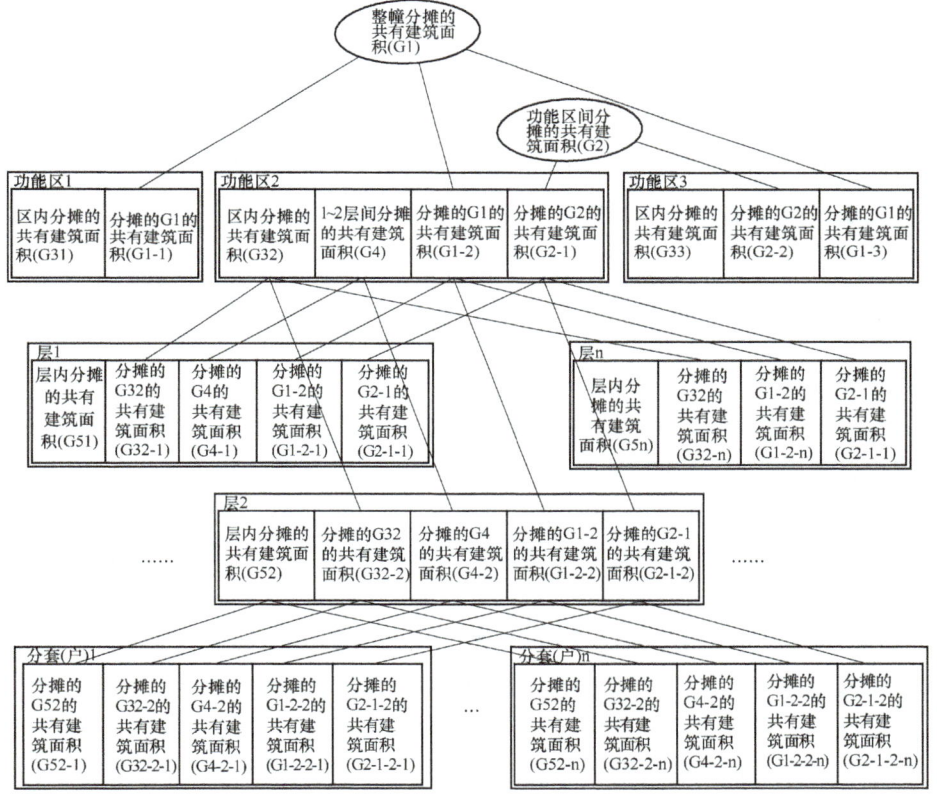

图 7-3 由上而下分摊计算模型

2. 由下而上分摊计算模型

实际工作中还可以采用由下而上的计算方法进行共有建筑面积的分摊计算，这种方法比采用自上而下的计算方法更简单方便，计算更灵活，不易发生错误。采取由下而上的分摊模式即按层内分摊、层间分摊、功能区内分摊、功能区间分摊、整幢分摊的顺序进行共有建筑面积分摊（见图 7-4）。

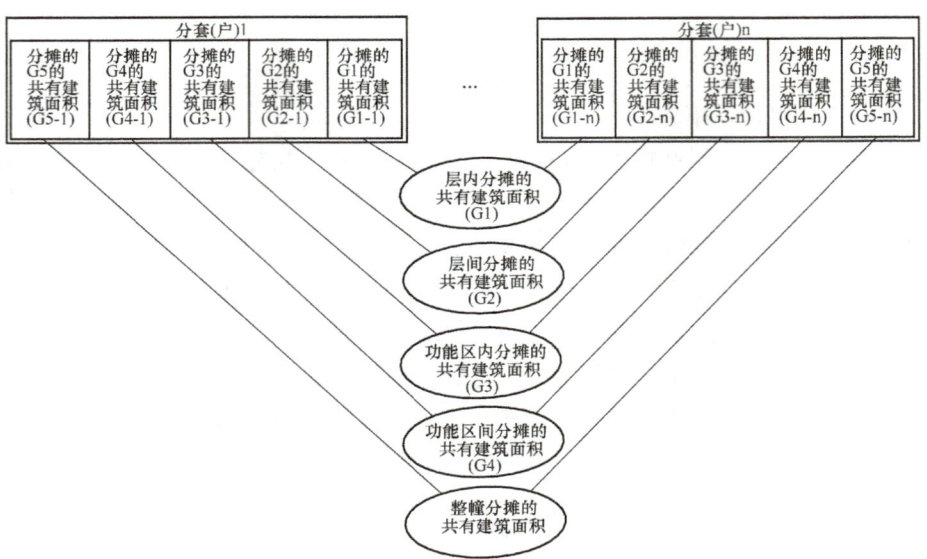

图 7-4　由下而上分摊计算模型

特别说明的是，由于采用由上而下的计算方法不符合测量规范规定，所以不能作为正式计算，这种方法一般用来正式测绘成果（一般为采用房产测绘软件使用计算机自动分摊计算）的计算检核之用。

采用由下而上的计算方法的过程如下：

1）首先按照各层内不同的共有建筑面积和套内建筑面积进行分摊计算，得出层内各套面积（套内建筑面积＋层内分摊面积）。

2）按照层间的共有建筑面积和各层面积（套内建筑面积＋层内分摊面积）进行分摊计算，得出层内各套面积（套内建筑面积＋层内分摊面积＋层间分摊面积）。

3）按照功能区共有建筑面积和功能区内的各套面积（套内建筑面积＋层内分摊面积＋层间分摊面积）进行分摊计算，得出功能区内各套面积（套内建筑面积＋层内分摊面积＋层间分摊面积＋功能区内分摊面积）。

4）按照功能区间的共有建筑面积和各功能区的各套面积（套内建筑面积＋层内分摊面积＋层间分摊面积＋功能区内分摊面积）进行分摊计算，得出功能区内各套面积（套内建筑面积＋层内分摊面积＋层间分摊面积＋功能区内分摊面积＋功能区间分摊面积）。

5）将幢共有建筑面积和各套面积（套内建筑面积＋层内分摊面积＋层间分摊面积＋功能区内分摊面积＋功能区间分摊面积）进行分摊计算，即得到各套的产权面积（套内建筑面积＋层内分摊面积＋层间分摊面积＋功能区内分摊面积＋功能区间分摊面积＋幢分摊面积）。

7.2.9　房产面积计算与分摊示例

1. 房产面积计算示例

（1）房产面积计算过程

1）面积计算准备。

① 测量资料检查内容。接受委托单位测绘申请并开始房产测绘作业时，应收集、检查、确认的资料主要内容有：该项目相关的已有房产测绘资料，房屋调查表、房屋用地调查表，外业分幢、分层、分户测量数据资料，委托方提供的建筑施工图（含平面、立面、剖面、户型放大图、墙身及节点大样图等）、结构施工图和工程建设过程中涉及建筑面积计算的建筑设计变更资料，该项目的建设工程规划许可证规定建筑面积指标，委托方提供的房号编排和共有建筑面积分摊协议认定表，公安部门核定的门牌号码证明，相关部门确认的建筑命名批复书（函）等。

② 测绘资料检查步骤和注意事项。首先检查各项资料是否齐全，特别是外业测绘数据有无遗漏、数据是否不一致，委托方提供的图纸资料是否齐全和符合要求（是否为竣工图，或是否经相关部门核准）；其次重点检查各种图纸资料之间的边长尺寸、功能名称、图形表示是否一致，不一致处需委托方提供设计单位的设计说明，补充的设计说明和图件，必要时应经相关部门核准，检查确认设计和实测墙体厚度、墙体抹灰层和外墙贴面厚度的差异；然后详细检查外业实测测量数据，预测时图纸设计的分层、分户、公共建筑空间的墙体中线边长尺寸与绘制房产分层图是否一致；最后进行公共建筑确认，拟定本幢相应部位的面积计算方案和共有建筑面积分摊方案。

2）图斑面积计算。进行图斑面积时依据房屋面积计算规则，应确认划分的图斑按水平投影哪些部分计算全部建筑面积，哪些部分计算一半建筑面积，哪些部分不计算建筑面积。面积计算方法主要包括实地量距法和坐标解析法两种。

① 坐标解析法计算面积。利用采集的房角点的坐标值计算图斑面积。

② 实地量距法计算面积。根据房屋水平投影的形状分割成若干几何图形，由几何图形面积计算公式，即可计算出各类面积的数值。实际作业中多采用相关房产测绘软件绘制分层平面示意图，计算各部位面积。目前全国各地所使用的房产测绘软件中，大部分是以具有强大图形编辑处理功能的 AutoCAD 制图软件为底层平台，结合不同数据库进行测绘数据管理的专业房产测绘应用软件。

3）产权单元套内建筑面积计算，将本产权单元所包含的图斑面积求和。

4）功能区共有建筑面积计算，将本功能区所包含的共有图斑面积求和。

5）层共有建筑面积计算，将本层所包含的共有图斑面积求和。

6）幢共有建筑面积计算，将本幢所包含的共有图斑面积求和。

7）由产权单元开始经过层、功能区、幢进行专有套内建筑面积和共有建筑面积的汇总计算，各级汇总面积将作为本级共有建筑面积分摊的基数。

8）汇总面积计算正确性检核。

9）由幢开始经过功能区间、功能区内、层间、层最后到产权单元进行共有建筑面积的逐级分摊计算。

10）计算产权单元的建筑面积。

11）建筑面积计算正确性检核。

注意：面积检核中的幢建筑面积计算应完整，包括主体结构自然层建筑面积、辅助结构建筑面积、地下室建筑面积、夹层类建筑面积、幢主墙体外专为本幢服务的建筑面积等。

（2）层、功能区、幢面积的计算

1) 层面积的计算。层建筑面积=层内各套的建筑面积+本层内共有共用的建筑面积。
2) 功能区面积的计算。功能区建筑面积=功能区内各层的建筑面积+本功能区内共有

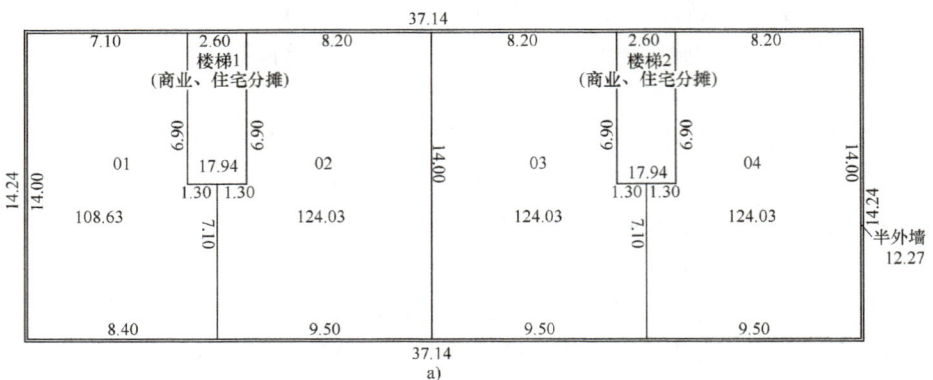

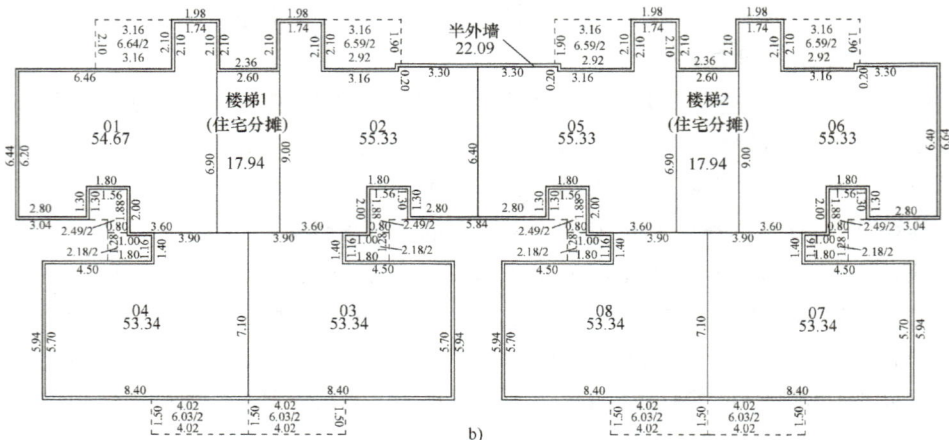

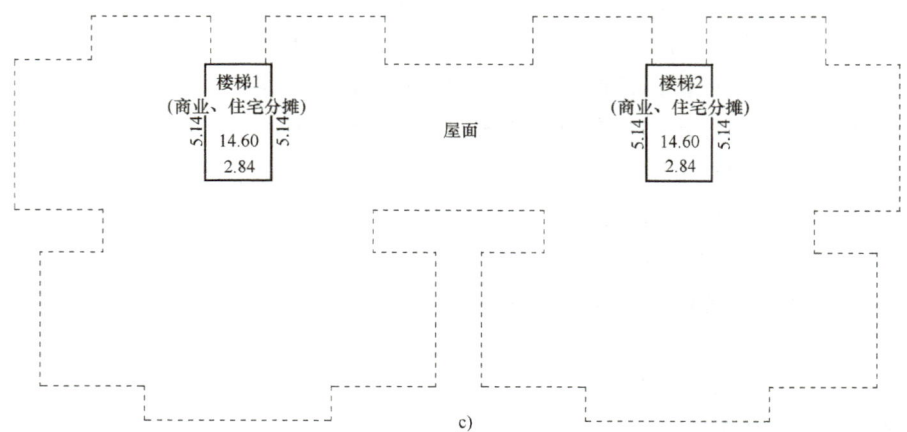

图 7-5　商住楼套内建筑面积、共有建筑面积计算图
a) 1 层（商业）　b) 2~6 层（住宅）　c) 屋面层

共用的建筑面积。

3）幢面积的计算。幢建筑面积＝幢内各功能区的建筑面积＋本幢内由全幢分摊的幢共有建筑面积。

4）建筑面积计算的检核。幢建筑面积＝幢内各套的建筑面积之和＋本幢内全部共有建筑面积之和。

（3）房产面积内业计算算例　有一幢商住楼共6层，分为两个功能区，其中1层为商业功能区，2～6层为住宅功能区。根据共有建筑面积的分摊认定和分摊协议，1层楼梯1、楼梯2，1～6层半外墙，屋面楼梯1、楼梯2的面积为幢共有建筑面积，由全幢分摊；2～6层楼梯1、楼梯2的面积为住宅功能区共有建筑面积，由住宅功能区分摊。各层户型组成、共有建筑面积分布、边长尺寸标注如图7-5所示。本幢建筑外墙厚度为0.24m，阳台均为不封闭的阳台。阳台为外尺寸，屋面楼梯为外尺寸；除各层外围标注的是外尺寸外，其余尺寸均为中线尺寸。套与套之间，套与共有面积之间的墙均为共墙。

1）房屋边长尺寸的检核。外轮廓边长总长度：（7.10＋2.60＋8.20＋2.60＋8.20＋0.24＋8.20）m＝37.14m；外轮廓边长总宽度：（14.00＋0.24）m＝14.24m。

2）成套房屋的套内建筑面积计算。本幢房屋的套内建筑面积根据国家标准《房产测量规范》（GB/T 17986—2000）的有关规定，计算如下：

① 商业部分共计4套（户）。

a）1层01#套内建筑面积＝108.63m^2。（图中的数据已包括套内墙体面积，有阳台的还需计算套内阳台建筑面积，本课题余下例题均作此处理）

b）1层02#、03#、04#套内建筑面积＝124.03m^2。

c）商业套内建筑面积＝（108.63＋124.03×3）m^2＝480.72m^2。

② 住宅部分共计40套（户）。

a）2～6层01#套内建筑面积＝[54.67＋（6.64＋2.49）/2] m^2＝59.24m^2。

b）2～6层02#、05#、06#套内建筑面积＝[55.33＋（6.59＋2.49）/2] m^2＝59.87m^2。

c）2～6层03#、04#、07#、08#套内建筑面积＝[53.34＋（2.18＋6.03）/2] m^2＝57.45m^2。

d）住宅套内建筑面积＝（59.24×5＋59.87×3×5＋57.45×4×5）m^2＝2343.25m^2。

3）共有建筑面积的确定与计算。根据房屋的设计结构、服务功能和相关协议文件确定共有建筑面积的归属，并计算如下：

① 整幢分摊共有建筑面积。整幢分摊共有建筑面积＝屋面层楼梯1、楼梯2面积＋1～6层半外墙面积＋1层楼梯1、楼梯2面积，即整幢共有建筑面积＝（14.60×2＋12.27＋22.09×5＋17.94×2）m^2＝187.80m^2。

② 住宅分摊共有建筑面积。住宅分摊共有建筑面积＝2～6层楼梯1、楼梯2面积＝（17.94×2×5）m^2＝179.40m^2。

4）幢、功能区各部分面积的汇总计算。

a）整幢套内建筑面积＝商业套内建筑面积＋住宅套内建筑面积＝（480.72＋2343.25）m^2＝2823.97m^2。

b）全幢全部共有建筑面积 = 整幢分摊共有建筑面积 + 住宅分摊共有建筑面积 = （187.80 + 179.40）m² = 367.20m²。

c）整幢建筑面积 = 幢内全部共有建筑面积 + 住宅套内建筑面积 = 整幢套内建筑面积 = （367.20 + 2823.97）m² = 3191.17m²。

5）共有建筑面积的分摊。本幢建筑内有商业、住宅两个不同功能区，分摊计算时采用二级分摊方法对共有建筑面积进行分摊计算。由于商业功能区内没有其他可供分摊的共有建筑面积，经第一级分摊后得到的幢共有建筑面积分摊系数与商业共有建筑面积的分摊系数相同。住宅功能区通过第一级分摊得到的共有建筑面积再加上住宅功能区内分摊共有建筑面积，除以住宅套内建筑面积，即通过第二级分摊得到住宅共有建筑面积的分摊系数。

① 第一级分摊。幢共有建筑面积的分摊系数 = 整幢分摊共有建筑面积/（整幢套内建筑面积 + 住宅分摊共有建筑面积）= 187.80/（2823.97 + 179.40）= 0.062530。

② 第二级分摊。住宅共有建筑面积的分摊系数 = ［住宅分摊共有建筑面积 × （1 + 0.062530）/住宅套内建筑面积］ + 0.062530 = ［179.40 × （1 + 0.062530）/2343.25］ + 0.062530 = 0.143878 或者住宅共有建筑面积的分摊系数 = ［住宅分摊共有建筑面积 × （1 + 0.062530） + 住宅套内建筑面积 × 0.062530］/住宅套内建筑面积 = ［179.40 × （1 + 0.062530） + 2343.25 × 0.062530］/2343.25 = 337.14/2343.25 = 0.143877。

因取位造成的凑整误差，分摊系数小数点后第六位有微小差异，这对计算结果无影响。

6）计算各套房屋的分摊面积。

a）1层01#分摊的共有面积 = 套内建筑面积 × 幢共有建筑面积的分摊系数 = （108.63 × 0.062530）m² = 6.79m²。

b）1层02#、03#、04#分摊的共有面积 = 套内建筑面积 × 幢共有建筑面积的分摊系数 = （124.03 × 0.062530）m² = 7.76m²；2~6层01#分摊的共有面积 = 套内建筑面积 × 住宅共有建筑面积的分摊系数 = （59.24 × 0.143878）m² = 8.52m²。

c）2~6层02#、05#、06#分摊的共有面积 = 套内建筑面积 × 住宅共有建筑面积的分摊系数 = （59.87 × 0.143878）m² = 8.61m²。

d）2~6层03#、04#、07#、08#分摊的共有面积 = 套内建筑面积 × 住宅共有建筑面积的分摊系数 = （57.45 × 0.143878）m² = 8.27m²。

7）计算各套房屋的产权面积。

a）1层01#产权面积 = 套内建筑面积 + 分摊的共有面积 = （108.63 + 6.79）m² = 115.42m²。

b）1层02#、03#、04#产权面积 = 套内建筑面积 + 分摊的共有面积 = （124.03 + 7.76）m² = 131.79m²。

c）2~6层01#产权面积 = 套内建筑面积 + 分摊的共有面积 = （59.24 + 8.52）m² = 67.76m²。

d）2~6层02#、05#、06#产权面积 = 套内建筑面积 + 分摊的共有面积 = （59.87 + 8.61）m² = 68.48m²。

e）2~6层03#、04#、07#、08#产权面积 = 套内建筑面积 + 分摊的共有面积 = （57.45 + 8.27）m² = 65.72m²。

另外，计算各套房屋的产权面积时，也可按产权面积 = 套内建筑面积 × （1 + 共有建筑面积的分摊系数)进行计算。如 1 层 01#产权面积 = 108.63m² × (1 + 0.062530) = 115.42m²，2 ~ 6 层 01#产权面积 = 59.24m² × (1 + 0.143878) = 67.76m²。

8) 分摊计算的检核。全幢各套(户)产权面积之和为 3191.19m²，幢面积为 3191.17m²，相差 0.02m²，这属于共有建筑面积分摊计算时因取位造成的凑整误差，成果检核无误，分摊计算与产权面积计算正确。

(4) 房屋面积测绘报告　房产测绘完成后，应按照当地细则规定的文本格式或地方房产行政主管部门要求的测绘报告格式出具《房屋面积测绘报告》。房屋建筑面积测绘报告的主要内容包括：

1) 概况。
2) 房屋面积测绘依据。
3) 房产测绘单位、人员。
4) 房屋面积测绘仪器、设备。
5) 房屋面积测绘项目、内容。
6) 房屋面积测绘结果。
7) 房屋面积测绘图。
8) 房屋面积计算说明。
9) 其他说明。
10) 附件。

(5) 房产面积测算中预测面积与实测面积差异的处理　房产面积测算可分为预测面积和实测面积两大类。预测面积根据房屋规划设计图纸和资料采集的边长计算，实测面积根据房屋现状实地测量采集的边长和坐标数据计算。

预测面积一般有施工图面积测算、预售测绘，实测面积一般有竣工测绘、现状测绘。预测面积和实测面积均会涉及房屋建筑面积的分割测绘及变更测绘。目前产生房产面积纠纷的原因主要是预测面积和实测面积存在数据差异。

1) 预测面积和实测面积差异的主要原因。

① 房屋建设过程中规划设计发生变更。当房屋规划设计变更导致房屋形状和功能改变，如增加或减少公用部位的建筑面积、改变公用部位功能或服务范围、增加或减少分户的专有面积时，会对房屋的总建筑面积、共有建筑面积、分户的套内建筑面积和分摊的共有建筑面积产生大小不一的影响，直接导致分户建筑面积(产权面积)产生变化。

② 建筑施工误差。建筑施工人员对设计图纸理解偏差、施工操作不规范、施工放线测量定位不准确、未按图施工、施工失误等，都会导致房屋建设完成后与建筑设计时房屋尺寸存在一定的偏差，造成预测面积和实测面积产生差异。

③ 房产测量规则理解差别。由于建筑设计的多样性，房产测绘机构在根据国标《房产测量规范》(GB/T 17986—2000)和地方房产测绘实施细则确定计算面积的范围和共有面积分摊的方式时，由于对适用的计算规定理解不同，对房产测量规则运用的偏差也会造成面积计算的差异。

④ 房产面积测算误差。测量误差是无法避免的，由于测量人员感觉器官的鉴别能力存

在局限性，测量人员的技术熟练程度不同，测量使用的仪器和工具不完善，测量作业时外界条件的变化，都会对房产面积测算结果产生影响。

⑤ 房产测绘人员工作失误。房产测绘机构综合素质和技术水平参差不齐，从事房产测量人员大多非建筑专业人员，缺乏建筑专业知识，对建筑设计图纸理解存在差异，建筑识图能力不强。房产测量作业人员责任心不强、从业经验不足、业务能力低下、流动性大等问题，容易造成房产面积测算的失误。

⑥ 建筑设计单位与房产测绘机构计算面积的方法和依据不同。建筑设计单位主要依据《建筑工程建筑面积计算规范（GB/T 50355—2005）》确定规划报建审批的建筑面积指标。房产测绘机构主要依据《房产测量规范（GB/T 17986—2000）》、建住房［2002］74号、房产测绘实施细则进行房产面积测算。当《房产测量规范》（GB/T 17986—2000）中未规定或规定不明确时，才可参照《建筑工程建筑面积计算规范》（GB/T 50353—2005）相应规定计算建筑面积。

2）预测面积与实测面积差异的处理。

① 加强房产测绘机构的监督管理。房产、测绘管理行政主管部门应加强对房产测绘市场的监管，建立严格的质量保障体系，加强房产测绘从业人员的管理和业务培训，提高房产测绘技术水平。同时，房产测绘从业人员要有强烈的社会责任感，要遵守职业道德。因房产测绘机构测算错误导致面积差异的，相关部门将按照有关规定，对房产测绘机构处以责令限期改正、罚款，建议降低或取消房产测绘资格等处罚。

② 明确面积计算标准和统一房屋面积计算口径。由于职能分工不同，建筑面积的用途也不相同，各地在城市规划、城市管理、房屋销售、房屋登记、建筑面积统计等方面宜以《房产测量规范》（GB/T 17986—2000）等技术规范、规定为统一的建筑面积计算标准。

③ 加强规划设计管理。房产测绘机构进行预测面积测算时，应采用规划行政主管部门核准备案的建设设计图纸进行面积计算。在房产测量过程中，因建筑设计调整和变更建筑平面、立面、剖面、结构、造型和建筑大样等建筑图纸，涉及建筑面积计算有较大修改的，均应要求建设单位重新报请规划行政主管部门核准，否则不能作为预测面积计算的依据。房地产开发企业在申请规划设计变更时，房屋已销售的要取得相关业主的同意。

④ 加强房地产开发、施工的监管。房地产开发企业必须按照规划建设部门批准的图纸施工，不得擅自变更设计，特别是已办理预售许可证进行商品房销售的建筑不得随意更改设计图纸。房地产开发企业和监理单位还应加强对建设工程施工质量的管理，督促施工单位按图施工，严把施工质量关，避免施工错误。

2. 共有建筑面积分摊示例

（1）单一功能建筑分摊 有一幢住宅楼，全幢共6层。幢内1~6层半外墙、电梯间，天面电梯间属于幢共有建筑面积。各层户型组成、共有建筑面积分布、边长尺寸标注如图7-6所示。本幢建筑外墙厚度为0.20m，阳台均为不封闭的阳台。阳台为外尺寸，屋面电梯间为外尺寸；除各层外围标注的是外尺寸外，其余尺寸均为中线尺寸。套与套之间，套与共有面积之间的墙均为共墙。

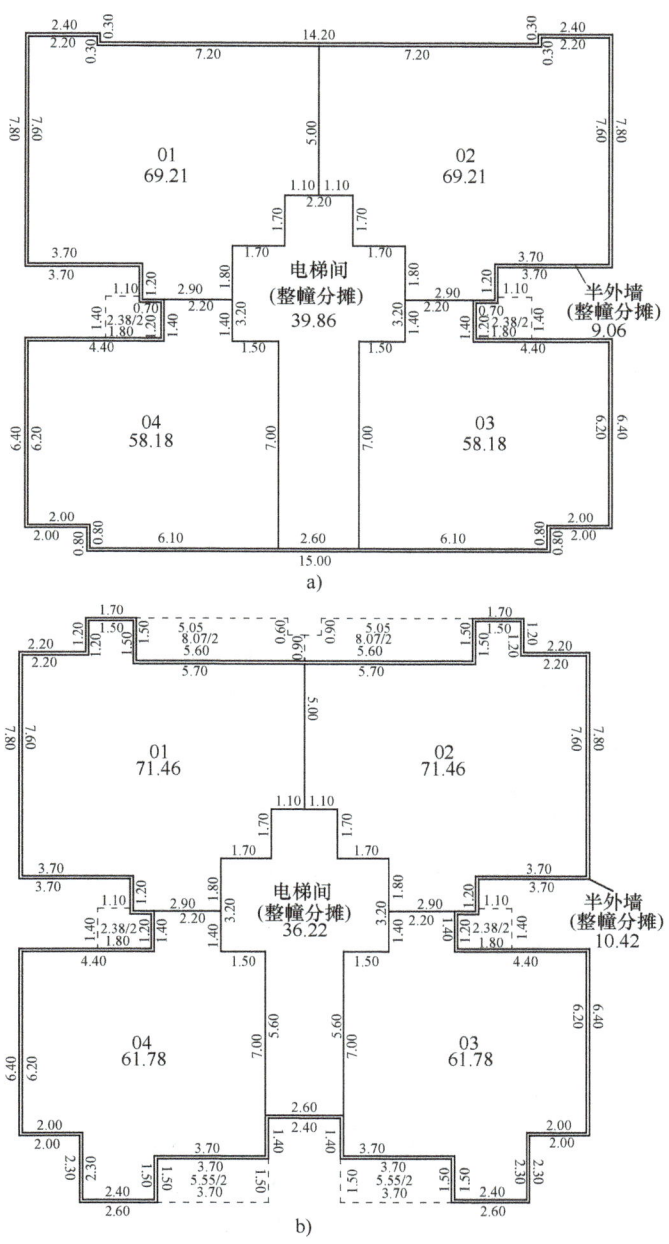

图 7-6 单一功能建筑套内建筑面积、共有建筑面积计算图
a) 1 层（住宅） b) 2~6 层（住宅）

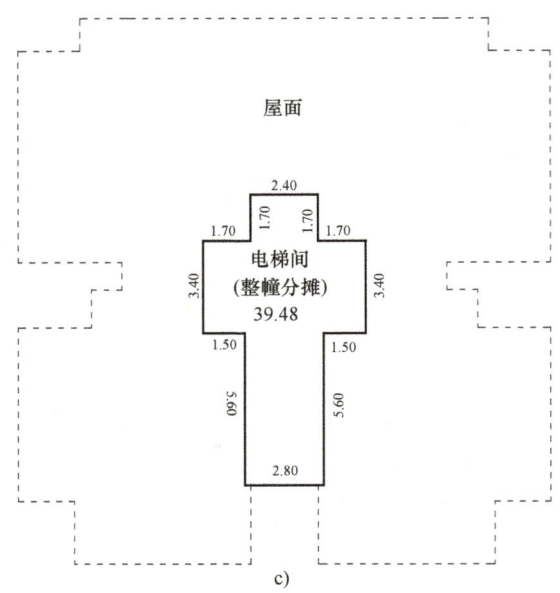

图 7-6　单一功能建筑套内建筑面积、共有建筑面积计算图（续）
c）屋面层

1）房屋边长尺寸的检核。

① 1 层外轮廓边长总长度：$(7.20 \times 2 + 2.20 \times 2 + 0.20)\mathrm{m} = 19.00\mathrm{m}$。

② 1 层外轮廓边长总宽度：$(7.60 + 1.20 + 1.40 + 6.20 + 0.80 + 0.20)\mathrm{m} = 17.40\mathrm{m}$。

③ 2~6 层外轮廓边长总长度：$(1.20 \times 2 + 7.6 + 1.40 + 6.20 + 2.30 + 0.20)\mathrm{m} = 20.10\mathrm{m}$。

④ 2~6 层外轮廓边长总宽度：$(2.20 \times 2 + 1.50 \times 2 + 5.70 \times 2 + 0.20)\mathrm{m} = 19.00\mathrm{m}$。

2）成套房屋的套内建筑面积计算。本幢房屋的套内建筑面积根据国家标准《房产测量规范》（GB/T 17986—2000）的有关规定，计算如下：

住宅部分共计 24 套（户）。

a）1 层 01#、02#套内建筑面积 S_{01}、$S_{02} = 69.21\mathrm{m}^2$。

b）1 层 03#、04#套内建筑面积 S_{03}、$S_{04} = (58.18 + 2.38/2)\mathrm{m}^2 = 59.37\mathrm{m}^2$。

c）2~6 层 01#、02#套内建筑面积 S_{01}、S_{02} $(71.46 + 8.07/2)\mathrm{m}^2 = 75.50\mathrm{m}^2$。

d）2~6 层 03#、04#套内建筑面积 S_{03}、$S_{04} = [61.78 + (2.38 + 5.55)/2]\mathrm{m}^2 = 65.74\mathrm{m}^2$。

e）住宅套内建筑面积 $= (69.21 \times 2 + 59.37 \times 2 + 75.50 \times 2 \times 5 + 65.74 \times 2 \times 5)\mathrm{m}^2 = 1669.56\mathrm{m}^2$。

f）整幢套内建筑面积 = 住宅套内建筑面积 $= 1669.56\mathrm{m}^2$。

3）共有建筑面积的确定与计算。根据房屋的设计结构、服务功能和相关协议文件确定共有建筑面积的归属，并计算如下：

整幢分摊共有建筑面积 = 1~6 层电梯间面积 + 屋面层电梯间面积 + 1~6 层半外墙面积
$= (39.86 + 36.22 \times 5 + 39.48 + 9.06 + 10.42 \times 5)\mathrm{m}^2 = 321.60\mathrm{m}^2$。

4）幢、功能区各部分面积的汇总计算。整幢建筑面积 = 整幢分摊共有建筑面积 + 整幢套内建筑面积 $= (321.60 + 1669.56)\mathrm{m}^2 = 1991.16\mathrm{m}^2$。

5)共有建筑面积的分摊。本幢建筑内只有住宅一个功能区,属单一功能建筑,可采用整体分摊方法对共有建筑面积进行分摊计算,直接得到幢共有建筑面积的分摊系数。经整体分摊后得到的幢共有建筑面积分摊系数即为住宅功能区共有建筑面积的分摊系数。整幢共有建筑面积的分摊系数=整幢分摊共有建筑面积/整幢套内建筑面积=321.60/1669.56=0.192626。

6)计算各套房屋的分摊面积。

① 1层01#、02#分摊的共有面积=套内建筑面积×幢共有建筑面积的分摊系数
$$=69.21m^2 \times 0.192626 = 13.33m^2。$$

② 1层03#、04#分摊的共有面积=套内建筑面积×幢共有建筑面积的分摊系数
$$=59.37m^2 \times 0.192626 = 11.44m^2。$$

③ 2~6层01#、02#分摊的共有面积=套内建筑面积×住宅共有建筑面积的分摊系数=$75.50m^2 \times 0.192626 = 14.54m^2$。

④ 2~6层03#、04#分摊的共有面积=套内建筑面积×住宅共有建筑面积的分摊系数=$65.74m^2 \times 0.192626 = 12.66m^2$。

7)计算各套房屋的产权面积。

① 1层01#、02#产权面积=套内建筑面积+分摊的共有面积=$(69.21+13.33)m^2 = 82.54m^2$。

② 1层03#、04#产权面积=套内建筑面积+分摊的共有面积=$(59.37+11.44)m^2 = 70.81m^2$。

③ 2~6层01#、02#产权面积=套内建筑面积×(1+共有建筑面积的分摊系数)=$75.50m^2 \times (1+0.192626) = 90.04m^2$。

④ 2~6层03#、04#产权面积=套内建筑面积×(1+共有建筑面积的分摊系数)=$65.74m^2 \times (1+0.192626) = 78.40m^2$。

8)分摊计算的检核。全幢各套(户)产权面积之和为1991.10m²,幢面积为1991.16m²,相差0.06m²,属计算凑整误差,成果检核无误,分摊计算与产权面积计算正确。

(2)商业办公楼 有一幢商业办公楼,全幢共25层,分为两个功能区,其中1~4层为商业功能区,5~25层为办公功能区。本幢建筑各层平面结构基本相同,且1~4层核心筒均向商业开门使用。

根据共有建筑面积的分摊认定和分摊协议,幢内的1层门厅、1~25层核心筒、1~25层电井、1~25层水井、1~25层半外墙、天面核心筒面积属全幢共有面积,由全幢分摊;1~4层商业楼梯、1~4层电梯、1~4层电井面积为商业功能区共有面积,由商业功能区分摊;1~4层卫生间面积为商业功能区内各层共有面积,由商业功能区各层进行层内分摊;1层办公大堂为办公功能区共有面积,由办公功能区进行分摊;5~25层卫生间、过道面积为办公功能区内各层共有面积,由办公功能区各层进行层内分摊。各层户型组成、共有建筑面积分布、边长尺寸标注如图7-7、图7-8所示。本幢建筑外墙厚度为0.20m,阳台均为不封闭的阳台。阳台为外尺寸,屋面楼梯为外尺寸;除各层外围标注的是外尺寸外,其余尺寸均为中线尺寸。套与套之间,套与共有面积之间的墙均为共墙。

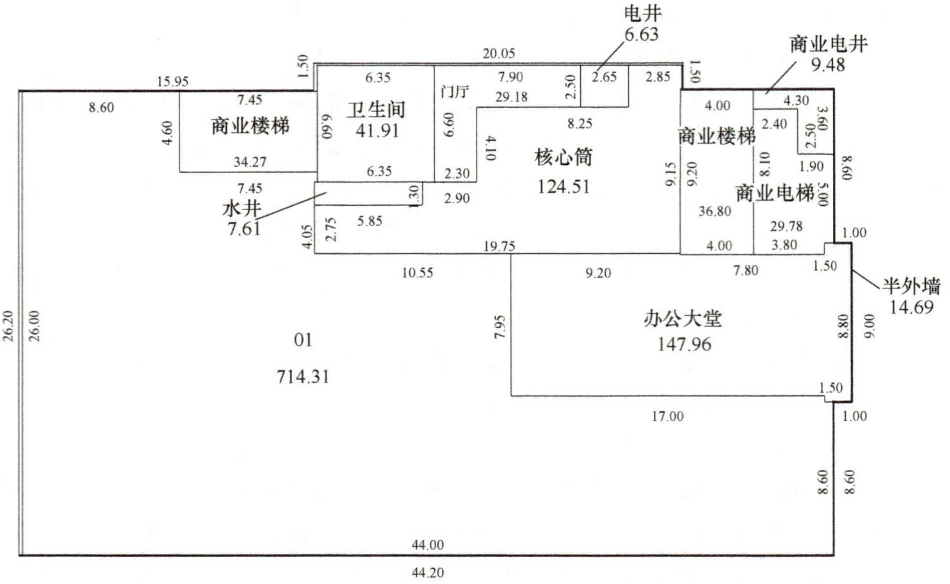

a)

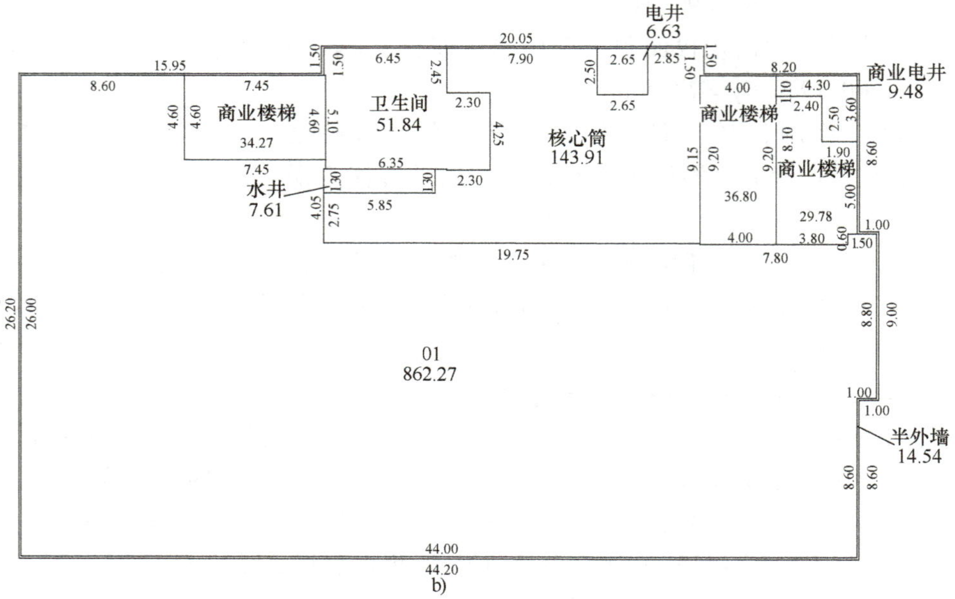

b)

图 7-7　商业办公楼 1 ~4 层套内建筑面积、共有建筑面积计算图

a）1 层（商业）　b）2 ~4 层（商业）

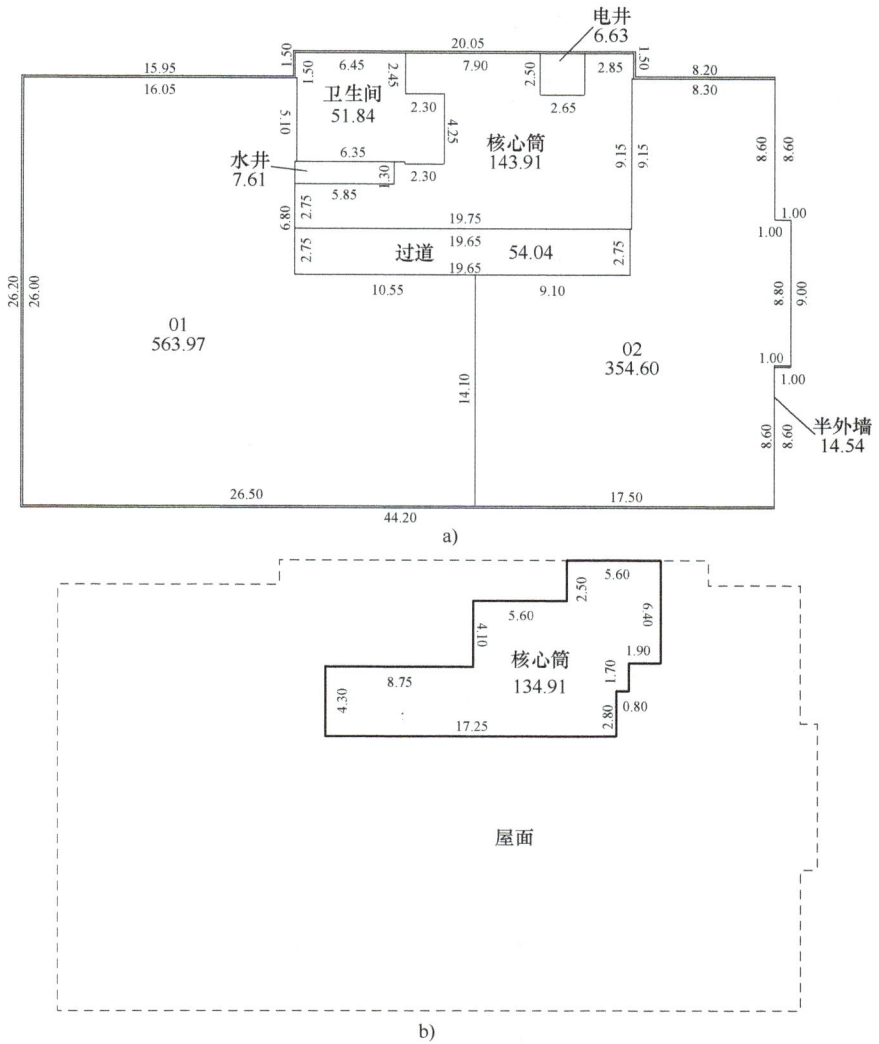

图7-8 商业办公楼5~25层和屋面层套内建筑面积、共有建筑面积计算图
a) 5~25层（办公） b) 屋面层

1) 房屋边长尺寸的检核。

① 1屋外轮廓边长总长度：(8.60 + 7.45 + 6.35 + 7.90 + 2.65 + 2.85 + 3.90 + 4.30 + 1.00 + 0.20)m = 45.20m。

② 1屋外轮廓边长总宽度：(26.00 + 1.50 + 0.20)m = 27.70m。

③ 2~4屋外轮廓边长总长度：(44.00 + 1.00 + 0.20)m = 45.20m。

④ 2~4屋外轮廓边长总宽度：(26.00 + 1.50 + 0.20)m = 27.70m。

⑤ 5~25屋外轮廓边长总长度：(26.50 + 17.50 + 1.00 + 0.20)m = 45.20m。

⑥ 5~25屋外轮廓边长总宽度：(8.60 × 2 + 8.80 + 1.50 + 0.20)m = 27.70m。

2) 成套房屋的套内建筑面积计算。本幢房屋的套内建筑面积根据国家标准《房产测量规范》(GB/T 17986—2000) 的有关规定，计算如下：

① 商业部分共计 4 套（户）。

a) 1 层 01#套内建筑面积 $S_{01} = 714.31\text{m}^2$。

b) 2~4 层 01#套内建筑面积 $S_{01} = 862.27\text{m}^2$。

c) 商业套内建筑面积 = $(714.31 + 862.27 \times 3)\text{m}^2 = 3301.12\text{m}^2$。

② 办公部分共计 42 套（户）。

a) 5~25 层 01#套内建筑面积 $S_{01} = 563.97\text{m}^2$。

b) 5~25 层 02#套内建筑面积 $S_{02} = 354.60\text{m}^2$。

c) 办公套内建筑面积 = $(563.97 \times 21 + 354.60 \times 21)\text{m}^2 = 19289.97\text{m}^2$。

3) 共有建筑面积的确定与计算。根据房屋的设计结构、服务功能和相关协议文件确定共有建筑面积的归属，并计算如下：

① 整幢分摊共有建筑面积。整幢分摊共有建筑面积 = 1 层门厅面积 + 1~25 层核心筒面积 + 1~25 层电井面积 + 1~25 层水井面积 + 1~25 层半外墙面积 + 天面核心筒面积 = $(29.18 + 124.51 + 143.91 \times 24 + 6.63 \times 25 + 7.61 \times 25 + 14.69 + 14.54 \times 24 + 134.91)\text{m}^2 = 4462.09\text{m}^2$。

② 商业功能区分摊共有建筑面积。商业功能区分摊共有建筑面积 = 1~4 层商业楼梯面积 + 1~4 层商业电梯面积 + 1~4 层商业电井面积 = $(34.27 \times 4 + 36.80 \times 4 + 29.78 \times 4 + 9.48 \times 4)\text{m}^2 = 441.32\text{m}^2$。

③ 商业各层分摊共有建筑面积。商业各层分摊共有建筑面积 = 1 层商业卫生间 + 2~4 层商业卫生间 = $(41.91 + 51.84 \times 3)\text{m}^2 = 197.43\text{m}^2$。

④ 办公功能区分摊共有建筑面积。办公功能区分摊共有建筑面积 = 1 层办公大堂面积 = 147.96m^2。

⑤ 办公各层分摊共有建筑面积。办公各层分摊共有建筑面积 = 5~25 层办公卫生间 + 5~25 层办公过道 = $(51.84 \times 21 + 54.04 \times 21)\text{m}^2 = 2223.48\text{m}^2$。

4) 幢、功能区各部分面积的汇总计算。

① 整幢套内建筑面积 = 商业套内建筑面积 + 办公套内建筑面积 = $(3301.12 + 19289.97)\text{m}^2 = 22591.09\text{m}^2$。

② 幢内全部共有建筑面积 = 整幢分摊共有建筑面积 + 商业分摊共有建筑面积 + 商业功能区分摊共有建筑面积 + 办公分摊共有建筑面积 + 办公各层分摊共有建筑面积 = $4462.09 + 441.32 + 197.43 + 2223.48 + 147.96)\text{m}^2 = 7472.28\text{m}^2$。

③ 整幢建筑面积 = 幢内全部共有建筑面积 + 整幢套内建筑面积 = $(7472.28 + 22591.09)\text{m}^2 = 30063.37\text{m}^2$。

5) 共有建筑面积的分摊。本幢建筑内有商业、办公两个不同功能区，其中商业、办公功能区内的各层还有层内共有的卫生间、过道等面积，本幢采用三级分摊方法对共有建筑面积进行分摊计算。

首先按第一级分摊得到幢共有建筑面积分摊系数，按住宅、办公功能区内的自有建筑面积依比例将全幢共有建筑面积分摊至住宅、办公功能区；再将通过第一级分摊得到的共有建筑面积分别加上住宅、办公功能区内分摊的共有建筑面积，分别进行第二级分摊得到住宅、办公功能区共有建筑面积的分摊系数，按各层套内的建筑面积依比例分摊至各层；最后将通过第二级分摊得到的共有建筑面积加上住宅、办公各层的层内共有建筑面积，按住宅、办公各层内的各套房屋的套内建筑面积依比例分摊至各套。

① 第一级分摊。幢共有建筑面积的分摊系数 = 整幢分摊共有建筑面积/（整幢套内建筑面积 + 商业分摊共有建筑面积 + 1~4层商业各层分摊共有建筑面积 + 办公分摊共有建筑面积 + 5~25层办公各层分摊共有建筑面积） = 4462.09/（22591.09 + 441.32 + 197.43 + 147.96 + 2223.48） = 0.174292。

② 第二级分摊。

a) 商业功能区共有建筑面积的分摊系数 = [商业分摊共有建筑面积 ×（1 + 0.174292）]/[（商业套内建筑面积 + 1~4层商业各层分摊共有建筑面积）] + 0.174292 = [441.32 ×（1 + 0.174292）]/[3301.12 + 197.43] + 0.174292 = 0.148130 + 0.174292 = 0.322422。

b) 办公功能区共有建筑面积的分摊系数 = [办分摊共有建筑面积 ×（1 + 0.174292）]/[办公套内建筑面积 + 5~25层办公各层分摊共有建筑面积] + 0.174292 = [147.96 ×（1 + 0.174292）]/[19289.97 + 2223.48] + 0.174292 = 173.75/21513.45 + 0.174292 = 0.182368。

③ 第三级分摊。

a) 1层商业共有建筑面积的分摊系数 = [1层分摊共有建筑面积 ×（1 + 0.322422）/1层商业套内建筑面积] + 0.322422 = [41.91 ×（1 + 0.322422）/714.31] + 0.322422 = 0.400011。

b) 2~4层各层商业共有建筑面积的分摊系数 = [各层分摊共有建筑面积 ×（1 + 0.322422）/各层商业套内建筑面积] + 0.322422 = [51.84 ×（1 + 0.322422）/862.27] + 0.322422 = 0.401927。

c) 5~25层各层办公共有建筑面积的分摊系数 = [各层分摊共有建筑面积 ×（1 + 0.182368）/各层办公套内建筑面积] + 0.182368 = [（51.84 + 54.04）×（1 + 0.182368）]/（563.97 + 354.60）] + 0.182368 = 0.136287 + 0.182368 = 0.318655。

6）计算各套房屋的分摊面积。

① 1层01#分摊的共有面积 = 套内建筑面积 × 1层商业共有建筑面积的分摊系数 = 714.31m^2 × 0.400011 = 285.73m^2。

② 2~4层01#分摊的共有面积 = 套内建筑面积 × 2~4层各层商业共有建筑面积的分摊系数 = 862.27m^2 × 0.401927 = 346.57m^2。

③ 5~25层01#分摊的共有面积 = 套内建筑面积 × 5~25层各层办公共有建筑面积的分摊系数 = 563.97m^2 × 0.318655 = 179.71m^2。

④ 5~25层02#分摊的共有面积 = 套内建筑面积 × 5~25层各层办公共有建筑面积的分摊系数 = 354.60m^2 × 0.318655 = 113.00m^2。

7）计算各套房屋的产权面积。

① 1层01#产权面积 = 套内建筑面积 + 分摊的共有面积 =（714.31 + 285.73）m^2 = 1000.04m^2。

② 2~4层01#产权面积 = 套内建筑面积 + 分摊的共有面积 =（862.27 + 346.57）m^2 = 1208.84m^2。

③ 5~25层01#产权面积 = 套内建筑面积 + 分摊的共有面积 =（563.97 + 179.71）m^2 = 743.68m^2。

④ 5~25层02#产权面积=套内建筑面积+分摊的共有面积=(354.60+113.00)m² =467.60m²。

8) 分摊计算的检核。全幢各套（户）产权面积之和为 30063.44m²，幢面积为 30063.37m²，相差 0.07m²，这属于共有建筑面积分摊计算时因取位造成的凑整误差，成果检核无误，分摊计算与产权面积计算正确。

(3) 多功能综合楼 有一幢多功能综合楼，全幢共29层，地下1层，地上28层，分为地下室、商业、住宅三个功能区，其中-1层为地下车库，1~4层为商业功能区，5~28层为住宅功能区。本项目1~4层核心筒均不向商业开门使用，1层商业各户内均有独立使用的卫生间，1层商业楼梯、电梯、观光电梯及商业门厅均不向1层商业开门使用。

根据共有建筑面积的分摊认定和分摊协议，幢内的-1层核心筒、消防控制室、水泵房、配电房、半外墙，1~4层半外墙、核心筒，5~28层半外墙，天面核心筒面积属全幢共有面积，由全幢分摊；1~4层商业门厅、商业楼梯、商业电梯、商业观光电梯面积为2~4层商业功能区共有面积，1层商业楼梯、商业电梯、商业观光电梯由1~4层商业功能区分摊，1层商业门厅、2~4层商业楼梯、商业电梯、商业观光电梯由2~4层商业分摊；1~4层配电间、卫生间、开水间面积为商业功能区内各层共有面积，由商业功能区各层进行层内分摊；1层住宅门厅、5~28层核心筒面积为住宅功能区共有面积，由住宅功能区进行分摊。-1层通风机房面积为地下室功能区内共有面积，由地下室功能区进行分摊。各层户型组成、共有建筑面积分布、边长尺寸标注如图7-9、图7-10所示。

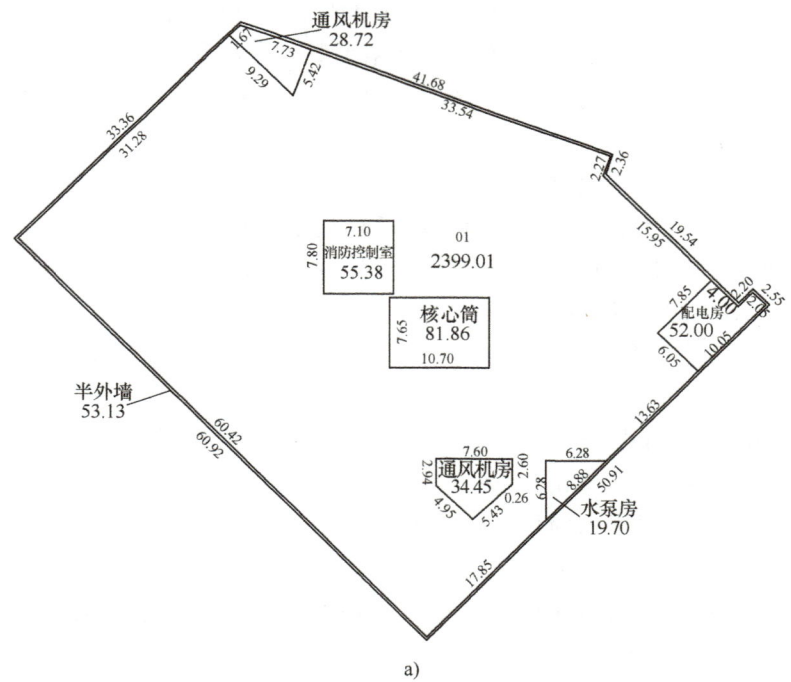

a)

图7-9 商业办公楼-1层和1~4层套内建筑面积、共有建筑面积计算图

a) -1层（车库）

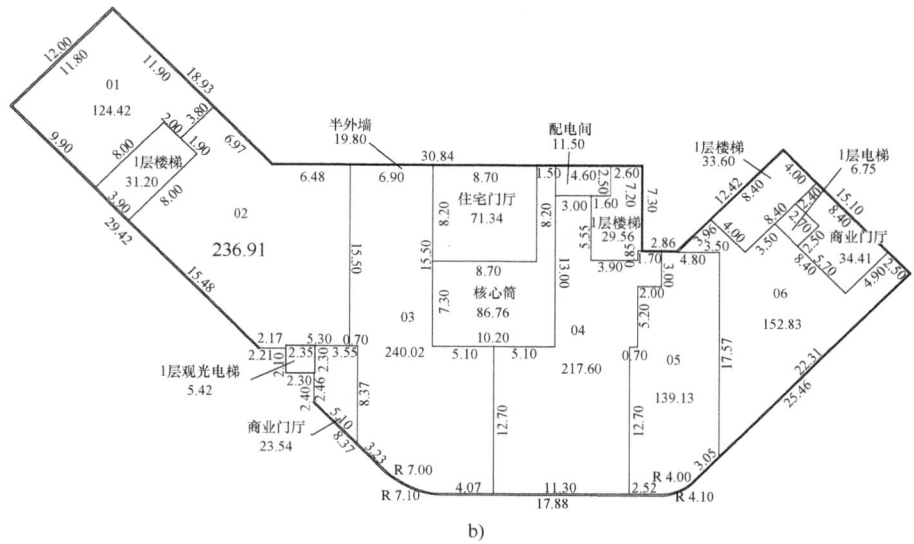

b)

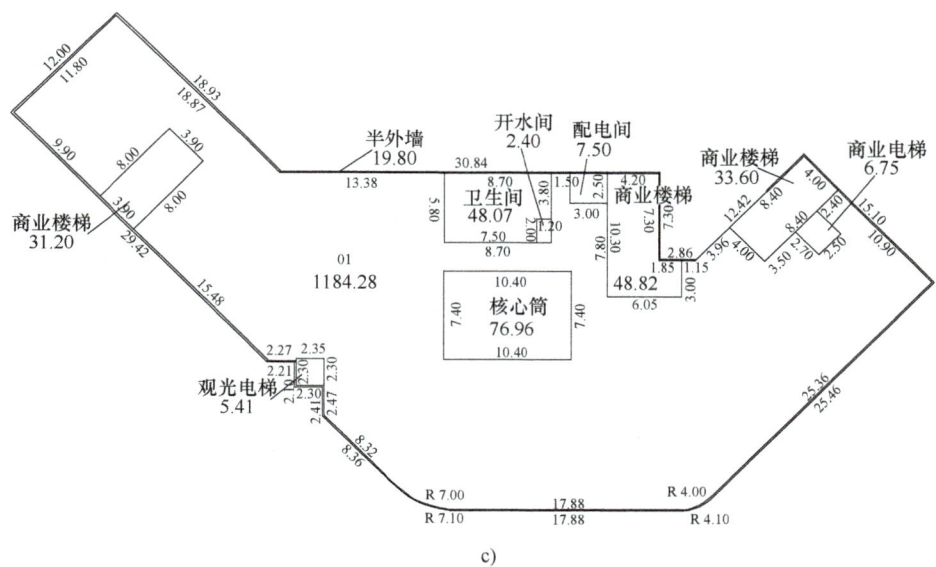

c)

图7-9 商业办公楼-1层和1~4层套内建筑面积、共有建筑面积计算图（续）
b）1层（商业） c）2~4层（商业）

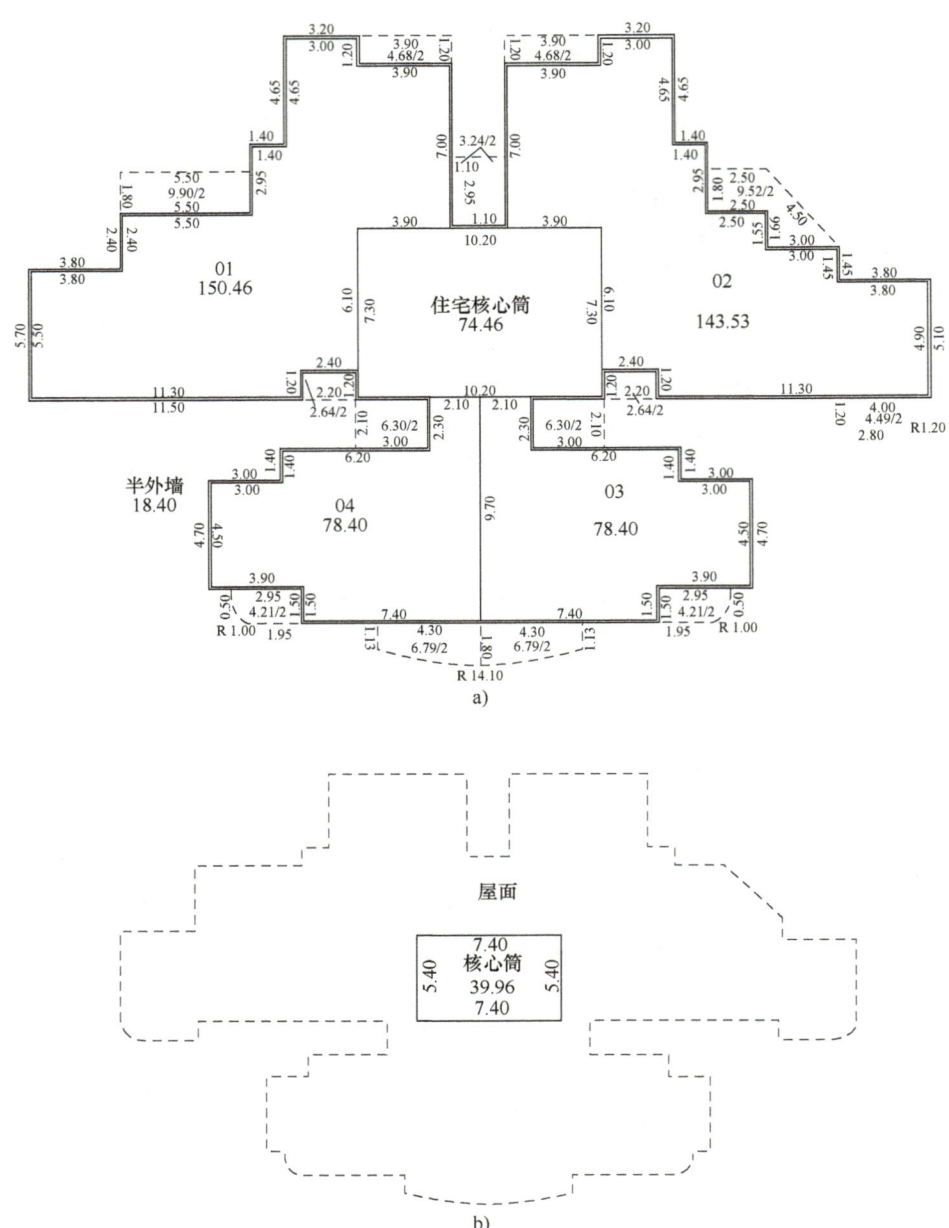

图 7-10　商业办公楼 5~28 层和屋面层套内建筑面积、共有建筑面积计算图
a) 5~28 层（商业）　b) 屋面层

本幢建筑 -1 层外墙厚度为 0.50m，其余各层外墙厚度为 0.20m；本幢阳台均为不封闭的阳台，阳台为外尺寸，屋面楼梯为外尺寸；除各层外围标注的是外尺寸外，其余尺寸均为中线尺寸。套与套之间，套与共有面积之间的墙均为共墙。

1）房屋边长尺寸的检核。

① -1 屋外轮廓边长总长度：$(60.42 + 0.40)\mathrm{m} = 60.92\mathrm{m}$。

② -1屋外轮廓边长总宽度：$(17.85+8.88+13.63+10.05+0.50)m = 50.91m$。

③ 1屋外轮廓边长总宽度：$(12.70+15.50+0.20)m = 28.40m$，$(11.80+0.20)m = 12.00m$，$(4.00+8.40+2.50+0.20)m = 15.10m$。

④ 2~4屋外轮廓边长总宽度：$(11.80+0.20)m = 12.00m$，$(4.00+10.90+0.20)m = 15.10m$。

⑤ 5~28屋外轮廓边长总长度：$(11.30×2+2.40×2+10.20+0.20)m = 37.80m$。

⑥ 5~28屋外轮廓边长总宽度：$(1.20+7.00+7.30+9.70+0.20)m = 25.40m$。

2）成套房屋的套内建筑面积计算。本幢房屋的套内建筑面积根据国家标准《房产测量规范》（GB/T 17986—2000）的有关规定，计算如下：

① 地下室部分共计1套（户）。-1层01#套内建筑面积 $= 2399.01m^2$。

② 商业部分共计9套（户）。

a）1层01#套内建筑面积 $= 124.42m^2$，1层02#套内建筑面积 $= 236.91m^2$。

b）1层03#套内建筑面积 $= 240.02m^2$，1层04#套内建筑面积 $= 217.60m^2$。

c）1层05#套内建筑面积 $= 139.13m^2$，1层06#套内建筑面积 $= 152.83m^2$。

d）2~4层01#套内建筑面积 $= 1184.28m^2$。

e）商业套内建筑面积 $= (124.42+236.91+240.02+217.60+139.13+152.83+1184.28×3)m^2 = 4663.75m^2$。

③ 住宅部分共计96套（户）。

a）5~28层01#套内建筑面积 $= [150.46+(9.90+4.68+2.64+3.24)/2]m^2 = 160.69m^2$，5~28层02#套内建筑面积 $= [143.53+(4.68+9.52+4.49+2.64+3.24)/2]m^2 = 155.82m^2$。

b）5~28层03#、04#套内建筑面积 $= [78.40+(6.30+4.21+6.79)/2]m^2 = 87.05m^2$。

c）住宅套内建筑面积 $= (160.69×24+155.82×24+87.05×2×24)m^2 = 11774.64m^2$。

3）共有建筑面积的确定与计算。根据房屋的设计结构、服务功能和相关协议文件确定共有建筑面积的归属，并计算如下：

① 整幢分摊共有建筑面积。整幢分摊共有建筑面积 = -1层核心筒面积 + -1层消防控制室面积 + -1层水泵房面积 + -1层配电房面积 + -1层半外墙面积 + 1~28层半外墙面积 + 1~4层核心筒面积 + 天面核心筒面积 $= (81.86+55.38+19.70+52.00+53.13+19.80×4+18.40×24+86.76+76.96×3+74.46×24+39.96)m^2 = 1140.47m^2$。

② 地下室功能区分摊共有建筑面积。地下室功能区分摊共有建筑面积 = -1层层内分摊共有建筑面积 = -1层通风机房面积 $= (28.72+34.45)m^2 = 63.17m^2$。

③ 商业功能区分摊共有建筑面积。

a）商业功能区分摊共有建筑面积 = 1层商业楼梯面积 + 1层商业电梯面积 + 1层商业观光电梯面积 $= (31.20+29.56+33.60+6.75+5.42)m^2 = 106.53m^2$。

b）功能区内层间分摊共有建筑面积 = 2~4层商业楼梯面积 + 2~4层商业电梯面积 + 2~4层商业观光电梯面积 + 1层商业门厅面积 $= (31.20×3+48.82×3+33.60×3+6.75×3+5.41×3+23.54+34.41)m^2 = 435.29m^2$。

④ 商业各层分摊共有建筑面积。商业各层分摊共有建筑面积 = 1 层配电间 + 2~4 层卫生间 + 2~4 层配电间 + 2~4 层开水间 = $(11.50+48.07\times3+7.50\times3+2.40\times3)\text{m}^2 = 185.41\text{m}^2$。

⑤ 住宅功能区分摊共有建筑面积。住宅功能区分摊共有建筑面积 = 1 层住宅门厅面积 + 5~28 层核心筒面积 = $(71.34+74.46\times24)\text{m}^2 = 1858.38\text{m}^2$。

4) 幢、功能区各部分面积的汇总计算。

a) 整幢套内建筑面积 = 地下室套内建筑面积 + 商业套内建筑面积 + 住宅套内建筑面积 = $(2399.01+4663.75+11774.64)\text{m}^2 = 18837.40\text{m}^2$。

b) 幢内全部共有建筑面积 = 整幢分摊共有建筑面积 + 地下室分摊共有建筑面积 + 商业功能区内分摊共有建筑面积 + 商业各层间分摊共有建筑面积 + 商业各层内分摊共有建筑面积 + 住宅分摊共有建筑面积 = $(1140.47+63.17+106.53+435.29+185.41+1858.38)\text{m}^2 = 3789.25\text{m}^2$。

c) 整幢建筑面积 = 幢内全部共有建筑面积 + 整幢套内建筑面积 = $(18837.40+3789.25)\text{m}^2 = 22626.65\text{m}^2$。

5) 共有建筑面积的分摊。本幢建筑内有地下室、商业、办公共三个不同功能区，其中地下室、商业功能区内的各层还有层内共有的通风机房、配电间、开水间、卫生间等面积，本幢采用三级分摊的多级分摊方法对共有建筑面积进行分摊计算。

首先按第一级分摊得到幢共有建筑面积分摊系数，按地下室、商业、住宅功能区内的自有建筑面积依比例将全幢共有建筑面积分摊至地下室、商业、住宅功能区；再将通过第一级分摊得到的共有建筑面积分别加上地下室、商业、住宅功能区内分摊的共有建筑面积，分别进行第二级分摊得到地下室、商业、住宅功能区共有建筑面积的分摊系数，按各层套内的建筑面积依比例分摊至各层；最后将通过第二级分摊得到的共有建筑面积加上商业各层的层内共有建筑面积，按商业各层内的各套房屋的套内建筑面积依比例分摊至各套。

① 第一级分摊。幢共有建筑面积的分摊系数 = 整幢分摊共有建筑面积 / (整幢套内建筑面积 + 地下室分摊共有建筑面积 + 商业功能区分摊共有建筑面积 + 商业功能区内层间分摊共有建筑面积 + 商业各层分摊共有建筑面积 + 住宅分摊共有建筑面积) = $(1140.47/(18837.40+63.17+106.53+435.29+185.41+1858.38) = 0.053079$。

② 第二级分摊。

a) 地下室功能区共有建筑面积的分摊系数 = [地下室分摊共有建筑面积 × (1 + 0.053079) / 地下室套内建筑面积] + 0.053079 = $[63.17\times(1+0.053079)/2399.01]+0.053079 = 0.027729+0.053079 = 0.080808$。

b) 商业功能区共有建筑面积的分摊系数 = [商业分摊共有建筑面积 × (1 + 0.053079) / (商业套内建筑面积 + 商业功能区内层间分摊共有建筑面积 + 商业各层内分摊共有建筑面积)] + 0.053079 = $[106.53\times(1+0.053079)/(4663.75+435.29+185.41)]+0.053079 = 0.021229+0.053079 = 0.074308$。

c) 商业功能区内层间分摊共有建筑面积 = [商业层间分摊共有建筑面积 × (1 + 0.074308) / (2~4 层商业套内建筑面积 + 2~4 层商业各层内分摊共有建筑面积)] +

$0.074308 = [435.29 \times (1 + 0.074308)/(1184.28 \times 3 + 173.91)] + 0.074308 = 0.125454 + 0.074308 = 0.199762$。

d）住宅功能区共有建筑面积的分摊系数 = [住宅分摊共有建筑面积 × (1 + 0.053079)/住宅套内建筑面积] + 0.053079 = [1858.38 × (1 + 0.053079)/11774.64] + 0.053079 = 0.166206 + 0.053079 = 0.219285。

经过第二级分摊计算，求出地下室、住宅功能区共有建筑面积的分摊系数后，即可按该分摊系数分别得到地下室、住宅功能区内各套房屋的分摊面积。

③ 第三级分摊。

a）1层商业共有建筑面积的分摊系数 = [层内分摊共有建筑面积 × (1 + 0.074308)/层内商业套内建筑面积] + 0.074308 = [11.50 × (1 + 0.074308)/1110.91] + 0.074308 = 0.085429。

b）2~4层各层商业共有建筑面积的分摊系数 = [各层分摊共有建筑面积 × (1 + 0.199762)/各层商业套内建筑面积] + 0.199762 = [57.97 × (1 + 0.199762)/1184.28] + 0.199762 = 0.258490。

6) 计算各套房屋的分摊面积。

① −1层01#分摊的共有面积 = 套内建筑面积 × 地下室功能区共有建筑面积的分摊系数 = $2399.01 m^2 \times 0.080808 = 193.86 m^2$。

② 1层01#分摊的共有面积 = 套内建筑面积 × 1层商业共有建筑面积的分摊系数 = $124.42 m^2 \times 0.085429 = 10.63 m^2$。

③ 1层02#分摊的共有面积 = 套内建筑面积 × 1层商业共有建筑面积的分摊系数 = $236.91 m^2 \times 0.085429 = 20.24 m^2$。

④ 1层03#分摊的共有面积 = 套内建筑面积 × 1层商业共有建筑面积的分摊系数 = $240.02 m^2 \times 0.085429 = 20.50 m^2$。

⑤ 1层04#分摊的共有面积 = 套内建筑面积 × 1层商业共有建筑面积的分摊系数 = $217.60 m^2 \times 0.085429 = 18.59 m^2$。

⑥ 1层05#分摊的共有面积 = 套内建筑面积 × 1层商业共有建筑面积的分摊系数 = $139.13 m^2 \times 0.085429 = 11.89 m^2$。

⑦ 1层06#分摊的共有面积 = 套内建筑面积 × 1层商业共有建筑面积的分摊系数 = $152.83 m^2 \times 0.085429 = 13.06 m^2$。

⑧ 2~4层01#分摊的共有面积 = 套内建筑面积 × 2~4层各层商业共有建筑面积的分摊系数 = $1184.28 m^2 \times 0.258490 = 306.12 m^2$。

⑨ 5~28层01#分摊的共有面积 = 套内建筑面积 × 住宅功能区共有建筑面积的分摊系数 = $160.69 m^2 \times 0.219285 = 35.24 m^2$。

⑩ 5~28层02#分摊的共有面积 = 套内建筑面积 × 住宅功能区共有建筑面积的分摊系数 = $155.82 m^2 \times 0.219285 = 34.17 m^2$。

⑪ 5~28层03#分摊的共有面积 = 套内建筑面积 × 住宅功能区共有建筑面积的分摊系数 = $87.05 m^2 \times 0.219285 = 19.09 m^2$。

⑫ 5~28层04#分摊的共有面积 = 套内建筑面积 × 住宅功能区共有建筑面积的分摊系数 =

$87.05\text{m}^2 \times 0.219285 = 19.09\text{m}^2$。

7）计算各套房屋的产权面积。

① －1层01#产权面积＝套内建筑面积＋应分摊的共有面积＝(2399.01＋193.86)m^2＝2592.87m^2。

② 1层01#产权面积＝套内建筑面积＋应分摊的共有面积＝(124.42＋10.63)m^2＝135.05m^2。

③ 1层02#产权面积＝套内建筑面积＋应分摊的共有面积＝(236.91＋20.24)m^2＝257.15m^2。

④ 1层03#产权面积＝套内建筑面积＋应分摊的共有面积＝(240.02＋20.50)m^2＝260.52m^2。

⑤ 1层04#产权面积＝套内建筑面积＋应分摊的共有面积＝(217.60＋18.59)m^2＝236.19m^2。

⑥ 1层05#产权面积＝套内建筑面积＋应分摊的共有面积＝(139.13＋11.89)m^2＝151.02m^2。

⑦ 1层06#产权面积＝套内建筑面积＋应分摊的共有面积＝(152.83＋13.06)m^2＝165.89m^2。

⑧ 2～4层01#产权面积＝套内建筑面积＋应分摊的共有面积＝(1184.28＋306.12)m^2＝1490.40m^2。

⑨ 5～28层01#产权面积＝套内建筑面积＋应分摊的共有面积＝(160.69＋35.24)m^2＝195.93m^2。

⑩ 5～28层02#产权面积＝套内建筑面积＋应分摊的共有面积＝(155.82＋34.17)m^2＝189.99m^2。

⑪ 5～28层03#、04#产权面积＝套内建筑面积＋应分摊的共有面积＝(87.05＋19.09)m^2＝106.14m^2。

8）分摊计算的检核

全幢各套（户）产权面积之和为22626.69m^2，幢面积为22626.65m^2，相差0.04m^2，这属于共有建筑面积分摊计算时因取位造成的凑整误差，成果检核无误，分摊计算与产权面积计算正确。

（4）由下而上分摊计算示例　本例以7.2.9房产面积计算与分摊示例2.共有建筑面积分摊示例中的（2）商业办公楼数据为例进行分摊计算。本幢建筑内设有全幢分摊的共有建筑面积、商业功能区分摊的共有建筑面积、办公功能区分摊的共有建筑面积以及商业功能区、办公功能区各层内自行分摊的共有建筑面积。采用由下而上的分摊计算方法时，首先以层内各套房屋的套内建筑面积依比例进行层内共有建筑面积的分摊计算，得到层内分摊后各套的建筑面积；再按不同功能区以层内分摊后各套房屋的建筑面积，依比例进行功能区内共有建筑面积的分摊计算，得到功能区内分摊后各套的建筑面积；最后按不同功能区以功能区内分摊后各套房屋的建筑面积，依比例进行全幢共有建筑面积的分摊计算，得到幢分摊后各套的建筑面积。

1）房屋边长尺寸的检核。（略）
2）成套房屋的套内建筑面积计算。（略）
3）共有建筑面积的确定与计算。（略）
4）幢、功能区各部分面积的汇总计算。（略）
5）层共有建筑面积的分摊计算。层内共有建筑面积分摊系数 = 层内分摊共有建筑面积/本层套内建筑面积。

① 商业部分。

a）1层层内共有建筑面积分摊系数 = 41.91/714.31 = 0.058672。

b）2~4层层内共有建筑面积分摊系数 = 51.84/862.27 = 0.060120。

c）1层01#建筑面积 = 套内建筑面积 × (1 + 0.058672) = 714.31m² × (1 + 0.058672) = 756.22m²。

d）2~4层01#建筑面积 = 套内建筑面积 × (1 + 0.060120) = 862.27m² × (1 + 0.060120) = 914.11m²。

说明：当层内仅有一个独立产权单元时，层内分摊的共有建筑面积可直接作为该套应分摊的共有面积。即可表述为：1层01#建筑面积 = 套内建筑面积 + 层内分摊的共有建筑面积 = (714.31 + 41.91)m² = 756.22m²。2~4层01#建筑面积 = 套内建筑面积 + 层内分摊的共有建筑面 = (862.27 + 51.84)m² = 914.11m²。

由此可见，层内共有建筑面积分摊前后层内建筑面积相等，符合要求。

② 办公部分。

a）5~25层层内共有建筑面积分摊系数 = (51.84 + 54.04)/(563.97 + 354.60) = 0.115266。

b）5~25层01#建筑面积 = 套内建筑面积 × (1 + 0.115266) = 563.97m² × (1 + 0.115266) = 628.98m²。

c）5~25层02#建筑面积 = 套内建筑面积 × (1 + 0.115266) = 354.60m² × (1 + 0.115266) = 395.47m²。

d）层内共有建筑面积分摊前建筑面积 = (51.84 + 54.04 + 563.97 + 354.60)m² = 1024.45m²。

e）层内共有建筑面积分摊后建筑面积 = (628.98 + 395.47)m² = 1024.45m²。

由此可见，层内共有建筑面积分摊前后层内建筑面积相等，符合要求。

6）功能区共有建筑面积的分摊计算。功能区共有建筑面积分摊系数 = 功能区内分摊共有建筑面积/功能区内各层套内建筑面积。其中，功能区内各层套内建筑面积包含各层内分摊的共有建筑面积。

① 商业功能区。

a）商业功能区共有建筑面积分摊系数 = 441.32/(756.22 + 914.11 × 3) = 0.126144。

b）1层01#建筑面积 = 套内建筑面积 × (1 + 0.126144) = 756.22m² × (1 + 0.126144) = 851.61m²。

c）2~4层01#建筑面积 = 套内建筑面积 × (1 + 0.126144) = 914.11m² × (1 + 0.126144) = 1029.42m²。

d）功能区共有建筑面积分摊前建筑面积 = (441.32 + 756.22 + 914.11 × 3)m² =

$3939.87m^2$。

　　e）功能区共有建筑面积分摊后建筑面积 = $(851.61+1029.42\times3)m^2 = 3939.87m^2$。

　　由此可见，商业功能区共有建筑面积分摊前后层内建筑面积相等，符合要求。

　　②办公功能区。

　　a）办公功能区共有建筑面积分摊系数 = $147.96/(628.98\times21+395.47\times21)$ = 0.006878。

　　b）5~25层01#建筑面积 = 套内建筑面积×（1 + 0.006878）= $628.98m^2\times(1+0.006878) = 633.31m^2$。

　　c）5~25层02#建筑面积 = 套内建筑面积×（1 + 0.006878）= $395.47m^2\times(1+0.006878) = 398.19m^2$。

　　d）功能区共有建筑面积分摊前建筑面积 = $(147.96+628.98\times21+395.47\times21)m^2 = 21661.41m^2$。

　　e）功能区共有建筑面积分摊后建筑面积 = $(633.31\times21+398.19\times21)m^2 = 21661.50m^2$。

　　由此可见，办公功能区共有建筑面积分摊前后功能区建筑面积相差$0.09m^2$，属计算凑整误差，符合要求。

　　7）幢共有建筑面积分摊计算。幢共有建筑面积分摊系数 = 幢分摊共有建筑面积/各功能区套内建筑面积。其中，功能区套内建筑面积包含各功能区分摊的共有建筑面积。

　　a）幢共有建筑面积分摊系数 = $4462.09/(851.61+1029.42\times3+633.31\times21+398.19\times21) = 4462.09/25601.37 = 0.174291$。

　　b）1层01#产权面积 = 套内建筑面积×（1 + 0.174291）= $851.61m^2\times(1+0.174291) = 1000.04m^2$。

　　c）2~4层01#产权面积 = 套内建筑面积×（1 + 0.174291）= $1029.42m^2\times(1+0.174291) = 1208.84m^2$。

　　d）5~25层01#产权面积 = 套内建筑面积×（1 + 0.174291）= $633.31m^2\times(1+0.174291) = 743.69m^2$。

　　e）5~25层02#产权面积 = 套内建筑面积×（1 + 0.174291）= $398.19m^2\times(1+0.174291) = 467.59m^2$。

　　8）分摊计算的检核。

　　a）幢共有建筑面积分摊前建筑面积 = $(4462.09+21661.50+3939.87)m^2 = 30063.46m^2$。

　　b）幢共有建筑面积分摊后建筑面积 = $(1000.04+1208.84\times3+743.69\times21+467.59\times21)m^2 = 30063.44m^2$。

　　由此可见，幢共有建筑面积分摊前后功能区建筑面积相差$0.02m^2$，属计算凑整误差，符合要求。成果检核无误，分摊计算与产权面积计算正确。

单元小结

房屋面积测算是房产测量的重要内容，课题1重点介绍了房屋面积计算的条件、一般规定和计算规则。课题2主要从共有建筑的计算入手，介绍了共有建筑面积的分摊模型，以具体的实例说明了房屋各类面积计算的方法。

复习与思考题

7-1 计算房屋建筑面积应具备什么基本条件？

7-2 房产面积测算的技术规范主要有哪些？

7-3 房产面积测算的内容有哪些？

7-4 房产面积测算的工作程序是怎样的？

7-5 进行房屋面积测算有哪些要求？

7-6 什么是预测面积？什么是实测面积？两者的差异应如何处理？

7-7 预测面积的房屋数据采集的资料来源和采集方法分别有哪些？

7-8 名词解释：房屋的建筑面积、房屋的套内建筑面积、房屋的产权面积、房屋的使用面积、房屋的共有建筑面积。

7-9 房屋面积计算规则中计算全部建筑面积、计算一半建筑面积、不计算建筑面积的范围有哪些？

7-10 成套房屋的套内建筑面积包括哪些内容？其面积如何计算？

7-11 公共建筑面积如何划分确认？

7-12 公用建筑面积的所有权与使用权是如何规定的？

7-13 应分摊的共有建筑面积和不应分摊的公用建筑面积分别有哪些内容？

7-14 共有建筑面积分摊原则是如何规定的？

7-15 共有建筑面积如何分类？

7-16 共有建筑面积分摊的优先级是如何规定的？

7-17 简述共有建筑面积处理的一般原则。

7-18 共有建筑面积面积按比例分摊的计算公式及含义分别是什么？

7-19 简述共有建筑面积面积整体分摊方法和多级分摊方法。

7-20 由上而下、由下而上分摊计算模型有何差异？

单元 8　房产变更测量与房产测绘管理

【单元概述】

随着我国房产交易的日益活跃和城市化进程的不断加快，房产的权属变更和现状变更十分频繁。为了保持房产测绘成果资料的现势性和经过初始房产登记后建立的房产档案的真实性，需要及时更新房产测绘资料，变更有关图、表、卡、册、簿、数据的内容，为房产的转移和变更登记提供准确可靠的基础资料数据，满足房屋产权产籍的动态管理需要。

目前，我国正不断推进和深化房产测绘工作的改革，逐步建立和完善与我国国情相适应的适应市场发展需要的房产测绘行业管理体制，实施管、测分离和加强房产测绘市场监督管理，规范房产测绘行为，培育和发展开放的房产测绘市场，制定统一技术规范，实施严格资格审查认证制度，加强房产测绘成果质量管理，建立完善的质量保证体系，健全各项规章制度，建立公平、公正的竞争环境和完善房产测绘市场的竞争机制，使房产测绘市场呈有序化、成熟化、法制化、规范化发展，可以更好地为市场经济建设服务。

【学习目标】

1. 熟悉房产变更测量的概念和分类。
2. 熟悉现状变更、权属变更测量的内容和程序。
3. 掌握变更测量的方法，掌握房地产编号的变更与处理，了解房产变更测量成果的内容。
4. 了解房产测绘行业管理、市场化管理、房产测绘机构资质管理和人员资格管理。
5. 掌握房产测量质量管理的规定、检查、验收项目及内容，熟悉成果质量评定等级和成果质量评定标准。
6. 掌握房产测绘成果的分类和主要内容，熟悉房产测绘成果整理，熟悉房产测绘成果审核内容、审核要求和审核流程，熟悉房产测绘成果管理要求。
7. 了解房产测量数据库的建立和房产管理信息系统的内容、特点。

课题1　房产变更测量

8.1.1　概述

房产变更测量一般指一幢建筑在完成第一次房产测绘工作之后，为了适应日常工作的需要，使房产数据能保持现势性而进行的房屋及其附属建筑物的权属、位置、界线、数量、质量的变更调查和测量。变更测量适用于已竣工或已建成且已进行过房产面积测算的建筑。在房屋发生买卖、交换、继承、拆迁、新建、改建、扩建、重建、拆除、改制等涉及权属界线调整和面积增减变化、建筑功能属性更改时应进行房产变更测量。

房产测绘资料应进行定期和不定期的更新工作，由当地房产测绘管理部门和相应的专业测量机构来实施。尤其是在权属变更时，更应该进行不定期的房产测量资料更新工作。通过及时、准确、全面的房产变更测量，可不断完善房产测绘成果的内容，使其具有良好的现势性、可靠性和完整性，为日常产权产籍管理的权属转移和权属变更提供可靠的图件和面积等资料。

8.1.2　房产变更调查与测量

1. 变更测量的分类

变更测量分为现状变更和权属变更测量两类。

2. 现状变更测量的内容

1）房屋的新建、拆迁、改建、扩建以及房屋建筑结构、功能、层数等相关属性的变化。

2）房屋的损坏与灭失，包括全部拆除或部分拆除、倒塌和烧毁。

3）围墙、栅栏、篱笆、铁丝网待围护物以及房屋附属设施的变化。

4）道路、广场、河流的拓宽、改造，河、湖、沟渠、水塘等边界的变化。

5）房屋坐落（地名、门牌号）的更改或增设。

6）房屋及其用地分类面积的增减变化。

7）行政境界（如市辖区界）的调整，涉及房地产编号的更正。

3. 权属变更测量的内容

1）房屋买卖、交换、继承、分割、赠与、兼并等引起的权属的转移或变更。

2）土地使用权界的调整，包括合并、分割、塌没和截弯取直。

3）征拨、出让、转让土地而引起的土地权属界线的变化。

4）他项权利范围的变化和注销。

4. 变更测量的程序

变更测量应根据房地产变更资料，首先收集已有房屋调查资料和测绘资料，进行房屋现状、权属和界址等要素的房产变更调查，现场复核房屋现状与原有规划设计资料和测绘资料的异同，确定变更范围；再进行房产要素测量和房产面积测算，调整有关的房地产编号；最后进行房地产资料的修改和整理归档，重新出具测绘成果，并在测绘成果报告中注明变更范围。

5. 变更测量的方法

（1）变更测量方法的选择

1）变更测量应根据现有变更资料，确定变更范围，按平面控制点的分布情况，选择变更方法。

变更范围小，可根据图上原有房屋或设置的测线，采用手持测距仪和钢卷尺定点测量；变更范围大，可采用测线图定点测量或平板仪测量。

采用解析法测量或全野外数字采集系统时，应在实地布设好足够的平面控制点，设站逐点进行现场数据采集；采用图解法进行权属变更测量，应按实测数据计算面积后，再定出分界点在图上的位置。

2）房地产的合并和分割，应根据变更登记文件，在当事人或关系人到现场指界下，实地测定变更后的房地产界址和面积。

3）修测之后，应对现有房产、原有资料进行修正与处理。

4）变更测绘中，因一户分割为多户新产生的公用建筑面积，如分割后形成的过道、本层使用的卫生间、空调机房等，应由原一户的专有面积范围内的新分割各户进行分摊，或按相关权利人共同签署的关于公用建筑面积的合法分割协议或文件进行分摊计算。

5）当实地存在加建或违建，如加建或违建部分属永久性建筑，则加建或违建部分应参与重新测绘与分摊计算；如加建或违建不属于永久性建筑或无法确认是否属于永久性建筑，则该部分可暂不参与重新测绘与分摊计算。上述两种情况均须在测绘说明中予以说明，并在分层平面图上将加建和违建部分专门标识出来。对不能确认是否属于永久性建筑的加建和违建，应特别说明，并在相关行政主管部门核准并确认予以保留后，将原测绘报告收回，重新分摊计算后出具新的测绘报告。

6）对变更测绘中发现功能变更的，用途应按现状用途确定，在测绘成果报告中对功能变更情况予以说明。

7）由变更部分房屋的套内建筑面积、共有建筑面积重新分摊计算引起非变更部分建筑面积发生变化的，如变化在规定允许范围内时，则不必改变其他功能区各户原有的房屋建筑面积。

8）对已进行过测绘的房屋（或已取得房地产证的房屋），在对其进行分割（或合并）的权属变更测绘时，可只对各分户的套内建筑面积进行实测，取原测绘面积或产权证面积与各分户套内建筑面积和的差值作为各分户应分摊的公用建筑面积，按各分户套内建筑面积进行分摊计算。

（2）变更测量的基准

1）变更测量以变更范围内平面控制点、房产界址点、房角点作为测量的基准点。所有已修测过的地物点不得作为变更测量的依据。

2）变更范围内和邻近的符合精度要求的房角点，也可作为修测的依据。

（3）变更测量的精度要求

1）变更后的分幅、分丘图精度和新补测的界址点的精度都应符合《房产测量规范》（GB/T 17986—2000）的规定。

按《房产测量规范》（GB/T 17986—2000）模拟方法测绘的房产分幅平面图上的地物点，相对于邻近控制点的点位中误差不超过图上 ±0.50mm。

对全野外采集数据或野外解析测量等方法所测的房产要素和地物点，相对于邻近控制点的点位中误差不超过 ±0.05m。

2）房产分割后各户房屋建筑面积之和与原有房屋建筑面积的不符值应在限差以内。

3）用地分割后各丘面积之和与原丘面积的不符值应在限差以内。

4）房产合并后的建筑面积，取被合并房屋建筑面积之和；用地合并后的面积，取被合并的各丘面积之和。

（4）变更测量的业务要求

1）已竣工建成并完成房产测绘的房屋，其变更都应经相关行政主管部门批准（核准），测绘部门根据相关行政主管部门的相关批复和与之相符的建筑施工图，按房产测绘的相关技术规定实施变更测绘计算。

2）变更测量时，应做到变更有合法依据，对原已登记发证而确认的权界位置和面积等合法数据和附图不得随意更改。在变更测量时，除登记面积来源不明、明显违规或确系原测绘计算错误的，应维持原来的面积计算成果和遵循相同的分摊原则。

3）房地产合并或分割。分割应先进行房地产登记，且无禁止分割文件，分割处必须有固定界标；位置毗连且权属相同的房屋及其用地可以合并应先进行房地登记。

4）房屋所有权发生变更或转移，其房屋用地也应随之变更或转移。

5）一般情况下，建筑面积的变更测量应采用原有计算规则及分摊原则。变更测量时由变更引起的、新产生的、属于变更范围内部分摊的共有建筑面积，按规定进行分摊计算；如有产权人书面申请同意，在不涉及其他产权人下，也可采取协议分摊方式进行重新分摊计算。

6）一幢房屋中应分摊的共有建筑面积的范围（面积）、功能发生变化时，与该共有建筑面积相关的各户的分摊公用建筑面积需重新计算。

7）当变更部分的建筑面积调整引起非变更部分建筑面积发生的变化值在规定的允许范围内时，不必改变未变更部分的建筑面积。

8）在变更测量出具的测绘报告中，必须在测绘说明中，详细说明变更测量的时间、原因、依据、过程、方法等。

6. 房地产编号的变更与处理

丘号、丘支号、幢号、界址点号、房角点号、房产权号、房屋共有权号等都不能重号。其中房产权号、房屋共有权号除了整幢房屋拆除须注销权号，一般不予调整。

（1）丘号

1）用地的合并与分割都应重新编丘号，新增丘号按编号区内的最大丘号续编。

2）组合丘内，新增丘支号按丘内的最大丘支号续编。

（2）界址点、房角点点号　新增的界址点或房角点的点号，分别按编号区内界址点或房角点的最大点号续编。

（3）房号及幢号　幢号一般不会改变，房产合并或分割后可能会引起分户权属的房号变化。房产合并或分割应重新编房号，原房号作废，新房号按原房号编号规则续编。

1）用地单元中房屋被部分拆除或扩建，仍保留原幢号；新建和改建房屋沿丘内最大编号续编。

2）已进行过建筑面积测绘计算并经有关部门认定的，不论该房屋是何种结构形式，已经确定为一幢的，仍将其划分为一幢；如需对已出具的测绘资料进行局部变更测绘的，不改变原测绘资料中对幢的划分。

7. 统计汇总

将房产变更测量成果与变更前的数据进行对比记录，根据要求对基准、精度要求和业务需要进行审核，作出说明和解释。

8. 变更测量的成果

房产变更测量成果应包括：点（界址点）、图（房产平面图）、册（表册、各类面积记录）。

8.1.3　变更测量示例

变更测量后，原丘号、丘支号、幢号、新增界址点点号的调整和面积计算举例如下：

1. 例一：房产分割

分割前：（见图 8-1）

丘支号：1240-1

幢号：（1）

房屋产权面积：$S = 95.99 \mathrm{m}^2$

分割后：（见图 8-2）

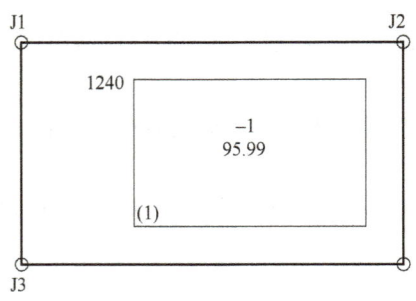

图 8-1　房产分割前示意图

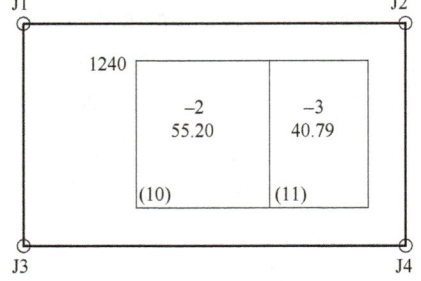

图 8-2　房产分割后示意图

丘支号：1240-2、1240-3

幢号：（10）（11）

实算面积：$55.20 \mathrm{m}^2$、$40.79 \mathrm{m}^2$

房产面积限差：（二级）$0.04\sqrt{S} + 0.002S = 0.58 \mathrm{m}^2$

面积闭合差：$[(55.20+40.79)-95.99]m^2 = 0.00m^2 < 0.58m^2$

2. 例二：用地分割

分割前：（见图 8-3）

丘号：1240

用地面积（已知）：$S = 538.94m^2$

分割后：（见图 8-4）

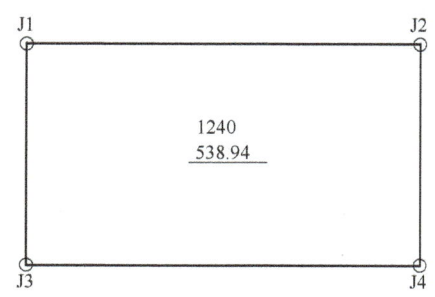

图 8-3　用地分割前示意图　　　　图 8-4　用地分割后示意图

丘号：1241、1242

新增界址点点号：J5、J6

按界址点坐标计算用地面积：$301.86m^2$、$237.08m^2$

用地面积中误差：$m_s = \pm m_j \sqrt{\dfrac{1}{8}\sum_{i=1}^{n}D_{i-1,i+1}^2} = (0.05 \times 17.65)m^2 = 0.88m^2$

用地面积限差：$2 \times 0.88m^2 = 1.76m^2$

面积闭合差：$[(301.86+237.08)-538.94]m^2 = 0.00m^2 < 1.76m^2$

课题 2　房产测绘管理

8.2.1　房产测绘行业管理

1. 房产测绘监督管理

原建设部和国家测绘局于 2000 年 12 月 28 日联合制定发布的《房产测绘管理办法》明确了房产测绘行业管理的基本规定：国务院测绘行政主管部门和国务院建设行政主管部门根据国务院确定的职责分工负责房产测绘及成果应用的监督管理。省、自治区、直辖市人民政府测绘行政主管部门（以下简称省级测绘行政主管部门）和省、自治区人民政府建设行政主管部门、直辖市人民政府房地产行政主管部门（以下简称省级房地产行政主管部门）根据省、自治区、直辖市人民政府确定的职责分工负责房产测绘及成果应用的监督管理。

2. 房产测绘技术规范制定

房产测绘与房产权属管理、交易、开发、拆迁、租赁、评估、拆迁等房产管理活动密切相关，直接涉及房屋权利人的合法权益。由于房产测绘的特殊性，《中华人民共和国测绘法》明确规定房产测量技术规范由国务院建设行政主管部门和国务院测绘行政主管部门负责组织编制，其他部门都无权编制房产测量技术规范。原建设部与国家测绘局于2000年2月22日联合制定了我国第一个房产测绘国家标准——《房产测量规范》（GB/T 17986—2000），并由国家质量技术监督局发布。建设部与国家测绘局联合制定《房产测量规范》（GB/T 17986—2000），是落实测绘法确定的房产测绘管理职能的具体体现。房产测绘是房屋产权管理工作的重要内容，与房屋权利人的切身利益密切相关，对构建社会主义和谐社会具有重要意义。《房产测量规范》（GB/T 17986—2000）的发布实施，对于加强房产测绘管理，规范房产测绘行为，提供房产测绘的现代化水平，促进我国房产测绘事业的发展，具有十分重要的作用。

3. 房产测绘法律法规制定

由原建设部和国家测绘局联合制定颁布的《房产测绘管理办法》对房产测绘的委托、资格管理、成果管理、法律责任进行了全面的规定。《房产测绘管理办法》规定了房产测绘队伍的管理与测绘成果应用管理分离，分属测绘行政主管部门和房产行政主管部门管理，测绘行政主管部门负责房产测绘机构的管理，房产行政主管部门负责房产测绘成果应用的管理。

房产测绘机构的作业技术水平、人员素质和从业经验、仪器设备优劣、管理制度是否完善直接决定了测绘成果的质量。省级测绘行政主管部门和房产行政主管部门在房产测绘单位申请资质及年检换证时，应充分发挥地、市、县等基层房产管理部门的作用，保证房产管理部门对测绘管理有一定的管理权，同时结合房产测绘的专业特点，在"市场准入"条件方面要求房产测绘机关必须掌握产权产籍管理、建筑设计和房屋构造、房屋建筑面积计算方面的基本知识。

4. 建立房产测绘行业组织和学术团体

我国于1992年11月22日在珠海成立了中国房产及住宅研究会房产地籍测量委员会，专门从事研究房产测量问题，在中国房产及住宅研究会理事会的领导下，独立开展学术活动。后于2007年9月28日与中国房地产产权产籍委员会合并，成立了中国房地产研究会房地产产权产籍和测量委员会，中文简称为中国房地产产权研究会。

8.2.2 房产测绘市场化管理

1. 管、测分离制度

房产测绘监督管理与测绘经营行为的分离是原建设部《关于认真贯彻执行〈房产测量规范〉加强房产测量管理的通知》（建住房［2000］166号）中的具体要求。目前，各地结合地方政府机构改革，按照房产测绘市场化、专业化、规范化的要求，积极推进房产测绘体制改革，逐步使房产测绘监督管理与测绘经营行为分离，使房产测绘单位成为独立的法人实体和市场主体。但由于各地房屋产权产籍管理政策和管理水平的差异，仍然有部分城市未实现管测分离。

实行管、测分离后，按照《房产测绘管理办法》要求，各级房产行政主管部门要加强对房产测绘行业的监管和管理，加强房产测绘市场管理、质量管理、成果应用管理，统一房产测绘标准，建立房产测绘成果审核制度，成立房产测绘管理机构进行房产测绘成果审核，审核房屋面积测量依据、测量方法等内容。各地房产行政主管部门通过建立房产测绘项目审核备案制，严格房产测绘市场准入，加强房产测绘单位资质管理和测绘人员资格管理，规范房产测绘市场，处罚违规进行房产测绘活动的行为，健全测绘执法监督体系，使用统一的测绘软件，加强人员业务培训，增强对房产测绘成果的审核、验收、鉴定以及技术、质量管理等手段，建立房产测绘机构信用体系和公示制度，接受社会监督，营造公平公正的房产测绘市场环境，以保证房产测绘数据的公正、真实性。

随着房产测绘市场的有序放开，房产测绘单位承接业务不受行政区域限制，房产测绘单位将在测绘、房管行政主管部门有效监管下积极地参与市场竞争。房产测绘势必从封闭、垄断、自给自足走向公正、公平、公开竞争，实现多元化，从而面向市场，从单一服务到面向全社会，更好地服务于社会。

2. 房产测绘委托管理

《房产测绘管理办法》规定："房产测绘单位应当是独立的经济实体，与委托人不得有利害关系。"取得相应房产测绘资质的房产测绘机构，可根据委托方的要求提供全部或部分服务，并对其提交的测绘成果的准确性负责。委托房产测绘的，委托人与房产测绘单位应当签订书面房产测绘合同。房产测绘成果资料应当与房产自然状况保持一致。房产自然状况发生变化时，应当及时实施房产变更测量。房产测绘收费标准按照国家有关规定执行。

房产管理中需要的房产测绘，由房产行政主管部门委托房产测绘单位进行。有下列情形之一的，房屋权利申请人、房屋权利人或者其他利害关系人应当委托房产测绘单位进行房产测绘：

1）申请产权初始登记的房屋。
2）自然状况发生变化的房屋。
3）房屋权利人或者其他利害关系人要求测绘的房屋。

委托方申请商品房预测、实测时，必须委托当地房产行政主管部门认可（房产测绘资质备案）的房产测绘机构承担。各房地产开发企业在预售商品房之前，应委托具有房产测绘资格的测绘机构进行面积预测，实施面积预测的房产测绘机构须按施工图审查机构审查合格或相关部门核准的施工图进行面积预测。房地产开发企业应对所提供资料的合法性、真实性负责，房产测绘机构应对房产面积预测成果的合法性、准确性负责。

3. 房产测绘市场准入和退出机制

房产测绘市场放开后，各地都成立了具有独立法人资格和测绘资质的房产测绘机构，房产管理部门脱身出来对房产测绘实行监督和宏观管理。各地房产行政主管部门为满足日常房屋产权产籍管理需要，一般均建立专门的房产测绘管理机构。房产行政主管部门依照《测绘资质分级标准》中关于人员规模、仪器设备、生产能力、技术水平的规定，对申请房产测绘的单位资格实行严格的审查认证，房产测绘单位取得相应房产测绘资格后，在房产行政主管部门备案后方可从事房产测绘业务。

实行房产测绘市场化运作的城市，房产行政主管部门应建立和完善优胜劣汰的市场竞争机制，制订严格的房产测绘机构准入制度。结合各地房产测绘市场容量、需求，通过招投标、项目备案等方式，选择专业技术能力强、诚实守信、制度健全、测绘成果优质的房产测绘机构从事房产测绘工作。房产测绘机构应当是常设的机构，而不能是临时性机构，必须具备一定的资质、专业水平和为房屋权属登记服务的成功经验以及技术人员。

另外，对准入的房产测绘机构建立市场退出机制。房产行政主管部门不断加强房产测量市场制度建设，完善技术规范和法律法规，对测量单位和测量人员建立信用档案，定期或不定期地对房产测绘机构进行考核和监督，开展房产测绘市场专项检查活动，定期公示各房产测绘单位所出具的房产测绘成果质量情况，坚决查处无证测绘、越级测绘行为、弄虚作假等违规行为。对不符合相应条件的、出现重大责任事故的、不守法依规经营的，应视情节轻重，责令其整改或退出当地房产测绘市场，使房产测量市场运作法制化、技术标准化、管理规范化。

4. 统一房屋面积计算标准

面积计算规则在城市规划、城市管理、房屋登记、建筑面积统计等方面应口径一致。房屋建设各阶段，规划、建设、房产等管理部门宜统一采用房产测绘机构测算的建筑面积。比如，设计面积可以房产测绘机构的预测算面积为准进行规划审批；销售面积可以房产测绘机构预实测算面积为准；竣工建筑面积可以房产测绘机构的实测建筑面积为准，规划管理部门结合房产测绘机构提供的建筑面积，在规划审批及规划验收中再对房屋的部位、边长、高度等进行规划监督验收确认；产权面积以房产测绘机构的实测面积为准。

5. 统一房产测绘收费标准

为规范测绘工程产品价格行为，保护测绘工程产品生产单位和用户的合法权益，根据《财政部国家计委关于将部分行政事业性收费转为经营服务性收费（价格）的通知》（财综［2001］94号）的精神和国家测绘局发布的《测绘工程产品价格》（国测财字［2002］3号文），房产行政主管部门可向所在地县以上物价部门申报，执行国家统一的经营性收费标准，实行价格监督，规范市场竞争行为，防止低价恶意竞争。

6. 房产测绘成果审核归档

房产行政主管部门应按照《房产测绘管理办法》的要求，对房产测绘委托、测绘实施、成果提交、成果审核等方面提出具体的管理细则。房产测绘审核机构要对房产测绘成果进行审核，审核合格后的成果方可用于房产管理，并纳入房产档案统一管理。房产管理部门应制定委托房产测绘合同格式文本、房产测绘成果报告格式文本，并根据当地房产管理系统的要求，指定统一使用的房产测绘软件、提交统一格式的图件和数据文件。

申请审核归档的房产测绘成果包括用于商品房预售许可的预测面积成果和用于房屋权属登记的实测面积成果。申请审核归档时，房产测绘成果应经房产测绘委托方验收合格并出具验收合格书。申请审核归档时，房产测绘成果应附房产测绘技术报告予以说明。

7. 重大测绘项目统一招投标

房产行政主管部门加强房产测绘管理、监督机制，搞好房产测绘市场的宏观调控，对重大测绘项目实行统一招投标。凡是符合条件的有房产测绘资质的单位均可在房产测绘管理机构备案，参加测绘项目的招投标。房产测绘管理机构根据项目的具体情况在已备案的房产测绘机构中选出符合条件的参加招投标。

8. 建立房屋面积鉴定机构和专家委员会制度

房地产交易中面积纠纷的产生，对房产测绘机构的技术水平、质量体系、管理制度等提出了更高的要求。各地房产行政主管部门要加强房产测量管理，建立和完善投诉、纠纷协调处理等各项管理制度，协调解决房产测量所产生的纠纷和争议，维护当事人合法权益。

9. 房产测绘信息化管理

为夯实房产管理信息化建设的基础，制定统一的软件设计规范，房产测绘软件在公开使用和销售前，必须进行专家认证。房产项目测绘软件不仅应具备基本的计算、绘图、分摊等功能，还应实现楼盘表的自动生成，同时需要在房产基础专题图中建立关联关系，并能够对最小产权单元进行唯一编码。通过项目测绘业务管理软件，规范项目测绘、基础测绘作业流程，建立测绘作业过程质量管理制度和测绘成果二级检查、一级验收制度，确保测绘基础数据的统一生产与管理，测绘成果的准确和完整，从而符合房地产管理部门对于测绘数据的要求。

8.2.3　房产测量队伍管理

1. 房产测绘机构资质管理

（1）房产测绘资格审查认证制度　《中华人民共和国测绘法》规定："从事测绘活动的单位应当依法取得相应等级的测绘资质证书以及国家对从事测绘活动的单位实行测绘资质管理制度。"

国家实行房产测绘单位资格审查认证制度。房产测绘机构应当依照《中华人民共和国测绘法》和《房产测绘管理办法》的规定，取得省级以上人民政府测绘行政主管部门颁发的载明房产测绘业务的《测绘资格证书》，才有资格进行房产测绘活动。未取得载明房产测绘业务的《测绘资格证书》从事房产测绘业务以及承担房产测绘任务超出《测绘资格证书》所规定的房产测绘业务范围、作业限额的，依照《中华人民共和国测绘法》和《测绘资格审查认证管理规定》的规定处罚。各房产测绘机构应符合当地房产行政主管部门要求的测绘资质、技术水平等条件，方可开展房产测绘作业。

（2）房产测绘机构资格申报基本规定　申请房产测绘资格的单位应当向所在地省级测绘行政主管部门提出书面申请，并按照测绘资格审查管理的要求提交有关材料。省级测绘行政主管部门在决定受理之日起5日内，转省级房产行政主管部门初审。省级房产行政主管部门应当在15日内，提出书面初审意见，并反馈省级测绘行政主管部门。其中，对申请甲级房产测绘资格的初审意见应当同时报国务院建设行政主管部门备案。申请甲级房产测绘资格的，由省级测绘行政主管部门报国务院测绘行政主管部门审批发证；申请乙级以下房产测绘资格的，由省级测绘行政主管部门审批发证。对有房产测绘项目的，发证机关在审查和换证时，应当征求同级房产行政主管部门的意见。

2. 房产测绘机构人员资格管理

《中华人民共和国测绘法》规定："从事测绘活动的专业技术人员应当具备相应的执业资格条件，具体办法由国务院测绘行政主管部门会同国务院人事行政主管部门规定。"

房产面积测算技术人员应具备当地房产行政主管部门认可的业务知识和能力，须按当地房产行政主管部门规定，持有相关部门颁发的执业资格、技术职称资格、房产测量员职业资格、房产测绘资格证书或上岗证等，才能从事房产测绘业务。

(1) 注册测绘师制度　人事部、国家测绘局出台的《注册测绘师制度暂行规定》明确规定对从事测绘活动的专业技术人员实行职业准入制度，在测绘活动中形成的技术设计和测绘成果质量文件，必须由注册测绘师签字并加盖执业印章后方可生效。

(2) 测绘技术职称评定　测绘技术职称评定包括助理级、中级、高级专业技术职务任职资格评审。房产测绘机构的测绘及相关专业从业人员，在满足规定学历、规定工作年限，符合职称外语和职称计算机考试的要求，经单位推荐申报，报送相关评审材料后，由省级测绘行政主管部门组织评审、答辩，由评审委员会评审通过并经省级测绘行政主管部门审批同意后，取得相应测绘专业技术职务任职资格。

(3) 房产测量员职业鉴定　根据《房产测量员》国家职业标准，共设四个等级，分别为初级房产测量员（国家职业资格五级）、中级房产测量员（国家职业资格四级）、高级房产测量员（国家职业资格三级）、房产测量技师（国家职业资格二级）。从事房产测量的人员，经正规培训达规定标准学时数，完成理论知识培训和实际操作培训，达到规定技能要求并经职业技能鉴定机构考核，鉴定成绩为合格后，才能取得相应等级的职业资格。

(4) 作业人员持证上岗制度　房产管理部门应结合业务特点，加强行业业务培训，推行测绘作业人员持证上岗制度。房产测绘从业人员应当保证测绘成果的完整、准确，不得违规测绘、弄虚作假，不得损害国家利益、社会公共利益和他人合法权益。房产测绘机构应符合当地房产行政主管部门要求的测绘资质、技术水平等条件，方可开展房产测绘作业。房产测绘从业人员应具备当地房产行政主管部门认可的房产调查、房产项目测绘的业务知识和专业技术能力。房产管理部门组织房产测绘从业人员进行房产测绘专业培训，经考核合格后发给上岗证（资格证），实行持证作业。

8.2.4　房产测量质量管理

房产测绘机构要建立完善的测量成果质量管理体系，提高技术人员的素质和技术水平能力，必须设立质量管理部门，确定质量管理专职人员，严格进行测绘产品质量检验，努力提高测量成果质量。同时，房产行政主管部门应结合当地实际，指导和监督房产测量机构加强质量管理。

1. 一般规定

(1) 成果检查、验收和审核备案制度　房产测绘成果实行二级检查，一级验收和审核备案的制度。

一级检查为过程检查，是在全面自检、互查的基础上，由作业小组的专职或兼职检查人员承担的检查。检查量为：外业巡视100%，主要数据抽查30%；内业检查100%。一级检查质量合格后，方能进入下一工序。

二级检查为最终检查，是在一级检查的基础上，由房产测绘单位的质量检查机构或专职检查人员所进行的检查。检查量为：外业巡视30%，内业检查100%。

验收工作是由测绘工作的委托方组织实施的对测绘单位所提交测绘产品的验收。

审核备案是房产管理部门对用于房产管理的成果资料进行审核备案的工作。经验收合格的房产测绘成果需经房产管理部门备案后方可用于房产管理。

（2）检查、验收中问题的登记和处理　各级检查验收中发现的问题，必须做好记录，并提出处理意见。

（3）检查、验收报告书

1）二级检查和验收工作完成后应分别写出检查和验收报告。

2）测绘工作的委托方对测绘单位所提交测绘产品的验收工作结束后应写出检查报告和验收报告书。

2. 检查、验收项目及内容

（1）控制测量

1）控制测量网的布设和标志埋设是否符合要求。

2）各种观测手簿的记录和计算是否正确。

3）各类控制点的测定方法、扩展次数、各种限差和成果精度是否符合要求。

4）起算数据和计算方法是否正确，平差的成果精度是否满足要求。

（2）房产调查

1）房产要素权属界线、墙体归属调查的内容与填写是否齐全、正确。

2）调查表中有用地略图和房屋权界线示意图上的用地范围线、房屋权界线、房屋四面墙体归属是否明确，以及有关说明、符号和房产图上是否一致。

（3）房产要素测量

1）房产要素测量的测量方法、记录和计算是否正确。

2）各项限差和成果精度是否符合要求。

3）测量的要素是否齐全、准确，对有关地物的取舍是否合理。

（4）房产图绘制

1）房产图的规格尺寸，技术要求，表述内容，图廓整饰等是否符合要求。

2）房地产要素的表述是否齐全、正确，是否符合要求。

3）对有关地形要素的取舍是否合理。

4）图面精度和图边处理是否符合要求。

（5）面积测算

1）房产面积的计算方法是否正确，精度是否符合要求。

2）房屋外边长测量部位是否正确，分户房屋权界线划分是否正确。

3）建筑面积测算、取舍是否正确，计算成果精度是否符合要求。

4）共有建筑面积确认是否正确，分摊方法选用是否合理，分摊计算成果是否正确。

5）用地面积的测算是否正确，精度是否符合要求。

6）分层、分户图比例尺选用是否合理，表述内容是否齐全，注记位置是否恰当，图面是否清洁美观。

7）各种记录计算图表资料是否有责任者签名，整饰是否符合要求。

（6）变更与修测成果的检查

1）变更与修测的方法，测量基准和测绘精度等是否符合要求。

2）变更与修测后房地产要素编号的调整与处理是否正确。

3. 成果质量的评定

（1）成果质量评定等级　成果质量实行优级品、良级品和合格品三级评定。

（2）成果质量评定标准

1）成果质量由专职或兼职检查验收人员评定。

2）成果质量评定标准，可参照《测绘成果质量检查与验收》（GB/T 24356—2009）执行。

8.2.5　房产测量成果管理

1. 房产测绘成果及整理

在房产测绘过程中使用过的地形图（草图）、控制点成果以及测量完成的控制点、界址点、房屋建筑面积、房产平面图等和相应的技术设计书、技术总结、协议书等都应归入房产测绘成果，包括纸质资料和电子资料。

（1）房产测绘成果分类　按房产测绘成果的形式可以分成房产簿册（各类文档和表格）、房产数据（各类计算数据和计算结果）、房产图集（各类图件）三种类型。房产测绘成果可分为房产基础测绘成果和房产项目测绘成果，上报各地房产行政主管部门审核备案的房产测绘成果一般为房产项目测绘成果。

房产簿册包括房产调查表、房屋用地调查表、有关产权状况的调查资料、相关证明及协议文件等；**房产数据**包括房产平面控制点成果、界址点成果、房角点成果、高程点成果、面积测算成果等；**房产图集**包括包括房产分幅平面图、房产分丘平面图、房产分层分户平面图、房产证附图、房屋测量草图、房屋用地测量草图等。

（2）房产测绘成果整理　房产测绘成果主要以测绘成果书的形式出现。在测绘成果书中包括了该项目的所有与测绘有关及测绘的信息，通过房产测绘成果中的说明和要求以使房产测绘成果在进行法律认定时有据可查。

房产测绘成果一般主要有以下内容：

1）测绘依据、责任人。

2）房屋建筑面积测绘报告。包括：房屋坐落、项目名称、测绘目的、测绘结果、测绘精度、测绘方法、测绘仪器及测绘软件、测绘过程中特殊情况处理说明、测绘人员、测绘单位、测绘日期等内容。

3）房屋建筑面积测绘成果。包括：测绘计算说明（说明测绘目的、依据、测绘结果、测绘单位、测绘人员、测绘日期、测绘过程中特殊问题说明及处理等）、房屋建筑面积汇总表（包括幢、各功能区、分层、共有共用、幢内各层各类建筑面积）、分户（套）面积明细表、各类面积计算表、房产平面图、附件及备注等内容。

4）附件。包括：房产测绘合同、房屋建设有关资料（建设工程规划许可证、建设用地规划许可证、土地使用权出让合同、设计图纸、建筑施工变更通知单等）、测绘仪器检定证书、检查报告、验收报告等。

(3) 房产测绘成果上交资料　房产测绘单位上交资料内容按顺序装订成册，归入房产档案。应将下列资料归档：

1) 测绘合同或任务委托书。
2) 成果资料索引及说明。
3) 房产测绘技术设计书。
4) 控制测量成果资料。
5) 房屋及房屋用地调查表、界址点坐标成果表。
6) 图形数据成果和房产原图。
7)《房屋面积测绘报告》。
8) 技术总结。
9) 检查、验收报告。
10) 房地产测量技术报告或技术说明。
11) 相应文本、图、表的电子文档（光盘）。

(4) 技术报告应包括以下内容
1) 工程概况。
2) 引用技术标准。
3) 测量的方法及精度说明。
4) 检查结论及说明。
5) 调查收集的资料及说明。

(5) 检查报告编写要求
1) 检查验收的组织形式。
2) 测量工程的基本情况。
3) 检查验收的依据。
4) 检查验收的方法。
5) 检查验收存在的问题及处理情况。
6) 检查验收的结论。

2. 房产测绘成果的审核

房产测绘成果的审核应在测绘成果检查验收合格后进行。房产测绘成果的检查验收，遵照《房产测量规范》（GB/T 17986—2000）的规定进行，即实行二级检查、一级验收制。

房产测绘机构经二级检查、一级验收后提交的房产测绘成果，由房产行政主管部门审核后纳入房产档案统一管理。对产权面积测绘而言，房产测绘成果的验收和审核均在二级检查后由房产行政主管部门同时进行。

各地房产主管部门按照《房产测绘管理办法》要求，成立房产测绘管理机构，建立房产测绘成果审核制度。申请审核备案的房产测绘成果包括用于商品房预售许可的预测成果和用于房屋权属登记的实测成果。凡未经审核的房产测绘成果，房产管理部门不得用于房屋权属登记、房地产交易等房产管理。

(1) 房产测绘成果监督管理　《房产测绘管理办法》规定："用于房屋权属登记等房产

管理的房产测绘成果，房产行政主管部门应当对施测单位的资格、测绘成果的适用性、界址点准确性、面积测算依据与方法等内容进行审核。审核后的房产测绘成果纳入房产档案统一管理。"

（2）审核机构　房产行政主管部门负责当地房产测绘专业的管理工作，由当地房产行政主管部门建立的房产测绘成果管理机构具体承担日常的房产测绘成果审核工作。

（3）审核依据　主要为《房产测量规范》（GB/T 17986—2000）和《房产测绘管理办法》。审核时以国家标准《房产测量规范》（GB/T 17986—2000）为总纲，住房和城乡建设部有关规定为依据，各地房产行政主管部门的文件为操作依据，按时间和内容溯源，确定具体的检验依据。

（4）审核内容　审核内容包括：控制测量、房产调查、房产要素测量、房产图绘制、面积测算以及变更与修测成果的检查。审核主要从以下方面进行：测绘资料是否齐全、格式是否符合要求；功能区的划分及共有共用部分的计算与分摊是否正确；面积测算的依据和方法是否适用国家房产测量规范和有关技术规定等。

（5）审核要求　房产测绘单位应对界址点坐标、房屋及细部点坐标、土地面积、房屋的建筑面积、套内面积、共有面积及共有面积分摊系数等的测量和计算的正确性负责。房产测绘成果审核单位应对房产测绘单位是否具有合法资质，测量员是否具备上岗资格的审核负责，同时应对房产面积测算成果是否适用，面积计算依据的正确性的审核负责。

房产测绘成果的质量问题，由具体实施房产测绘的单位承担相应责任。房产测绘项目委托人或当事人对房产测绘成果有异议的，依据房产测绘管理办法的规定，可委托由国家认定的房产测绘成果鉴定机构鉴定。

（6）审核流程

1）申请备案。房产测绘委托方或受托测绘的房产测绘单位在房产测绘成果验收合格后向当地房产行政主管部门申请房产测绘成果审核备案，并按规定提交下列资料：载明房产测绘业务的《测绘资质证书》；房产测绘单位营业执照；测绘人员持证上岗情况；房产测绘委托合同；房产测绘成果报告；房产测绘技术报告；房产测绘成果验收合格书；经图审合格的施工图及相关证明材料；相关资料的电子数据光盘。

2）受理申请。房产行政主管部门对符合受理条件的单位出具收件通知单。

3）审核。审核主要从以下方面进行：测绘单位是否具有房产测绘资质；测绘成果的适用性；界址点的准确性；面积测算的依据与方法。具体包括：测绘资料是否齐全，格式是否符合要求；功能区的划分及共有共用部分的计算与分摊是否正确；面积测算的依据和方法是否适用国家房产测量规范和有关技术规定等。

4）接受成果。房产行政主管部门审核后，加盖房产测绘成果归档专用章，批准该成果投入使用。对不符合条件的房产测绘成果，应书面通知申请人返回修改或补充相应资料。

5）成果备案归档。房产行政主管部门对通过审核案的房产测绘成果建立相应的房产测绘成果档案，并结合房产变更测量实施房产测绘成果动态管理。

3. 房产测绘成果管理

《房产测绘管理办法》规定，审核后的房产测绘成果纳入房产档案统一管理。房产测绘成果包括：房产簿册、房产数据和房产图集等。房产面积预测成果是房地产管理部门核发《商品房预售许可证》的基础资料之一。房产管理部门应当按规定，要求房地产开发企业在申请办理《商品房预售许可证》时提供房产面积预测成果，并对其进行审核后依法核发《商品房预售许可证》。房产测绘成果通过房产行政主管部门审核备案后，方可用于房地产登记。

4. 房产管理信息系统简介

房产测绘对房屋进行定位、定性、定界、定量，取得的测绘成果是建立现代城市房产管理系统的重要数据来源和重要依据。将采集和表述的有关房屋及土地的权属、位置、数量、质量以及利用状况的空间信息和属性信息数据，按照统一的编码规划和数据标准进行分类和排序，运用GIS技术、计算机网络技术、计算机通信技术、数据库管理技术、Internet技术，建立房产管理的信息系统，实现房产管理的科学化、信息化、网络化和智能化。

（1）房产测量数据库　房产测量数据库包含了所有的用数字形式描述的房屋及其附属建筑的位置、数量、质量等要素，如面积册、界址点坐标册、房地产评价数据等。

1）数据采集。将房产测量的各种数据，如房屋及其附属建筑、权属界线、界址点坐标，以及相关的地形要素，通过输入设备输入计算机，称为房产管理中可以使用的数据源。

2）数据建库。将数字化的房产测绘成果（包括已是数字化格式的房产成果）按照有关要求进行有序的排列、分类、赋予属性，成为便于查询和检索的数据库。

（2）房产管理信息系统的主要内容

1）房产测绘子系统：包括数据采集和编辑；房产面积测算和共有面积分摊计算；房屋幢、层、户图形绘制；面积统计等。

2）产权产籍管理子系统：包括产权登记、发证子系统。

3）档案管理子系统。

4）房地产市场管理子系统。

5）房地产评估子系统。

6）房地产规划子系统。

7）物业管理子系统。

8）信息查询子系统。

9）房地产图形符号库。

10）房产办公子系统（人事、财务、政策、法规等）。

（3）房产管理信息系统的特点　目前房产管理部门的主要任务是对房产产权产籍进行管理，其业务主要包括产权管理、商品房预售、查封、抵押、租赁等。在房产管理业务中涉及海量的空间和属性数据，同时在业务的流转过程中，还要对空间和属性数据实现一体化管理。

（4）房产管理信息系统设计　房产管理信息系统的目标总的来说有两个方面：一是房

产信息的管理，包括各种空间和属性信息的管理；二是房产管理部门日常办公的管理，实行网络化、电子化、无纸化办公，实现房产信息的办公自动化、规范化和科学化。某房产管理信息系统的总体结构图如图 8-5 所示。

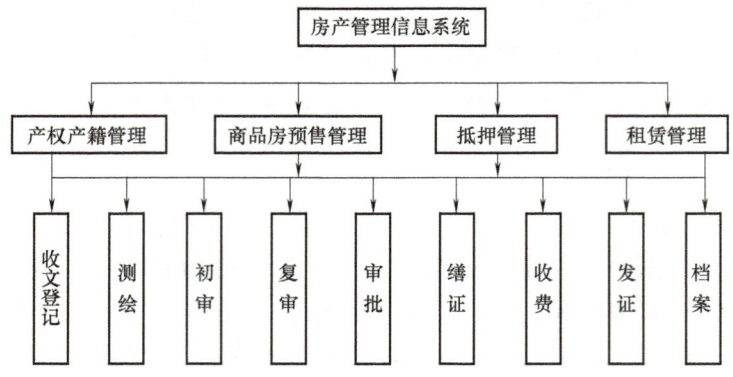

图 8-5　房产管理信息系统的总体结构图

单元小结

　　随着我国房产交易的日益活跃和城市化进程的不断加快，房产的权属变更和现状变得更加频繁。为了保持房产测绘成果资料的现势性和经过初始房产登记后建立的房产档案的真实性，需要及时更新房产测绘资料，变更有关图、表、卡、册、簿、数据的内容，为房产的转移和变更登记提供准确可靠的基础资料数据，满足房屋产权产籍的动态管理需要。课题1用一个具体的实例说明了变更测量成果的处理方法。作为房产测量技术人员，对房产测绘的管理知识也要有一定的了解，课题2从行业管理、市场化管理、队伍管理、质量管理和成果管理等方面进行了说明。

复习与思考题

8-1　什么是房产变更测量？

8-2　房屋现状变更内容有哪些？

8-3　房屋权属变更内容有哪些？

8-4　变更测量如何实施？

8-5　简述变更测绘的处理方法。

8-6　简述变更测量的业务要求。

8-7　变更测量的精度要求有哪些？

8-8　变更测量房号及幢号如何处理？

8-9　房产测绘成果实行怎样的检查、验收、审核制度？

8-10　房产测绘成果检查、验收项目及内容分别有哪些？
8-11　房产测绘成果成果质量评定等级如何评定？
8-12　房产测绘成果如何分类？各有哪些内容？
8-13　简述房产测绘成果审核流程。

参 考 文 献

[1] 邓军. 地籍调查与测量 [M]. 重庆：重庆大学出版社，2010.
[2] 邓军. 地籍测量 [M]. 郑州：黄河水利出版社，2012.
[3] 詹长根，唐祥云，刘丽. 地籍测量学 [M]. 2版. 武汉：武汉大学出版社，2005.
[4] 洪波. 地籍与房产测量 [M]. 北京：测绘出版社，2010.
[5] 刘权. 房地产测量 [M]. 武汉：武汉大学出版社，2009.
[6] 李天文，张友顺. 现代地籍测量 [M]. 北京：科学出版社，2004.
[7] 章书寿，孙在宏. 地籍调查与地籍测量学 [M]. 北京：测绘出版社，2008.
[8] 王侬，廖元焰. 地籍测量 [M]. 2版. 北京：测绘出版社，2008.
[9] 梁玉保. 地籍调查与测量 [M]. 2版. 郑州：黄河水利出版社，2010.
[10] 纪勇. 地籍测量与房地产测量 [M]. 北京：中国电力出版社，2011.
[11] 郭玉社. 房地产测绘 [M]. 北京：机械工业出版社，2007.
[12] 吕永江. 房产测量规范与房地产测绘技术——房产测量规范有关技术说明 [M]. 北京：中国标准出版社，2001.
[13] 李和气. 房屋建筑面积测量 [M]. 北京：中国计量出版社，2001.
[14] 李向明. 房地产测绘 [M]. 北京：中国建筑工业出版社，2000